数智教育发展国际大学联盟系列丛书

THE THEORY OF EDUCATIONAL TECHNOLOGY

Towards a Dialogic Foundation for Design

教育技术的对话之道

[英]鲁珀特·韦格里夫（Rupert Wegerif）
[英]路易·梅杰（Louis Major） 著

于青青　史圣朋　**译**
郭文茗　**审校**

北京出版集团
北京出版社

图书在版编目（CIP）数据

教育技术的对话之道 /（英）鲁珀特·韦格里夫，（英）路易·梅杰著；于青青，史圣朋译. -- 北京：北京出版社，2024.10. --（数智教育发展国际大学联盟系列丛书）. -- ISBN 978-7-200-18970-4

Ⅰ．G40-057

中国国家版本馆 CIP 数据核字第20247ZL739号

北京市版权局著作权合同登记号：01-2024-4535

The Theory of Educational Technology Towards a Dialogic Foundation for Design, 1st Edition / by Rupert Wegerif, Louis Major / ISBN: 978-1-032-05637-1

© 2024 Rupert Wegerif and Louis Major
Authorized translation from English language edition published by Routledge, part of Taylor & Francis Group LLC; All Rights Reserved.
本书原版由 Taylor & Francis 出版集团旗下，Routledge 出版公司出版，并经其授权翻译出版。版权所有，侵权必究。

Beijing Publishing Group LTD Beiing Publishing House is authorized to publish and distribute exclusively the **Chinese (Simplified Characters)** language edition. This edition is authorized for sale throughout **Mainland of China**. No part of the publication may be reproduced or distributed by any means, or stored in a database or retrieval system, without the prior written permission of the publisher.
本书中文简体翻译版授权由北京出版集团北京出版社独家出版并仅限在中国大陆地区销售，未经出版者书面许可，不得以任何方式复制或发行本书的任何部分。

Copies of this book sold without a Taylor & Francis sticker on the cover are unauthorized and illegal.
本书贴有 Taylor & Francis 公司防伪标签，无标签者不得销售。

数智教育发展国际大学联盟系列丛书
教育技术的对话之道
JIAOYU JISHU DE DUIHUA ZHI DAO

［英］鲁珀特·韦格里夫　［英］路易·梅杰　著
于青青　史圣朋　译

*

北　京　出　版　集　团
　　　　　　　　　　　　　出版
北　京　出　版　社

（北京北三环中路6号）
邮政编码：100120

网　　址：www.bph.com.cn
北　京　出　版　集　团　总　发　行
新　华　书　店　经　销
北　京　建　宏　印　刷　有　限　公　司　印刷

*

787毫米×1092毫米　16开本　15.25印张　195千字
2024年10月第1版　2024年10月第1次印刷

ISBN 978-7-200-18970-4
定价：59.00元

如有印装质量问题，由本社负责调换
质量监督电话：010-58572393
编辑部电话：010-58572414；发行部电话：010-58572371

数智教育发展国际大学联盟系列丛书

编 委 会

主　　任：龚旗煌
副 主 任：王　博
编　　委：孙　华　李　昀　王周谊　张　影

序　言

在数智时代，全球教育面临前所未有的机遇和挑战。互联网、人工智能和大数据等新技术正在加速教育教学理念和范式的变革，推动教育向智能化、个性化和互动化发展。积极推进教育数字化转型，探索新技术与教育教学的深度融合，构建智能化学习环境和教育新生态，要加强全球合作，秉持开放共享的精神，把握机遇、携手共进，共建共创创新成果，引领数智时代教育发展新方向。

2023年11月，北京大学联合全球30所高校成立了"数智教育发展国际大学联盟"（Digital Intelligence-International Development Education Alliance，DI-IDEA）。该联盟以"致力人类进步、创新教育未来"为使命，旨在推动全球高校之间的协同合作与交流互鉴，促进数智技术与教育的创新发展。

《教育技术的对话之道》一书于2023年在英国出版，作为DI-IDEA的重要学术成果之一，2024年中文版面世。该书系统探讨了教育与技术之间的紧密联系，强调未来教育不仅要适应新兴技术的发展，还应积极引导这些技术的应用和进步。本书作者剑桥大学鲁珀特·韦格里夫（Rupert Wegerif）教授和路易·梅杰（Louis Major）博士指出，对教育技术进行设计思考，实际上是在规划教育的未来。基于此，书中提出了对话式教育技术设计理论，为理解和应对数智技术挑战提供了创新且建设性的理论框架。这一理论框架不仅丰富了教育技术的理论体系，还为未来数智技术在教育中的应用与发展奠定了坚实的理论基础。

从理论到实践，作者通过详尽的案例研究展示了数智技术在不同教育场景中的实际应用，涵盖基础教育到终身学习的广泛场域。这些研究表明，数智技术能够创造动态和个性化的学习体验，有效提升学生的参与度和学习效果。书中还探讨了对话教学在不同教育体系中的定制化应用，强调文化背景对数智技术实施的重要影响。这不仅帮助我们理解了数智技术在多样化教育环境中的适应性，同时也重新定义了教师从知识传递者向学习引导者和学习环境设计者的角色转变。这一转变要求教师掌握新技术工具，并需具备设计和管理创新性学习环境的能力。总之，作者的理论洞见和实证案例为教育技术领域的研究和应用提供了系统性和前瞻性的视角，为数智技术推动教育改革和提升教学质量开辟了新路径。

每一次变革都要求我们从新的维度和理念重新审视教育发展路径。数智时代的新技术发展和应用，打破了传统的时间和空间界限，引发了学术、教学、管理的深刻变化，这已成为全球教育界的共识。DI-IDEA将凝聚联盟成员力量，不断推动数智时代教育技术的理论创新，引领数智技术在教育中的深度应用与变革。

在此，谨向DI-IDEA的重要成员——剑桥大学未来数字教育中心（DEFI）表示衷心的感谢，并向剑桥大学教育学院鲁珀特·韦格里夫教授和路易·梅杰博士致以诚挚的谢意。感谢你们在教育技术研究领域的卓越贡献，感谢你们为全球教育事业的发展注入了创新动力。你们的研究不仅开创了教育技术的新方向，也为世界各地的教育实践提供了重要的理论支撑和方法指导。

北京大学教务长办公室兼教师教学发展中心主任

数智教育发展国际大学联盟（DI-IDEA）秘书长

孙华教授

2024年8月

这本书从历史、哲学、心理学以及教育学的角度全方位地探讨了教育技术。教育技术理论日趋复杂，本书极富前瞻性的见解，挑战了教育技术领域的思想体系。两位作者立论于坚实的理论基础，不仅丰富了"对话式教育"的内涵，也为我们如何思考人工智能的影响和角色提供了更深刻的见解。

——伦敦大学数字技术学院教授　黛安娜·劳瑞拉德

在社交媒体、互联网信息和ChatGPT横行的世界中，学校匆忙采用在线技术开展教学。然而，目前社会主流看待教育技术的思想早已过时。关于对话式学习和技术适应的复杂理论为教育方法带来了新的机遇，能够避免不当使用技术工具的风险。在过去的一个世纪以来，有关教育的哲学思考不断前行，错综复杂，很多脉络都令人异常费解。幸运的是，这本书以一种极具可读性、洞察力、批判性和连贯性的方式，深入审视并探讨了最重要的创新理论、教学法和技术及其哲学基础。

——德雷塞尔大学信息与计算机科学名誉教授，《国际计算机支持合作学习》创始编辑　格里·斯塔尔

在本书中，韦格里夫和梅杰通过阐释技术在教育中的作用，给教育技术领域打开了一个全新的启发式视角。二位作者心怀广大读者，基于"一种新的教育技术对话理论"，用通俗易懂的语言提出一系列强有力的见解，使读者既能了解新技术如何从个人和社会层面影响教学实践，又能从书中的案例受益——迄今为止，恐怕没有方法能比对话式教学更高效地达到此目的，也恐怕没有其他作者能如此出色地概述出此教学方式的实际应用。哪怕对于其他学科而言，本书的影响也将是巨大的。

——圣路易斯华盛顿大学人类学系教授　詹姆斯·沃茨奇

教育设计作为一门科学，囊括了如下两个核心问题：人们应学什么（或者说应教授什么）？如何帮助人们实现这样的教育目标？本书重点关注教育技术设计，以极高洞察力探讨了教育设计的核心问题。两位作者独具匠心，将哲学深度与令人信服的案例无缝融合，且通过具体案例与理论框架的结合，使我们得知如何利用技术吸引学生学习、帮助学生学习、建立学生间的联结以及拓展学生视野。

——荷兰阿姆斯特丹大学STEM（科学、技术、工程和数学）

教育与课程教授　阿瑟·巴克

常有人说，教育技术领域的先锋们无暇顾及历史，无需研究理论。抛开这些偏见不谈，正如在教育中将理论和实践结合需要费不少工夫，于教育技术领域也如此。本书认为亟须重建技术与教育之间的关系，这种重建既是理论上的，也是实践上的。技术先于教育诞生，并赋予教育目的，技术从来不是教育的附属品。两位作者成功地开辟了"对话空间"。在此空间，工具与目标、思想与行动间的关系得以重塑。于教育技术领域而言，这一重要贡献是场及时雨。

——澳大利亚悉尼大学教育学院名誉教授　彼得·古德伊尔

前　言

我们撰写本书的目的是探讨如何构建未来的教育体系，以更好地发挥技术的潜力。我们认为，技术不只是教学的辅助工具，更是教育目标与过程的核心。这意味着，我们在关注传统印刷时代的读写能力的同时，也必须重视数字时代的读写能力和人工智能素养。教育的任务不仅是传授知识，更应当是教会学生如何提出好的问题，并通过与他人和世界的对话来促进学习。我们提出的"对话式教学法"旨在鼓励交流与合作，通过对话的方式创造更多机会让学生深入思考、共建知识。在我们眼中，教育技术不只是个人的学习工具，更是学习的伙伴。

我们提倡的"对话式教学法"旨在培养学生的创新性和批判性思维，同时希望在促进学生的集体意识和身份认同方面产生积极影响。我们认为，"对话式教学法"对于应对当代教育挑战至关重要，与中国文化内涵也是一脉相承。我们期望，本书中文版的出版能够为中国学术界和教育界开拓新的视角，激发创新的教学思路，并通过教育技术在传承与创新、本土与全球视野之间架起桥梁。

在此，我们向所有为这本中文版出版付出努力的人们致以诚挚的感谢。特别感谢北京大学和数智教育发展国际大学联盟（DI-IDEA）的支持，尤其要感谢孙华教授在本书出版过程中所起的重要作用并为本书做序。同时，我们要特别感谢于青青和史圣朋细致出色的翻译工作，确保我们的理念能够清晰传达给中文读者。此外，我们也十分感激北京大学郭文茗教授的校对和宝贵的学术见解，使这本书的翻译工作更加完善。

我们怀着极大的热情，将这本书献给中国读者。我们希望，这本译作不仅能清晰阐释我们的理念，还能开启跨越语言和文化障碍的新对话。期待听到您对本书的想法和见解，以丰富关于未来教育和技术的更多元的讨论。

鲁珀特·韦格里夫　路易·梅杰

英国剑桥大学

2024年8月

目 录

第一章　引　言　1

第二章　不同视角的教育技术史　23

第三章　可供性理论　46

第四章　教育技术的"语法"　66

第五章　对话性"语法"　87

第六章　海德格尔的锤子　103

第七章　技术的意义　119

第八章　技术与对话空间的扩展　146

第九章　技术与对话时间的延展　174

第十章　教育技术研究的方法论　195

第十一章　基于对话理论的教育技术设计　218

译后记　229

第一章 引 言

没有什么比好的理论更实用的了。

——库尔特·勒温（Kurt Lewin）

我们为什么需要教育技术"理论"？

目前，大多数教育技术研究缺乏或根本没有理论依据（Bond等，2019；Bodily等，2019）。即使提到理论时，通常只限于教育理论，很少涉及技术理论（An和Oliver，2021）。这与我们熟悉的观点一致——教育应遵循教学法，而不能由技术主导。这一观点通常被视为不争的事实，鲜有人质疑。大量有关教育技术的理论文献也反映出研究者对"技术"影响后果的担忧。许多学者担心，教育技术公司的经费支持可能让技术及技术专家在教育领域占据主导地位，从而偏离以人为本的教育原则（例如，Selwyn，2017）。总之，大多数教育技术研究的核心逻辑认为，教育应以人为主导，而非以技术主导。

表面上看，这种逻辑似乎合理。确实，人类经常借用工具来实现自己的目标。人们通常认为，目标应由人主导，而非技术工具。如果工具具有自主性，不仅会被看作是奇谈怪论，还可能让人感到不适甚至不安。《终结者》和《西部世界》等反乌托邦影视作品反映了人们对技术主宰一切并控制人类行动的担忧。然而，从理论角度审视，我们会发现，人与技术的关系远比看起来复杂。在本书第二章中，我们提出，人类与技术相互"交织"、密不可分。教育核心的"教"与"学"中许多内容实际上是为了与技术融合。例如，小学阶段的读、写、算教育——教学生阅读印刷文字、用笔写字以及学习数字和算术——本质上是一种技术教育，就如同手机上的社交媒体应用或人工智能助手一样。

有趣的是，我们通常不会把读写和算术看成是一种技术。显然，这些能力不是与生俱来的，也不具有普遍性。人类完全有可能对如何使用书面符号系统一窍不通。对于主要通过口头交流的社会，教会他们阅读和书写是否有益并不确定。事实上，有许多证据指向了相反的结论[①]。具有一定文化素养的人很难将他们自己与其所使用的特定的通信技术分离开来，在他们看来，通过教育维持并发展人们的读写能力对每个人都是有益的。然而，从理论角度看，这一观点需要被质疑。毕竟，即使是仅通过口头语言交流的社会——没有文字，也有其自身的教育。此外，未来社会的通信方式可能与我们现在的想象不同，但仍会有其教育方式。如果本书主张的人类与技术紧密相关这一论点成立，那么可以推断，随着技术发展，教育也应随之改变。因为当我们的技术发生变化时，我们自身也会改变。

贯穿本书的一个核心主题是，我们需要将教育技术理论发展为教育对话中的一个新方向。迄今为止，我们的教育理论尚未将技术的独特视角融入其中。技术不仅仅执行我们的指令，实现目标；它还深刻影响我们的思维、认知和决策方式。这意味着，当我们在讨论如何在教育中使用技术时，我们实际上也是在探讨如何塑造教育乃至人类的未来。设计教育技术需要综合考虑技术和教育的现状及未来发展。

---

① 登录（https://www.filmsforaction.org/watch/schooling-the-world-2010/）观看这一极具震撼力的纪录片，了解读写能力教育对许多口头社会造成的破坏性影响。

本书不仅讨论教育技术应用中的理论，还指出理论与实践在教育领域密不可分。人们通常认为，理论独立于实践之外，理论可以单独进行构建，然后用于指导实践，课程的内容和教师的教学方式都体现了一种或多种教育理论，即使这些理论并没有得到明确阐述。在我们看来，"教育技术理论"是一个双向互动的对话式过程。当我们思考如何将教育技术理论应用到教育技术实践中时，我们就能从中获得理论；同样，我们将教育技术理论应用于指导教育技术实践时，理论就能指导我们改进实践。正如本章开头引用的库尔特·勒温的名言，"没有什么比好的理论更实用的了"。同样，也没有什么比好的实践更能推动理论发展。

为了阐释教育技术理论作为一个独立的理论类别的重要性，我们引入了两个简短的实践案例。这两个案例从不同的实践角度阐述了教育技术的应用，实际上反映了两种不同的教育技术理论的建构方式（在第四章中，我们将这种构建称作教育技术的"语法"）。本书通过对这类实践案例的研究，论述教育技术理论与实践的双向关系：如何通过实践来构建新的理论，以及如何从理论的视角出发来改进实践。

案例一：使用数字设备能提升个人学习的效率和效果

拉里·库班（Larry Cuban）是美国著名的教育技术研究者，他因犀利批判"科技产业"及其对教育政策制定者的影响而闻名。他指出，这种影响导致政策制定者投资技术，但实际上教育效益却微乎其微（Cuban，2009）。库班的个人网站在美国教育领域具有很高的关注度和影响力。

一位小学教师在拉里·库班的个人网站上撰写了一篇博文，描述了这样一个情景：在给一群8岁的孩子分发了个人平板电脑之后不久，老师就想要把它们收回[①]。博文谈到，学校董事会购买平板电脑的目的，是为了更好地实

---

① https://nepc.colorado.edu/blog/i-gave-my-students-ipads

现"以学生为中心（而不是以教师为中心）"的教育，确保每个孩子都能获得更加个性化的学习体验。这些设备本应提高教育的效率和效果。但在实际使用中，老师发现，除了随机报警、设备故障和宽带中断等技术问题外，平板电脑还阻碍了学生之间的有效协作。具体而言，教师认为学生应多花时间提高口头表达，但有了平板电脑后，他们仅与屏幕互动。例如，遇到下雨天时，学生们不再愿意在地毯上一起玩乐高，因为他们的兴趣都在自己的平板电脑上。该博客引用了雪莉·特克尔（Sherry Turkle）的《群体性孤独》（2017）作为证据，证明移动设备阻碍了儿童和年轻人的面对面交流，同时，它还引用了2015年经合组织的一份报告，指出，教育技术并不一定能加速学习。博客提到报告中的一句话："研究显示，控制学生的社会背景和人口特征之后，频繁使用电脑的学生大多数学习成绩较差。"

案例二：用编程积木搭建海盗未来岛

这项案例研究探讨了一个名为"编程海盗-丹麦"的丹麦项目[1]（Nørgård和Paaskesen，2016）。在开放的仓储空间内，30名7至12岁的学生在成人志愿者的指导下进行创作。他们获得了各种材料、胶枪、GoPro摄像机、各种颜色的毯子和一个装有"WeDo"乐高可编程积木套件的工具箱。学生分成5到6人的小组，设计他们梦想中的"未来岛屿"。每个小组首先使用提供的工具和材料构建一个岛屿原型。每个小组录制视频解释设计方案，并将视频上传至YouTube。随后，所有小组合作，将每个方案的优点整合到一起，共同打造出一个大型的未来岛屿。整合过程中包含对公民意识、公平和理想未来社会的讨论。作者描述这种开放式教育方式，不仅促进学生们技术想象力和创造力，还培养他们协作解决问题的能力和批判性反思的能力。

---

[1] www.codingpirates.dk

案例评述

案例一的作者对技术在教育中的作用持否定态度；而案例二的作者则持肯定看法。由于这些案例描述都比较简短，我们还不足以判断他们的评估是否正确。我们想强调的是，这两个案例对教育技术的本质和作用的"构建"差异极大。我们所谓的"构建"，是指如何通过教育技术与其他因素的关系来理解其作用和功能。这种教育技术的构建不只是由教育实践者决定，还受到机构背景、空间设计、经费来源、文化及课程设计等隐性因素的影响。

在案例一中，教育技术被用作支持个体学习的工具。相反，在案例二中，教育技术被视为促进小组讨论和班级合作的工具。在案例一中，技术被诟病阻碍了学生沟通技能的发展；在案例二中，技术被视为一种有效的工具，通过视频支持学生实现小组之间以及小组与班级外部观众之间的多模式沟通。在案例一中，技术的教育目标（交流能力）与技术本身（乐高积木游戏）相冲突，而在案例二中，技术应用（搭建乐高积木）成为实现教育目标（如想象力、创造力，协作解决问题的能力和批判性反思能力）的关键要素。案例一中，技术被视为对课堂教学的（不成功的）补充，而在案例二中，技术应用（如毯子、桌子和其他制作材料的布置）被视为教学活动的核心。详情见表1.1。

表1.1 案例一和案例二的比较

案例一：个人平板设备	案例二：海盗未来岛
个人	集体
课程辅助	课程主体
通过静态设备进行的虚拟游戏	通过动态设备进行的实体游戏
教学	游戏
独白	对话

理论的重要价值在于揭示和检验那些在实践中被视作理所当然又常被忽视的隐性知识。应用理论可以帮助我们理解实践背后的基本假设。这样，我们就能够有意识地、创造性地质疑这些假设，并在此基础上进行新知识的构建。

案例一和案例二所代表的这两种截然不同的知识构建方式并不是现在才出现的。在20世纪70年代就出现过类似的例子。当时，基于西摩尔·帕珀特建构主义理论的"教育技术"与基于伯尔赫斯·斯金纳行为主义的"教育技术"也是"水火不容"（参见第四章）。案例一和案例二所代表的两种迥异的知识构建方式，也反映了关于教育技术讨论中的两种极端：一种是过分宣扬某种技术将彻底改变教育（如案例二），另一种则是一味批评技术对"理想"教育所产生的负面影响（如案例一）。应用理论来反思教育技术的不同知识构建方式，或将有助于我们将这种司空见惯、徒劳无益的非此即彼的对立立场转化为更具建设性的对话，从而促进理论的发展。

我们所讨论的"理论"、"教育技术"和"设计"，其内涵究竟是什么？

关键术语有助于建立讨论和对话的基础。当然，当某些定义表述的模糊不清时，并不必然意味着它们未被准确理解。实际上，这种模糊可能反映出定义的局限性和事物的复杂性，难以用简洁语言表达。下文将会提到，如果从对话的角度来看，词语的意义并不是固定不变的。词语的意义受到对话情景的制约，不同的对话情景使特定词语具有了不同的意义。这意味着一个词语可以有多种意义，而一个特定词语的意义随对话情景不断地演变与发展。在特定的实践情境中，关键的概念性术语的用法相对保持稳定，所以术语的这种不确定性并不影响我们使用术语来讨论和形成我们共同的理解。比如在课堂上，当教师说到"教育技术"或"教育科技"时，他们通常指的是数字技术。这并不是因为他们不知道书本、白板、笔和桌子也属于技术范畴，而是因为如果我们把"教育技术"定义得相对宽泛，让其涵盖了课堂上所有的东西，那么就会大大降低这个词的实用性。因此，区分正常的教育活动和为支持这种活动而引入的新的数字工具，对教育实践是有帮助的。

然而，在理论的语境中，"教育技术"也有第二种相对稳定的意义。要说明这个意义，我们首先需要对"理论"进行定义。我们认为，"理论"是从实践中抽象出来，通过将该实践与彼时彼地的其他实践相联系，来反思该实践的过程。理论就像是一场持续的人类对话，它们处在一个相互联系的思想网络中并且被不断地引用和相互参照，在这个过程中，各种概念的意义会随着时间的变化而发生改变。这种意义的改变是由提问和回答来推动的。在这个过程中，新的想法被提了出来，人们根据证据和经验对此进行讨论。最重要的是，如果一个学科希望通过实践者和研究者之间持续的对话，总结过去成功的经验和吸取过去失败的教训推动学科发展成一个累积性的共享知识体系，就必须构建理论。

如果我们从日常的教学实践抽离出来，从更理论的角度审视教育技术，我们就会发现，技术与实体的机器设备、特别是数字设备的紧密关联，其实是一个相对接近的现象。"技术"这一现代词汇的希腊词根"Techné"，本意是指技巧，而不是机器设备。值得注意的是，（美国）教育传播与技术协会（AECT）在最新的教育技术定义中，显然考虑到"Techné"的本源含义：

教育技术是通过对教与学的过程和资源进行战略设计、管理与实施，以促进知识发展，调节并提升学习进程及学习成果，并将对应的理论、研究及最佳实践以符合道德规范的方式加以应用[①]。

---

① AECT定义与术语委员会（https://aect.org/news_manager.php?page=17578）。

这一定义可以作为本书所讨论的教育技术的定义。自1994年以来，教育技术包含学习设计的理念一直是AECT定义中的一个内容（Seels和Richey，1994）。从理论的角度看，技术不只是一类工具或技术产品，更多的是一种思考事物如何运作的方式，以及一种对事物采取行动以设计不同实施方式的实践（Dron，2022）。

根据我们的定义，教学法——即旨在促进学习的教学方法，本质上与计算机或教科书一样，都是属于技术范畴。一种技术之所以具有教育的特性，是因为其内含了一种或多种教学法（Dron，2022）。一些技术在设计和销售时就被专门定位为教育用途，例如学习管理系统，这表明它们在设计阶段就已经考虑了如何利用这些技术来赋能辅助教学和学习过程。技术一旦融入了教学法，就会有更多技术变成教育技术。例如，用来教授函数式编程的Excel电子表格，或者用来教授算术的乐高积木，就是这样的例子。

我们通常不会把教育中一些司空见惯的东西，如书本和课桌，视为技术。因为它们已经融入了我们的教学和学习过程，已经成为我们习以为常的工具。然而，每当有新事物出现，例如19世纪初期引入教室的黑板，教育实践者就会开始考虑其功能和设计。从仅使用个人石板转变为利用挂在墙上的黑板，对于教学实践而言，无疑是一个相当大的挑战。最初，教师并未使用黑板，直到他们发现可以利用它来进行全班教学。具体而言，教师们必须从使用个人石板的思维转变为使用适合整个班级教学的黑板的思维（Slade，2001引自Russell，2006）。19世纪20年代，当黑板首次出现在耶鲁大学时，遭到了学生们的抵制。因为引入黑板意味着要求学生在没有书本帮助的情况下直接在黑板上解题（Frankel和Kerr，2020），结果40多名学生被开除。因此，在教室中，新的工具之所以被视为技术，不是因为它们的数字化特性，而是因为人们需要就其最有效的使用方式做出决策。

根据黛安娜·劳瑞拉德（Diana Laurillard）及其同事麦克·夏普尔斯（Mike

Sharples）等人的观点，教育是一门"设计科学"（Laurillard，2012；Sharples，2009）。这个概念最初是由赫伯特·西蒙（Herbert Simon）在其著名的力作《人工的科学》中提出的，在书中他写道："自然科学关心的是事物本身是什么样的，而设计科学关心的则是事物应该是什么样的。"（Simon，1969）。设计科学关注解决无法通过严格方法找到唯一答案的问题。设计在面对现实世界的各种限制时，通过创造性地处理不同因素之间的张力冲突（Tension），找到解决问题的新方法。这种处理方式与自然进化过程颇为相似（Crilly，2021）。但与自然进化不同的是，设计需要人类的介入，而人类的介入意味着在设计过程中融入了对未来的洞察，以对理想成果的追求来引领设计思路。这使得设计成为一种基于对未来预期的创造性的解决方案。

在第十章中，我们将探讨如何有效地将教育技术研究作为设计研究进行，涉及实际应用、评估成效，并根据证据对设计框架进行迭代测试和优化（Bakker，2018）。设计框架由一系列相互关联的设计原则构成，这些原则通常遵循这样的逻辑："如果我们在条件y下执行x，那么更有可能出现结果z。"举例来说，如果我们利用互动视频游戏教6岁的儿童学基础算术，那么孩子们更有可能表现出兴趣和积极性。设计原则和框架的形成并非无源之水，它们需要建立在对技术本质和具有教育内涵的科学假设之上。我们之所以将本书英文版本的副标题设定为"构建对话式设计基础"，而非"构建对话式设计框架"，是因为我们并不试图提供具体的"操作指南"或步骤。相反，我们提出一种新的视角来思考技术与教育，认为这将为构建实用的设计框架奠定基础。

教育技术及我们面临的重大挑战

在第二章中，我们探讨了学校最初建立是为了教授新兴的泥板刻符技术。有学者认为，这种新兴的楔形文字读写和计算技术，是为了应对前所未有的人口密集居住所带来的挑战，这需要通过书面合同和法律条文来解决（Pea和

Cole，2019）。同样地，现代义务教育系统，包括读写和计算教育，是为了满足工业化需求，并在国家层面维持秩序和身份认同。因此，我们的目的不仅仅是理解教育，而是要将教育置于具体的历史文化背景和技术发展生态中去理解教育。在本书中，我们所提出的教育技术理论，并不是脱离历史文化的理论，而是回应当前教育挑战，为未来教育设计指明方向。

在文化历史上，数字时代的到来，以及在地质学上，人类世的到来，都对人类提出了严峻挑战；技术赋能的教育可能是一种有效的应对策略。作为近几十年来新兴的主导通信方式[1]，互联网已将全球大多数人口联系在一起[2]。互联网的全球性是一项了不起的成就，但同时也带来了许多挑战。互联网最初被看作是推动民主的工具，如今却常常被视为是对民主的威胁。像Facebook这样的全球性社交媒体平台，也被指责助长了极端主义和"假新闻"的传播[3]（Oliver，2020；Fisher，2022；Geeng等，2020）。互联网的快速全球化推动了人工智能（AI）的发展，对现有的教育实践提出挑战。利用网络爬虫技术，大语言模型（LLMs）从互联网上搜集数据，在几乎所有知识领域生成令人信服的考试答案。从这些发展迹象来看，我们这个时代面临的一个重大挑战似乎是：从基于印刷的多种各自独立文明向基于互联网的全球化文明的转变[4]。尽管互联网已经存在了数十年，但人类并未简单地转向一种单一的互联网驱动的全球文明。然而，许多迹象表明，我们正朝着更加依赖互联网的实践和身份迈进，这些趋势往往超越国界和语言的限制。尽管这一转变过程

---

[1] 主要通信方式的观点受到了马克·波斯特（Mark Poster，2001，2018）的启发。他认为，如口语交流、读写能力、印刷文化素养和互联网这样的通信技术，与封建主义和资本主义等生产方式一样，是历史阶段的重要标志。这是因为通信技术的发展与生产技术的发展一样，都是变革的推动力。

[2] https://ourworldindata.org/internet

[3] https://ourworldindata.org/internet

[4] 曼努埃尔·卡斯特尔（Manuel Castells）的理论提出，随着我们过渡到更多由互联网中介的社会形态，数字或信息时代带来了空间和时间概念的变化，这一理论仍然具有现实意义。尽管这一观点受到了一些批评者的质疑，但互联网催生的新社会实践和新社会身份的出现，为这一理论提供了实证支持（例如，Slavina和Brym，2020；Castells，2020；Kui，2019）。

可能有快有慢，发展也不均衡。

"人类世"（anthropocene）指地球进入了一个受人类活动显著影响的新地质时代。全球变暖等现象表明，人类活动正在影响我们的环境质量。因而，很多人认为，在全球范围内实行群体式自我约束已成为必需，这不仅是为了我们继续繁荣发展，也是为了我们的生存。"人类世"对未来提出的挑战，迫使我们重新设计教育，以构建一个以全球群体思维和集体行动为基础的未来。在本书中，我们认为，设计教育技术就是设计未来。一个更好的技术理论不仅能够帮助我们应对数字时代和"人类世"所带来的教育挑战，而且能帮助我们应对其他很多已知或未知的挑战。

对话式教育理论

本书采用跨学科的方法构建技术理论。本书把技术理论的见解整合到教育理论中，形成了一种我们称之为"教育技术理论"的混合理论研究。实际上，许多教育理论源自教育学以外的学术领域。心理学就是其中之一，它为教育学提供了许多颇有影响力的理论，如行为主义、建构主义和社会建构主义等。社会学对教育理论也有着显著的影响，包括功能主义理论——强调人的社会化和满足政治经济发展需求，以及批判理论——关注教育在社会不平等再生产中的隐性作用等。物理学在跨学科研究中一直占据着重要的位置，尤其是量子理论中的一些概念，目前正在越来越多地被引入教育学，形成了通常被称作"新物质主义"的理论流派。我们深入研究这些理论，视其为学术对话中的重要组成部分。与其他研究者一样，我们相信跨学科研究有助于我们更深入地理解教育，并据此形成更加有效的教与学的方法（Luckin 和 Cukurova，2019）。在第七章中，我们还特别强调了信息理论、系统理论和控制论等源自技术领域的理论。尽管我们的研究是跨学科的，但我们始终立足于教育研究。

我们之所以认为教育理论既根植于教育学，同时又是跨学科的，是因为教育理论融合了多种思想流派，本质上就是跨学科的。教育理论保持一致性和独特性，不是因为汇集了不同学科的思想，而是因为它专注于回答"我们应该教什么和学什么？"以及"我们应该如何教与学？"这两个基本问题。在这两个问题的背后隐含着一个更为根本的哲学问题，那就是"我们为什么要教与学？"[①]教育作为一门学科，一直以来并没有得到高度重视。然而，我们有理由认为，它可能是所有学科中最为重要的学科。这是因为教育不仅是所有学科的起点，还涵盖了所有学科的内容。显然，每种文化都对教育有自己的理解，并在各自背景下积极进行教育实践。然而，非现代的人类文化几乎都不能够识别或理解物理学、心理学等现代大学中设立的学科。这可能是因为教育，如康德所言，是构成人类文化可能性的一个基本条件（Tennie，Call和Tomasello，2009）。教育与其他学科的关系，可以比作是生物学中干细胞和由它们分化成的特化细胞之间的关系。干细胞具有分化成身体中任何类型细胞的潜力，而特化细胞则具有特定的、有限的功能。同样，大多数学术学科，是从教育这一更为广泛的人类活动中衍生出来的专业领域，同时它们又是其中不可分割的一部分。

我们认为，大多数教育理论的问题在于，它们试图回答我们应该教什么和学什么，以及我们应该如何教与学，但并没有充分考虑到技术的作用。我们认为，教育始终都与技术紧密相连。因此，在研究教育技术理论和构建对话式教育技术理论的过程中，我们同样对提出一种新的教育理论抱有兴趣，这种理论将充分考虑技术的影响和作用。

本书中经常提及的对话式教育理论是一种具有教育学科特色的理论。它

---

① 这一观点，即教育作为一个学科应该通过提出独特的教育问题来界定，是受到与格特·比斯塔（Gert Biesta）交谈的启发。参见：Siegel, S. T.和Biesta, G.（2022）."教育理论的问题"，载于《教育政策的未来》第20卷第5期，第537–548页，以及Saeverot, H.和Biesta, G.（2013）."关于教育需要问的教育问题：与比斯塔的访谈"，载于《教育政策的未来》第11卷第2期，第175–184页。

是基于数十年对学习者和教师实践的研究发展而来，这一理论针对教育领域中的两个重要问题进行了深入探讨（Mercer，Wegerif和Major，2019）。虽然对话式理论的来源最早可以追溯到哲学家巴赫金·米哈伊尔（Bakhtin Michael）和马丁·布伯（Martin Buber）等人的思想，并且受到了心理学家列夫·维果茨基（Lev Vygotsky）等人的影响（我们将在本书的后续章节介绍这些思想家），但我们所构建的对话式教育理论具有教育学理论的独特性[1]。这一理论基于对学生学习方式的观察以及多个研究项目的成果。这些研究项目探讨了如何通过对话和技术的结合更有效地开展教学（Major等，2018；Wegerif，2007，2013）。

对话式教育理论从学习过程的观察出发，认为学习不仅是传授显性知识或个人构建的过程；而且是通过对话实现学习，这种对话通常由外部因素，如同伴、家长、教师或热点事件触发。这些都能激发学习者进一步探索和了解的欲望。对话式教育理论认为，学习是通过对话关系实现的。这种关系使学习者不只是作为一个独立的个体而存在，而是与他人或环境产生了互动和联系。这里的"他人"，我们可能指的是另一个人，也可能指的是学习环境。教育设计的关键在于如何建立关系和互动场景，促进学生参与并响应教育对话，包括技术在教育中的应用。

在日常用语中，"对话"可以指代任何使用语言或符号进行交流的社会互动。然而，在教育领域，"对话式"（dialogic）这一术语至少有三种不同的用法，我们认为这大致对应三个"层面"，第一个层面较为表面，最后一个层面则较为深刻。

---

[1] 我们的对话式教育理论受到了教育家、哲学家及活动家保罗·弗莱雷（Paulo Freire，1970）的深刻影响。此外，这一理论也得益于贝尔·胡克斯（Bell Hooks）近期研究的启发，胡克斯的思想不仅受到了弗莱雷的影响，还深受佛教，特别是僧侣和社会活动家一行禅师（Thich Nhat Hanh）的影响（Hooks，2014）。

第一层面：字典定义

"对话式"一词，如《牛津英语词典》所定义，是一个形容词，用来描述"与对话相关或以对话形式呈现"的任何事物。这是"对话式教育"可以采用的第一层次的定义。在存在小组合作或教师与学生之间高开放度互动的情况下，这可能被称为"对话式教育"。这里的"对话式"仅表明"教"与"学"采取了对话的形式（Dialogic Form），无需对其技术含义加以说明。

第二层面：认识论定义

"对话式"一词在技术层面常用来指称这样一个观点，即，任何发出的声音或说出的话语所具有的含义并不是孤立存在的，而是在包含了多个声音的语境中产生的。这意味着，这种含义不是由字典直接给出的，而是取决于这些词语在整个对话情景中的相互关系和作用。其中的话语既会对之前所说内容的回应，也会对未来的对话产生影响（Linell，2009；Rommetveit，1992）。换句话说，如果一个朋友发送了一个带有笑脸表情符号的消息，那条消息的含义并不是独立存在的，而是依赖于之前的消息内容以及你对那条消息的回应。

这种对如何在一个特定的情境中通过多种声音的互动来构建意义的关注，为"对话式教育"提供了第二个层面或认识论层面的定义，即教育应被理解为一个持续的共同探究过程，这种过程以对话的方式进行（Wells，1999；Linell，2009）。例如，由罗宾·亚历山大（Robin Alexander）提出的"对话式教学法"，以认识论为基础，强调引导学生参与到共同构建知识的过程中。《儿童哲学》（Lipman，2003）中所提到的"探究共同体方法"、"探索式对话"（Littleton和Mercer，2013）以及"问责式对话"（Michaels，O'Connor和Resnick，2008），也常常可以发现类似的认识论关注点。

第三层面：本体论定义

认识论探讨的是我们如何认知事物。因此，任何基于认识论的教育方法都会假设存在一个认知事物的"自我"和一个需要被认知的"外部现实"。然而，如果我们将对话视为一种意义构建的理论，则意味着对话不只是"自我"与"现实"之间构建知识的手段，而是表明"自我"与"现实"本身也构成了对话的主体。将这种对话的本体论内涵应用于教育，表明对话不仅仅是教育中用来帮助构建知识的工具或手段，而更重要的是，参与对话是改变我们自己（Self-Identification）和改变现实的一种方式。

本体论对话式教育的不同流派在关注点上各有侧重，它们分别关注：（1）自我，（2）现实，（3）社会现实的理解和转变。其中一种观点将个体视为对话的主体，认为教育的目的是培养个体作为"作者性"自我的自由与责任感，这形成了本体论对话式教育理论的一个流派（Matusov，2009；Sidorkin，1999）。另一个流派更加关注对现实的转变。这一流派认为，教育和科学应当被看作是一种对话过程，是一段从普遍错觉中觉醒的"旅程"——这种错觉认为主体（我们自己）和客体（外在世界的事物）是独立存在于一个固定不变的外部现实中的独立实体——转变为认识到所有身份都是某种普遍对话的一部分，我们可以通过学习，更全面、更富有同情心地参与其中（Wegerif，2007；Kennedy，2014；Hooks，2014）。从政治角度对对话式教育进行解读，可以从弗莱雷（1971）及其追随者（如Flecha，2009）的观点中一窥究竟。他们将对话式教育视为一种赋权手段，这种手段旨在帮助被压迫者获得力量，使他们能够给自身的现实"命名"，以此增强意识（觉醒）并改变社会现实。

在实践中，尽管存在一些相反的观点（例如，2014年Matusov和Wegerif合著中的观点），这三个层面的定义实际上并不相互排斥。大多数自称为对话式教育的教学法都在某种程度上结合了这三个层面的某些元素。通常，对话式教学法不仅关注采取对话的形式，确保所有参与者都有机会表达自己的想法，还通过共同探究来促进知识技能的提升，培养对话的倾向，并将对话本身作为一种值得追求的目标（例如，Flecha，2000；Phillipson和Wegerif，2016；

Lefstein和Snell，2013；Nystrand，1997）。

并非所有的互动都是学习。巴赫金将对话与其他社会互动区分开，认为对话是一系列提问与回答，每个回答都会激发新的问题（Bakthin，1986）。换言之，对话是人们通过巴赫金所称的"相互启迪"来共同学习的过程。教育通过对话而进行，而对话则需要开启对话的空间。我们在第八章探讨的对话空间，指的是在对话的创造性张力中，两个或更多观点共存时所展开的可能性空间（Wegerif，2019）。从外部来看，对话可能局限于课堂之内，发生在特定的时间，通过可以记录成声波，并与可测量的神经变化相关的可以被听见的言语进行。然而，从内部来看，它却开启了一个无形的意义空间，这个空间是无边界的，并且可以自由地跨越多个时空。我们认为，技术在开启、拓展、加强和维持学习对话空间方面至关重要。

理论与实践：不同时间维度的对话

柏拉图（Plato）和亚里士多德（Aristotle）认为，"理论"（Theoria）是对永恒真理的思考，而"技术"（Techné）则是文本在特定时间框架内创造事物的过程。技术不只涉及创造事物的实践，还包括与创造事物所需的实践密切相关的理论或知识。亚里士多德认为，"科学"（Epistemé）指永恒的知识，而"技术"则是随时间变化的知识（Aristotle，BCE350/1925）。这种将永恒真理与时间实践相区分的思维方式，在西方的思想传统中一直延续至今。如今，这种区分依然存在：基础科学被认为是在发现永恒的"自然法则"，而工程技术则关注在现实中应用这些法则在特定时间框架内创造和改变事物。

我们认可亚里士多德的观点，认为区分理论视角和实践视角是有益的。尽管如此，我们并不认为两者在本质上存在根本的区别，或者理论视角不受时间的影响。实际上，理论和实践都是通过不同时间维度的对话来承载的。（我们将在第九章详细讨论）。"理论"这一术语并不是指与时间无关，而更准确地说，它是指透过事物表面——透过局部情景中的即时活动——尝试从更广的视角去观察和思考事物。我们从理论的角度去探讨"技术"，仍然是为了在对话中使用这一术语来区分不同层面的讨论。然而，理论的对话与日常实践的对话相比，其时间跨度更长，视角更广。

将理论和实践视为同一事物在不同时序上的对话，有助于理解理论对实践的作用。任何需要设计的实践都需要一种与实践密切相关的理论来指导。例如，如果你是一个教师，你就需要某种理论来指导你决定教什么以及如何去教。此外，该理论往往还包含了相应的论据和例证，用以阐释教授某一特定内容的益处及其重要性。这种与实践密切相关的理论，是指它包含了关于现实和价值的假设，这些假设来源于、并且属于更长期的理论对话。因此，理论为实践的设计提供了基础，这就是为什么理论非常有用。

当然，在教育中，理论与实践的互动并不总能协调一致。有时理论可能与实践脱节，反之亦然。有时实践可能只是固守既有的观念机械地重复传统的做法，而没有结合理论的深入分析和批判性思考来进行改进或调整，这种实践可能无法适应不断变化的外部环境，最终变得过时甚至产生负面效果。另一方面，有的理论可能处在一种高度抽象的概念性讨论中，这种讨论可能与日常实践完全脱节，因此也无法从实践中获得启示。在实践者看来，这种与时序不同步的理论未必具有实际的应用价值，从而对高度抽象和过于宽泛的理论讨论失去兴趣。理想情况下，理论应通过与实践紧密结合，不断接受检验、评估和挑战。虽然教育领域的高层面理论并非总能直接经受住实践的检验，但我们有充分理由相信，这些理论可以通过不同教学法之间的竞争性发展过程间接地得到验证。在本书第十章中，我们将更深入地探讨这一机制的运作方式，届时我们将讨论如何将研究作为一种手段，以促进宏观理论与微观实践之间的建设性互动。本书致力于构建一种新理论，既具宏观视角和长远规划，又能深入实践，成为设计有效教育实践的工具。

本书内容概要

创作本书的两个目的：一是全面介绍教育技术理论；二是为教育技术的设计与实践奠定新的"对话式"理论基础。我们认为理论具有实践的价值，而实践又是检验和发展理论的重要途径。因此，我们在本书中收录了多个简短的描述性教育实践案例，以说明理论与实践之间的相互作用。我们选取的这些案例覆盖了教育技术发展的各个阶段，不只限于最新技术。在教育技术领域，回顾历史尤为重要，因为显著的技术革新常让人忽视已确立的教育原则。通过研究这些不同背景的案例，我们展示如何将理论应用于实践，并阐释理论如何通过实践得到丰富和发展。

为了全面理解技术在教育中的作用，我们需要跳出当前的教育体系，从更宏观的视角对其进行审视。这也是本书第二章所讨论的内容，在这一章中，我们探讨了教育技术的历史，并论述了技术与教育之间自人类起源之初就存在的相互依存和相互作用的关系。我们发现，尽管目前人们普遍认为教育技术是教育核心任务的一种辅助，但历史上最初设立的具有明确学校特征的学校，其核心课程就是教育技术。例如，在古苏美尔时代，为了教授如何使用笔杆和泥板来记录交易数据和集体故事的复杂技能，催生了最早的学校教育；在印刷机发明以后，为了教授利用文字和数字来读写、表达交流的能力，推动了现代学校教育的普及。国家义务教育体系的出现不仅受到了印刷技术的影响，还依赖印刷生态环境的支持。

研究口语社会和印刷社会在理解知识和教育方式上的差异，引导我们思考不同媒介技术的"认知可供性"。在口头社会中，教育方式各不相同，但在某些情景下，口头交流往往能够轻松实现（或"提供"）一种将思考和学习视为对话的教育愿景，这种对话通常发生在人声和"精神"声音之间，柏拉图经常用这种方式描述苏格拉底的教育理念。而印刷文化中的读写能力往往使得将推理视为几何证明的过程成为可能，甚至看似合理。在第三章中，我们追溯了"可供性（Affordances）"这一概念至詹姆斯·吉布森（James Gibson）的感知心理学，并探讨了莫里斯·梅洛-庞蒂（Maurice Merleau-Ponty）对吉布森的影响。对吉布森而言，感知不像许多认知心理学家所说的那样，是大脑"信息处理"的结果。相反，他认为，"感知"是身体与世界之间关系的一个组成部分。如果一个表面提供了行走的可能性或者一张长凳提供了坐的可能性，身体就能直接感知到。然而，我们如何感知事物的"可供性"，不仅取决于身体与物质世界互动的可能性，还受到事物本身意义的影响——这种意义无疑受到文化和教育的影响。例如，一张长凳是否适合坐或踩踏，取决于你是在公园还是健身房遇到它，以及相关的使用规则。

"可供性"涉及意义问题，教育技术的可供性设计本质上也是对意义的设计。这里的"意义"是指，用户对工具使用方式与其所有可能方式之间的张力，包括他们能想到的所有活动和工具激发的联想。

在第四章中，我们借鉴路德维希·约瑟夫·约翰·维特根斯坦（Ludwig Josef Johann Wittgenstein）的观点，探讨教育技术的"语法"，即作为"思维机器"、"思考辅助工具"和"学习环境"的不同应用方式。这三种教育技术的"语法"形成了教育技术设计和使用的理论基础。然而，这些理论不够精确，不足以作为"与实践密切相关"的设计框架，因为它们支持多种设计。因此，它们只能作为"设计基础"的框架。这就引出了一个问题，即我们如何选择最适合的设计基础？在教育技术理论的长期讨论中，这些不同的"语法"相互竞争以获得关注。虽然我们相信经验研究能够验证它们在达成目标方面的有效性，我们也会尽可能地引用这些研究，但仅凭这些经验并不足以帮助我们做出选择。因为每一种"语法"都有自己定义的成功与失败的标准。因此，我们提出一种适度的"语法性"分析方法，用于探讨不同框架下教育技术的内在一致性和潜在影响。

在第五章中，我们通过分析"在线实践社区"、"在线多用户角色扮演游戏"和"联通主义"，继续探讨教育技术的理论和方法。通过分析这些"语法"的优缺点，我们提出一种新的"对话式"语法或设计基础。这种新的教育技术设计基础建立在联通主义学习理论之上，该理论将学习视为一种网络构建的形式。此外，它还特别强调意识和身份的重要性。我们认为，对话是将由节点和链接组成的外部网络转化为内在共鸣空间的必要条件：学习不仅是增加节点和链接，更是扩展对话空间，通过将每个新节点与网络中其他节点建立对话关系，赋予其意义。我们借鉴联通主义的理论，将学习视为建立关系网络的链接。此外，通过探讨"在线实践社区"和"在线多用户角色扮演游戏"的价值，我们强调了预见未来的重要性以及通过与未知领域的互动对话来扩展我们知识的重要性。

马丁·海德格尔（Martin Heidegger）关于工具和技术进入我们经验领域的讨论，对技术哲学深远有影响。在本书的第六章，我们探讨了海德格尔的上述讨论对教育设计的启示。我们进一步分析了他对现代技术的批评，他认为现代技术以一种"框架化"的方式限制了我们，阻碍我们与世界建立深层联系。尽管海德格尔将现代技术视为巨大的威胁，他也承认技术为人类未来提供了可能性。他对技术内在地影响我们创造和揭示世界可能性的分析，不仅适用于我们理解日常使用的简单工具（如锤子），同样也适用于我们理解更现代的工具，比如生成式人工智能和互联网。

在第七章中，我们回应了海德格尔对现代技术的批评，并探讨了"意义"与技术的关系，特别是与教育技术的关系。人们通常将人类的意义与技术的意义对立起来，认为在教育中使用技术可能会威胁到人类的"意义"。我们质疑这种观点，认为意义是自组织系统中"预期"效果的一部分。因此，这种"意义"并不仅限于人类。我们认为，人类追求的"意义"以及对目标感的体验，与我们参与更大系统时所获得的体验息息相关。这些更大的系统在某种意义上，召唤我们去追寻意义。它们总是具有技术层面的成分，哪怕仅仅只是作为支持和促成我们对话的交流媒介。因此，追求意义的教学可以理解为是生物—社会—技术系统自组织的一部分。我们介绍了技术哲学家吉尔伯特·西蒙东（Gilbert Simondon）的观点，他认为要实现"跨个体化"或集体身份构建，我们需与技术对话。我们通过举例，对教育技术是如何被设计来赋能教育，并将其作为引导学生进入更宽广的、以文化介导的意义类型的过程这一论点进行了阐释。

在第八章中，我们讨论了技术与对话空间的关系，探索将教育视为对话空间扩展的过程。当之前未被听到或理解的声音变得能够被听到或理解，以及之前被认为是不可想象的事情变得可以想象时，对话空间就得到了扩展。我们认为，技术在教育中扮演着关键角色。对话中声音之间的共鸣，跨越了时间和空间的限制。教育的一个功能就是通过通信技术这种媒介，将不同时间维度上的知识与经验融合并促进对话。在第九章中，我们讨论了新型数字化教育技术，这种技术特别有助于引导学习者参与到更长时间维度的对话中。

研究对理论的发展至关重要，而理论的发展对实践的发展同样不可或缺。在第十章中，我们对教育和教育技术研究的历史进行了批判性分析，认为技术变革使新型研究成为必要和可能。我们提出了一种"基于设计的教育研究"的新方法，属于行动研究范畴，可能包括参与式行动研究。我们称其为"双环"，因为它通过数据和对话来反映最初教育目标的实现情况，并根据实证重新对最初的目标进行审视和调整。最后，我们将这种双循环与梅洛-庞蒂的意义"交织"（Chiasm）概念联系起来，提出对教育技术进行研究和使用教育技术的一种方法是系统地进行对话，使"内部"观点（例如经验的描述）与"外部"观点（例如数据中的统计模式）相互影响和相互启发。

第十一章总结了前几章讨论的内容，提出了关于教育技术的对话理论。

我们认为，教育的本质在于引导学生参与持续的文化对话。这些对话通过文字、书籍、互联网以及人工智能语言助手等多种形式的通信技术得以实现。因此，技术在教育中扮演着核心角色，它以多种形式存在。然而，我们还应该深入探讨这些不同技术的独特作用和影响，并通过教育理论将其充分发挥。我们提出的教育技术对话式理论旨在弥补现有理论的不足，并为设计提供理论基础。我们可以通过构建基于这一理论之上的设计并对其有效性进行测试来检验这一理论的实用性，或至少对其潜在的实用性进行探索。此外，我们讨论了设计的伦理原则，并认为，尽管实践中我们会面临各种困难和挑战，但对话是唯一可行的方式。我们所提出的教育技术对话理论指导下的设计，旨在将教学设计和技术支持相结合，目的是促进不同时空尺度上教育对话的动态交互，这通常意味着将短期的面对面即时对话与长期的、更广泛的全局性对话相链接。我们认为，教育技术应该：吸引学生，并为其提供机会和动机，促使他们参与教育对话；将学生与更广泛的学习网络中的其他人相联通；通过建立短期对话与长期、大范围对话之间的链接，拓展对话的时间和空间；支持学生与周围充满不确定性和开放性的未知世界，建立起建设性的关系。

第二章　不同视角的教育技术史

> 斐德罗啊，文字就像绘画一样，尽管画中之物栩栩如生，但如果你向它们提问，它们就会庄严地保持沉默，文字也是如此；也许你认为文字在说话，能表现出智慧，但如果你向它们提问，想了解它们所说的内容，它们却总是回答着同样的答案。
>
> ——苏格拉底（Socrates）

> 如果你想隐藏什么，就把它写进书里。
>
> ——阿尔法克斯·基马尼（Alphaxus Kimani）[①]

引言

教育技术的历史往往局限于最近的创新，尤其是不同数字技术在学校的引入（Weller，2020）。虽然有少数研究追溯到更早期的技术应用，却也只是聚焦于技术创新对课堂的影响，例如，20世纪初电影在教育中的使用（Cuban，1986），以及20世纪20年代和30年代美国课堂引入的第一批"教学机器"（Watters，2021）。作为一门学科，教育技术学被视为研究和应对

---

① 一名来自肯尼亚中部的农民（见本章案例研究）。

新兴技术手段的科学：例如，进入课堂的计算机、光盘、互联网、移动学习工具、云计算以及最近的人工智能和"大数据"（Oliver，2016）。这些教育技术探究"传统"教育与新技术支持下的教育之间的显著性差异。这种差异体现在计算机辅助教学（computer-aided instruction）、计算机辅助学习（computer-assisted learning）、技术增强学习（technology-enhenced learning）等多个教育技术相关术语中。

我们在上一章中指出，从理论的角度看问题，就是要从表面上显而易见的事物中抽离出来，质疑这些看似显而易见的事物是如何形成的。教育技术是用于支持教育的技术，这一点显而易见，但教育和用于支持教育发展的技术之间的差异是如何产生的呢？根据定义，教育技术并非教育的主要内容，而是辅助教育的工具。教育技术旨在服务教育，赋能教育，提升教育质量。本书第四章将更详细地探讨过去50多年间数字技术在教育中的应用，而本章将从不同的视角解读教育技术发展史。这表明，我们所认为的"教育"本身就是技术，只是这种技术通过使用变得越来越熟悉，以至于被视为自然。

首批学校

我们所知的最早的正式学校大约在4000年前成立，其成立是为了支持一种新的信息和通信技术——楔形文字的书写和阅读，这种文字代表数字和词语（Harris，1986）。楔形文字是一种由符号和标志构成的书写系统，使用于青铜时代至公元初期的古代中东地区。考古发掘为我们揭示了这些学校的运作方式。例如，在苏美尔古城尼普尔（Nippur）的校舍中，人们发现了成排的长凳、装有数百片泥板碎片的烤砖箱，以及干燥的泥土堆。据此，我们可以推测这样的场景：学生们从盒子里取出一块泥土，将其塑造成石板形状，然后用削尖的芦苇秆作为书写工具，在泥板上刻画，形成楔形文字的字符（Robson，2001）。

图2.1　楔形文字协议

在尼普尔及其他遗址发现的泥板使我们能够重建当时的学校课程情景：第一阶段，学生从最基本的楔形符号开始学习书写，这也是楔形文字名称的来源（cuneus在拉丁语中意为"楔子"）。第二阶段，学生学习基本的名词词汇。第三阶段，课程将教授更高级的词汇和算术。最后阶段，学生学习更复杂的文本作品，如描写苏美尔英雄和诸神的诗歌，以及如图2.1所示的楔形文字协议等法律合同范本。

当时的学校被称为"eduba"，意为"泥板屋"。每所eduba通常由以下人员组成：首先是校长，被称为"泥板屋之父"；其次是副校长，或"泥板屋的监督者"，负责执行规章制度；助教被称为"师兄"，他们负责书写新的泥板供学生抄写，并检查学生的作业和背诵情况。其他人员还包括"苏美尔语教师"（尽管苏美尔语在公元前1800年尼普尔学校运行时已不再是日常交流语言，但仍是主要的教学语言）和"绘画教师"。数学由"会计文士"、"测量文士"和"地域文士"教授。此外，还有一些负责管理出勤和纪律的人员，其中包括一名"负责教鞭的人"。学生会因课堂作业不达标、书写不规范、衣着不整、未经允许发言、不使用苏美尔语与苏美尔语教师交流以及其他各种错

25

误而受到惩罚。

我们从泥板上的描述可以得知，学生们会进行写作训练，例如"描述你的一天"。一块保存完好的泥板上记载了这样一个故事：一个学生早早起床去学校，中午回家拿母亲打包的"两个面包"做午餐，接着便又回到学校。随后，老师朗诵了泥板上的文字供他抄写，但由于书写不够工整，他还因此受到了惩罚（Cromwell, 2019）。

接受过学校教育的人都能对这些故事产生共鸣，重现古苏美尔的教育场景。例如，本书的读者能读到这里，就表明是具备读写能力，经历过学校教育的。上学时，早起赶到学校、带着家里的午餐、淘气时面临罚站，因书写不规范而受到批评，等等。这些经历，我们都能感同身受。对于当代人来说，幼年时接受学校教育似乎是理所当然的事情，但在更早的历史时期却并非如此。事实上，生活在那个时代及其后几个世纪的绝大多数人并没有上过学。在古苏美尔和古埃及的文士学校中，只有极少数人有机会学习读写。

正规的"泥板屋学校"代表着时间和资源的投入。泥板上的楔形文字显然是一种通信技术，这种技术赋予了人们跨越时间的集体记忆能力，因此被当时的权威人士认为具有价值。然而，此类技术需要熟练的人来操作，无法自行运行。文士们需要记录账目、起草合同、记录祖先的故事。因此，称首批学校为服务新技术而建，也不无道理。

识字的人

人们常听到这样的说法：教育应该关注教学方法和实践，而非技术（例如，Tsui和Tavares，2021）。在许多实际情境中，这种观点完全合理。事实上，在许多案例中，技术被"空降"到教育环境中，并没有充分考虑如何以适应教育需求的方式对其有效加以利用（Cuban, 2009；Reich, 2020）。正如我们在第一章中的案例所见，简单地将平板电脑引入课堂并不能替代教学。然而，从更加理论化的视角来看，我们认为这种老生常谈忽视了人类与技术密不可分的程度之深。当代的呼声常常是"教学第一！"（Fawns，2022），但正如下面的分析所示，在实际的教育中，也许一直都是"技术第一"。成为一个能识字的人意味着你已经将某种技术完全内化。未受过学校教育、不识字的个体依然是人，教育的目的不是使"人"成为"人"，而是培养他们成为"掌握技术的人"。

神经科学家斯坦尼斯拉斯·迪昂（Stanislas Dehaene）研究了识字对大脑的影响，发现识字对视觉皮层影响显著（Dehaene，2009；Dehaene等，2015）。这些影响包括面部识别能力和整体思维能力的下降，识别与字母相关的知觉差异能力和分析思维能力的提高。这种差异的根本原因在于，能识字的人能够看到文字，从而将其视为世界中的独立事物进行分析。对于不识字的人来说，文字并不是独立存在的可视化对象，而是语境中意义流动的一部分。相反，能识字的人不仅能够听到文字，还能看到文字，从而将它们作为独立的对象进行分析。经验和FMRI大脑扫描均证实了这一点（Dehaene，2009）。能识字的人在听到文字时，大脑中处理视觉的区域通常会活跃起来。这种从听到文字到看到文字的转变对思维发展尤为重要，因为它使得我们能够通过对文字的内在视觉表征来确定和分析文字的含义（Goody和Goody，1977）。正如奥尔森和奥特利（2014）所说："写作的过程是将单词和句子变成分析对象，形成独特的文体特征（如长篇散文）和独特的思维模式（如理性思维）。"

认为识字对所有个体的认知只产生单一影响，这种观点过于浅显。不同的文化背景中有不同的识字实践，产生不同的效果（Street，2006）。例如，大声朗读一本书，这在中世纪很常见，如今仍在许多宗教教育中出现，它与默读一本私人拥有的书的效果截然不同（Ong，1972/2013）。斯克里布纳和科尔研究了在各种情境中，不同识字方法（包括算术）对认知的影响（Scribner和

Cole，2013）。他们发现，只有在学校情境中获得的读写能力才能促进奥尔森所描述的抽象理性能力的发展。具体来说，他们发现，以促进交易为目的的识字实践对认知并未产生显著影响，而在学校情境中学习阅读和写作则确实改变了个体的思维方式，使其从实用语境中的具体、形象的思维转向学校教育重视的抽象、普遍的理性思维。

这项研究表明，通信技术（这里指识字）与特定类型的教育，特别是正规的学校教育之间存在紧密联系。可以说，学校教育体系是为了服务这些技术而设计的。虽然这些"技术"在学校外普遍存在，但它们在培养个体思维和促进社会发展上的潜力会大打折扣。进化心理学家盖里认为，区分生物初级学习（如学说话、走路等我们在进化过程中自然习得的技能）和生物中级学习（如学习复杂的数学、写作等需要特殊教育的技能）有助于理解识字和学校教育之间的关系（Geary，2008）。这种区别并不意味着说话作为人的生理本能便不是技术。即使在某种程度上我们天然就会说话，也并不意味着口语不是一种交流技术。语言作为认知工具，为人类活动提供支持。成年人会积极地教授儿童倾听与表达，儿童也会积极地学习这项技术。将技术和生物本能割裂、对立，认为倾听与表达不需要引导，那就大错特错了。不过，由盖里的主要观点可知，人类的进化显然使最初的语言教学变得容易，甚至使教和学的双方都乐在其中。他引用的研究支持一个众所周知的事实，即学生更喜欢与同龄人交谈，而不是做作业或学习线性方程（Geary，2008）。盖里称，学校的出现是为了让社会可以传播更复杂的"生物中级学习"技能，如写作和算术。人类在进化过程中不能自然而然地学会这些技能，所以需要学校教育提供额外的社会支持。他认为，古苏美尔的"泥板屋"里存在"负责鞭子的人"是有原因的：年轻的学生并不总觉得学习识字和算术很有趣，只是被迫学习罢了。

最早的教育技术：洞穴绘画

在古苏美尔学校的课程体系中，除了编码、解码和与会计相关的基本算术等课程外，学生还要重点学习如何阅读和编写集体故事。这些故事包括神话、祖先壮举以及战争故事等。尤瓦尔·赫拉利（Yuval Noah Harari）在《人类简史》中指出，人类与其他动物的区别在于人类能够讲述使人们团结的故事（Harari，2014）。他声称，人类需要这些共同的故事，这些故事使我们从生活在亲缘群体中的动物，转变为生活在共同文化中的人类。正如盖里所说，学校之所以出现，是因为楔形文字技术过于复杂，无法通过日常的非正式学习掌握。然而，一旦学校建立，它们就融入了已经存在的口头教育元素：关于神灵和祖先的故事。

在口述社会中，新成员通过特定的入会仪式了解集体身份的共同故事。入会仪式涉及不同形式的交流技术，包括使用面具、雕塑和绘画等代表文化声音的工艺品。人们需要将这些声音内化，才能成为社区的"真正"成员。刚果民主共和国彭德青年（Pende Youth）的入会仪式就是一个很好的例子。经过漫长的学习和入会仪式后，彭德青年会戴上一个独特的彩色面具，以象征他作为成年人的新身份（Gilombe和Yeoman，2010）。之后，面具被放置一旁，取而代之的是象牙制品，作为成年的象征。面具和护身符是唤起祖先的存在的"顿悟性"标志（Leiman，2002）。在这个社会中，集体的身份认同——与部落的故事和声音建立连接——是成年的必要条件。

根据第一位神经认知考古学教授大卫·刘易斯·威廉姆斯（David Lewis-Williams）的说法，南非南部的布须曼人制作、使用的洞穴绘画与彭德青年的面具功能相似。布须曼人的一些洞穴绘画距今已有4万年的历史。虽然皮和科尔（2019）认为，古苏美尔的楔形文字是出于记录货物的需求而发展起来的，但也有观点认为早期文字形式的起源与洞穴绘画有关（Von Petzinger，2017）。

洞穴绘画是一种全球现象，早于文字的出现。世界各地都有类似的抽象图案、手印图案、动物绘画。最初，人们普遍认为这些绘画是一种魔法，用来增加狩猎成功的机会[1]。很多文化中都有诸多不同种类的洞穴绘画，因此没有必要提出单一的解释。然而，洞穴绘画作为"狩猎魔法"的普遍适用性受到了刘易斯·威廉姆斯（2002）等人的质疑。他们指出，洞穴绘画中的一些动物并不符合当时的饮食习惯。刘易斯·威廉姆斯以19世纪70年代对布须曼人狩猎采集者访谈的转录笔记为民族志证据，得出结论：布须曼人的洞穴绘画实际上是一种教育技术。他认为，布须曼人使用绘画记录幻象，以便日后召唤这些幻象。而唤起其所代表精神的一种方式就是用手掌触摸它，这就是洞穴中发现众多手印图案的原因（见图2.2）。

图2.2 巴塔哥尼亚洞穴中的双手

洞穴绘画被认为是一种通过将认知负担转移到环境特征上来扩展心智的方式。安迪·克拉克（Andy Clark）称之为"认知增强技术的早期表征"

---

[1] 亨利·布吕伊（Henri Breuil）普及了旧石器时代洞穴绘画作为狩猎魔法这一理论，旨在通过魔法图像增加动物数量并确保捕杀成功。参见齐格菲·吉迪恩（Siegfried Giedion，1953）《阿贝·H.布吕伊，洞穴艺术的四个世纪》，由玛丽·博伊尔（Mary E. Boyle）翻译，费尔南德·温德尔斯（Fernand Windels）润色，发表于《大学艺术杂志》第12期：4，第381–383页，DOI:10.1080/15436322.1953.11465808。

（Clark，2004）。然而，我们需要谨慎对待将识字社会的认知方式扩展到非识字的口头社会的做法。刘易斯·威廉姆斯举了一个例子：布须曼人在满月时使用赤铁矿和血液的混合物绘制的非洲大羚羊。对他们来说，这头大羚羊不仅是一个符号，还是一个会与他们交谈的鲜活存在。在洞穴中举行仪式时，彩绘的墙壁变成了可穿越的膜，布须曼人通过这个膜进入一个共享的文化空间，在那里他们能够听到祖先灵魂的声音（Lewis-Williams等，2004）。格雷（2010）总结到，与其说彩绘洞穴是安迪·克拉克模型认知的扩展，不如说它是认识论的生态位构建。许多生物通过改变环境来构建比个体生命更持久的生态位，以帮助物种繁衍。我们将在下一章中进一步探讨"生态位"这一概念，例如蜜蜂建造蜂巢的方式就是生态位构建的实例。格雷认为，认知生态位是一种集体支持系统，用于维持和发展一个群体的共同思维。

从关系到表征

口头表达与阅读书写的思维方式不同（Goody和Goody，1977；Goody，1986）。澳大利亚土著人的"歌迹"（Song Lines）就是体现这种差异的一个例子。据说，歌迹唱出了澳大利亚土著人在周边旅行的故事，绘制了其领土地图，并将其生存所必需的信息进行编码。这些歌曲包含有关动物、植物和水源的信息，但都嵌入关于神话祖先在"梦境时代"创造土地时所作所为的歌唱故事中。这种知识既不是分类，也不是表现。歌迹源自于与创造景观的祖先的关系体验。这意味着，认知不是人类强加于情境的，而是源于情境本身。集体故事之所以被称为"歌迹"，是因为当人们穿越这些线路时，土地也在"吟唱"着自己的故事。

要解释由关系性教育到表征性教育的转变，可以考虑"知识"一词从象形文字记录以来含义的演变，以及它在今天的欧洲语境中的使用方式。在《圣经》中，包括大约公元前1200年写成的《创世纪》等，知识指的是一种亲密关系。事实上,"《圣经》意义上的知识"这一英语短语有时被用作性亲密关系的委婉语。许多读者发现日常生活中的"知识"与《圣经》中的"知识"在含义上形成了鲜明对比。《圣经》文本中希伯来文"知识"的词根Da'at(דעת)源自动词Ya'da(ידע),意思是"知道",这两个词背后的原始象形文字结合了帐篷门帘(dalet)和眼睛(ayin)的形象。对古希伯来人而言,知识显然是通过视觉,由帐篷门帘进入先前隐藏的空间。在这个隐喻性的图像中,知识涉及外部视角和内部视角之间的差异。不仅要知道某人的外表如何,还要有效地"进入"他的内部,感受成为他的感觉(Benner,2021)。

	古代象形文字	现代希伯来语
Dalet(帐篷门帘)	 ⊓	ד
Ayin(眼睛)	 👁	ע

图2.3　知识:眼睛穿过帐篷看到的事物

将知识从关系体验和理解转变为表征体验和理解,可能会导致一些重要元素的丧失。柏拉图认为,他的导师苏格拉底对写作进行了有力的批判(Plato,370BCE/2008)。苏格拉底是一位口述思想家,他生活在字母书写这种新通信技术兴起的时期。这种新技术由腓尼基人传入希腊,其形式与古希伯来人使用的象形文字相关,影响了教育的本质。同时,这也令苏格拉底困扰不已。然而,有些讽刺的是,我们之所以知道这一点,是因为柏拉图写下了苏格拉底的思考。苏格拉底曾向他的朋友斐德罗讲述,据说托特神把书写技术作为一种"药物"供给人类,以治疗人类记忆不佳的问题。随后苏格拉底指出，与其说识字是一种补救药物（Phrmakon），不如说它是一种有毒药物（Phrmakon，此处一词两义）。苏格拉底称，教育使识字成为人类的毒药。通过阅读就能显得聪明，意味着人们不再需要真正的智慧，而真正的智慧只能通过与他人对话才能获得。像第一章中案例那位抱怨平板电脑的老师一样，苏格拉底担心这种新的教育技术会妨碍学生学习必要的口语交流技能。苏格拉底说，真正的智慧存在于关系中，书面文字不过是真实事物的图像或表征。相反，"真正的"文字是鲜活的口语表述，其含义被人们在对话中温暖的呼吸所传递。它们不是外部事物的表征，而是一种能够体验到意义的关系的一部分。苏格拉底把书面文字描述为"孤儿"、"孤魂"和"烈日下放在铺路石上的死种子"（Plato，370BCE/2008），因为它们已从特定的关系中抽离出来了。这与通过帐篷门帘进入内部感知事物的图像相类似，意味着要真正了解事物，需要从内部去体验它。

识字的普及

像大多数新兴通信技术一样，识字只是一种增强手段，而非替代手段。在读写社会中，表达和倾听与写作并存。但是，识字技术发明以来的5000年间，很少有孩子去上学或学习识字。中国在1000多年前创立了科举制度，然而，即使在这样一个高度重视识字的文明国度，1950年的识字率估计也仅有20%（Jowett，1989）。

普及学校教育以服务识字通信技术的发展是很复杂的。技术决定论通常与马克思主义联系在一起，主张技术发展推动社会变革。人们普遍对技术决定论持否定态度，认为它是还原主义，冒犯了人类的自主权利。在识字史上，通信技术的发展显然发挥了重要作用。然而，是否采用这些发展取决于看似偶然的文化背景因素，这些因素也可以被视为文化选择。可以说，每一个源自技术发展的"如何",都需要一个源自应用这种新技术的文化的"为什么"①(Mumford,2010)。尽管如此,在现代教育形成的过程中,通信技术的发展似乎在复杂的生物—社会—技术综合系统中发挥了重要的作用。

在欧洲,识字率的提升与活字印刷术和印刷机的发明密切相关。活字印刷术降低了书籍的成本,使大规模的学校教育成为可能。然而,这并不是印刷术、识字和学校教育快速发展的唯一原因。事实上,1100年左右,中国就有了活字印刷术。由于汉字为表意文字,其书写形式所需笔画较多,使得活字印刷的成本相对较高。因此,当时更便宜且更受欢迎的方法是在整块木板上刻字并进行印刷(Tsein,1985)。古腾堡使用的是拉丁字母,不太需要担心字符的数量问题。幸运的是,由于修道士们在抄写《圣经》等手稿时已经发展出一种便于活字印刷模仿的拉丁字母书写方式。古腾堡印刷的第一批《圣经》看起来非常像手写的《圣经》,但其生产成本却低了5倍。

在欧洲,宗教改革运动强调每个人都必须亲自阅读上帝之言,这推动了识字的普及。以前,大多数书籍都是用拉丁语和希腊语这些死文字写成的,只有牧师、修道士和精英人士才能读懂。许多新教徒被教导,想自我救赎必须学会自己阅读《圣经》。这种宗教动机,加上印刷术的普及,使人们更容易获得《圣经》文本,从而提高了方言识字率。因此,欧洲各地建立起许多新学校,重点教授识字和理解《圣经》等内容。

夸美纽斯是早期新教运动胡斯派的领袖,也是启蒙时代最具影响力的教育思想家之一,他明确指出了印刷技术与现代大规模教育体系的建立密切相

---

① 技术采用的文化方面或许可以通过印刷术在伊斯兰国家相对缓慢的普及这一例子加以说明。在800年至1400年间,伊斯兰世界对书籍的需求很大,许多巴格达的抄写员通过抄写文本过上了好日子。这一识字的黄金时代部分归功于对中国造纸技术的改进。然而,其书写风格是用流动的线条将字母连接在一起,仿佛是在模仿穆罕默德在洞穴中首次看到《古兰经》时所看到的火焰线条。为了寻找新的市场,1537年,一位名叫帕加尼尼的威尼斯印刷商出版了首版《古兰经》印刷本。这些《古兰经》印本的价格低于手抄本,但质量不如穆斯林喜欢的手抄本。历史学家声称,一直到19世纪初,阿拉伯文印刷版《古兰经》才真正流行开来(Van Dijk,2005)。

关。1657年，夸美纽斯在《大教学论》(Didactica Magna，1657/1967)中倡导普及全民教育：无论男女贫富，都要接受方言教学并采用教科书。他积极为欧洲各国政府（尤其是瑞典政府）建立了学校，并提出了现在美国使用的学校体系，包括幼儿园、小学、中学、学院和大学（Gilman等，1905）。夸美纽斯对教育的愿景很大程度上依赖于印刷术生产学校教科书的巨大潜力。他还明确地将学校教育方法与印刷术相联系，并评论道："我们可以采用'印刷术'这个词，并称这种新方法为'教学印刷术'（Didachography）。"（1657/1967）：

> 我们用学生替代纸张，他们的头脑需要留下知识符号的印记。我们用课堂书籍和其他教学工具代替活字，便于开展教学。老师的声音取代墨水，因为这就是将书中的信息传至学生的脑海的方式；而学校纪律则替代了印刷机，它让学生坚持学习并迫使他们去学习。

在夸美纽斯的愿景中，学生需要提供反馈表明他们现在"拥有知识"，还得进行年终考试确保"掌握知识"。在19世纪整个欧洲和美国都采用了这种以国家为基础的分阶段学校教育体系（Barsky和Glazek，2014）。

识字的"意外后果"

本书在第六章和第七章中探讨了技术在人类事务中的能动作用。这里讨论的能动作用，并非指个体在有意识地展望未来并做出决定时所表现出的那种自觉的能动行为。技术所表现出的能动作用通常并无意识且难以察觉，因为它只是限定了人类行动的可能性，而非直接决定这些行动。我们可以将其称之为"可供性"（Affordance），本书第三章对此进行了详细介绍。技术不仅在外部对人类行为施加可能的限制和引导，还在内部对人的欲望和选择产生影响。众所周知，如果一个人手里只有一把锤子，那么他很有可能会把所有问题都当成钉子来看。

本书第七章提出的观点是，动机可被视为自生反馈循环的副产品。如果这一观点成立，那么将识字等技术的普及动机视为其再生产过程所需的副产品便具有了意义。识字者往往会有动力将这种技术传播给他人，不仅是特定的人，而是所有人。这可能不只是因为识字的倡导者声称识字是非常好的事情，也可能是因为某种程度上，识字离不开读者和作者，而读者和作者越多，识字就越蓬勃发展。

民族主义

夸美纽斯倡导使用德语、法语和英语等本国方言编写教科书，以促进识字普及。像当时大多数受过教育的人一样，夸美纽斯用拉丁语写作。用本国语言进行教育，即使用特定国家或地区的人们所说的语言，加上各语言流行文学和报纸的兴起，为欧洲民族运动的崛起奠定了基础。根据本尼迪克·安德森（Benedict Anderson）的观点，共同阅读同一种语言的文本可以激发人们对同一"想象共同体"的归属感（Anderson，2008）。18世纪的德语使用者居住在不同的行政区域，说的方言也各不相同。安德森说的"印刷资本主义"创造了一种单一但稳定的德语，形成了书报市场。他认为，这种印刷资本主义带来的影响之一是创造并促进了一种共同的德国身份认同感。那些阅读德语书籍和报纸的人会感觉到，他们与所有德语读者在共享同一个经验世界。这种以印刷品为媒介获得的身份认同对许多人来说无比真实，他们甚至愿意为它献出生命。在19世纪和20世纪的民族战争中，许多欧洲人确实为自己的国家献出了生命，就像他们在16世纪和17世纪为宗教信仰而抗争甚至牺牲一样。推动和支持基于印刷识字的民族主义，成为19世纪和20世纪全球新型教育体系的重要职能。每个国家的历史课程都不尽相同。然而，这些课程往往都有一个共同点，即传承了古苏美尔文士学校讲述英雄事迹的传统：它们讲述建国者的故事，国家的伟大之处，以及国家的价值观和美德（Bullock和Bullock，2020）。

夸美纽斯曾亲身经历16到17世纪肆虐欧洲的宗教战争，失去了家人和全部财产。他倡导将全民教育作为创造世界统一与和平的方法。他认为，要以知识和理性传播启蒙，就必须使用欧洲各地的方言进行教学，用方言印刷教科书，并使母语教育成为每个国家课程的基石。至少对夸美纽斯来说，其普及教育运动所促成的印刷民族主义是意料之外的。令人惊讶的是，这种民族主义竟然如此自然地迅速扎根。夸美纽斯出生之时，世界上很少有边界分明的国家。现在，世界上一共有不到两百个国家，而每一块可用的土地都有所属，每个人也必须隶属于某个国家才能不被驱逐。每个国家都有自己的教育体系，并通过签证、身份证和护照等多种印刷识字实践来维护其存在（Wimmer和Feinstein，2010）。

独白主义

哲学家图尔敏（Toulmin）指出，当印刷识字在17世纪遍布欧洲时，社会主流的思考方式发生了变化。在印刷基础上的大众教育出现之前，各地的文化大多以口述形式传承，思考方式主要表现为"对话"。图尔敏认为，直到16世纪，伊拉斯谟（Erasmus）和蒙田（Montaigne）等人文主义作家始终延续着将理性视为对话的思维传统。然而，17世纪，斯宾诺莎（Spinoza）、笛卡儿（Descartes）、莱布尼茨（Leibniz）和牛顿（Newton）等新一代的思想家们在启蒙运动初期就用证明中的命题判断代替了对话中的言辞推理（Toulmin，2003）。在对话中，理性是在存在不确定性和创造性的背景下进行的推理，每个"声音"都有其个性和独特的对话角度。相比之下，证明形式的理性是封闭的、永恒的，以一种脱离语境的、抽象的、普遍的方式维持其正确性（Nikulin，2011）。

脱离语境的思考方式始于图表，也见于古希腊的数学和逻辑学。它需要视觉而非听觉思维，这也是为什么在教科书大量印刷之前，对话始终是欧洲主导的理性模式①。例如，欧几里得的《几何原本》是15世纪古腾堡发明印刷术后最早大量印刷的书籍之一。斯宾诺莎将欧几里得作为他"几何"推理的典范，他提出的独白式教育模式，表明他曾学习过《几何原本》等教科书。在这一独白式教育中，视角从时间内的不确定思考过程（如构建证明）转向时间外（如完成证明）。斯宾诺莎称之为"永恒的角度"（Sub Species Aeternitatis）（Spinoza，2006）。

这种无时间无上下文的观点可以称为独白主义，意味着单一真实视角的理想，仿佛一切都清晰地摆在我们面前的桌子上。图尔敏认为，这种认知方式是印刷文化的产物，特别是数学教科书如欧几里得《几何原本》的印刷产物。独白主义的替代方案是巴赫金等思想家提出的对话主义，他们认为每本书都是在特定的地点和时间写成的，它们会对意义造成影响。他认为，甚至每个词的意义都由其所使用的方式赋予，因此每个词或者每本书都是一种关于现实的情境化视角，与其他情境化的词和书籍进行着开放的对话。

个人主义

用口语交流的人倾向于在与他人交谈时进行思考。从言语、洞穴绘画、面具和小雕像等技术中产生的自我认同，是集体认同的一部分：只有当部落

---

① 我们的分析侧重于欧洲。有人论证说，西方人对理性的理解涉及抽象和普遍的主张，这与字母文字的去情景化特征有关（Logan，2004，基于McLuhan，1964）。然而，近年来更多的关于阅读的神经科学研究表明，书写对认知的影响在不同的书写系统中基本一致，不存在差别（Bolger等，2005），并且关于字母表与抽象思维之间联系的说法被挑战为是一种民族中心主义的偏见（Lau，2014）。尽管如此，中文象形文字的特性显然影响了中国印刷术的发展（Tsein，1985），而且这种更具体、与上下文语境密切关联的书写风格很可能也影响了中国人的思维方式。一直以来，中国人的思维方式都不像西方理性主义那样单一，有人认为，西方理性主义是在采纳古腾堡印刷术以后，随着字母文字的广泛传播才发展起来的（Nisbett，2004）。

得到肯定时，自我才能得到肯定。极端而言，没有部落，就没有自我。瓦尔特·翁（Walter Jackson Ong, 1969）称，印刷机，特别是其印刷出的白话小说，发展了个人文化实践，使人们能够独自安静地阅读。独自阅读和写作创造了一种脱离了特定集体的、新型的私人空间。在这个空间中，人们可以想象自己有退后一步的自由，可以质疑集体的观点。古腾堡革命后，由于印刷术和识字教育的普及，个人的阅读和写作实践成为可能，催生了自主理性与自我理想。这一理想是启蒙教育自由思想的核心，旨在教导学生如何独立思考，而不依赖康德所称的传统"拐杖"（Kant, 1803）。

案例研究："建立"东非农村地区数字教育新模式[①]

"如果你想隐藏什么，就把它写进书里。"阿尔法克斯·基马尼（Alphaxus Kimani）是一名来自肯尼亚中部的农民，也是植树计划TIST的项目负责人。他的这句话简洁地概括出全球南部许多农村社区在使用移动学习（LWM）方法时所面临的挑战：基于印刷品的教学效果不佳。

基马尼是一位小组培训专家，15年来，他一直在帮助东非各地的成人学习者通过对话促进非正式小组的学习。基于长期的对话学习传统，基马尼和他的同事们制定了一套支持对话的基本准则（Ground Rules）：成员们要在小组会议中轮流担任领导者的角色，注重促进、服务和一种被称为Kujengana（斯瓦希里语中的"建立"）的独特教学结构，即小组成员对当前领导者的积极贡献进行口头认可。

基马尼认为，传统的移动学习是正规课堂环境的衍生物，无法满足习惯了非正式小组对话教育模式的农村成人学习者的需求。这些方法没有采用Kujengana这种以社区为基础的基本准则，因此，无法将教学法根植于小组成员的生活经验之中。

[①] 改编自凯文·马丁（Kevin Martin）的博士论文：《使用移动电话增强小组对话式学习：面向东非农村地区设计的教育创新方法》。https://www.repository.cam.ac.uk/handle/1810/338346。

基马尼参与了一个名为TIST学习中心的教育设计研究（EDBR）项目。该项目覆盖肯尼亚、乌干达、坦桑尼亚，现在也扩展到了印度南部。项目重点关注离线访问，低带宽功能，经济资源限制，参与者教育背景的多样性，以及面对面小组对话式教学。这一项目通过重新定义如何在全球南方农村地区支持和促进学习，打破了以往的知识生产和内容传递模式。TIST学习中心为东非农村地区成人学习者提供了一套免费使用的教育内容，该平台采用了"自带设备"（BYOB）的开发方式，并且不需要额外的硬件即可运行。学习内容采用英语和斯瓦希里语，目前正将其翻译成土著部落语言和当地的方言。TIST参与者开发的内容主要集中于农业教育、碳循环、碳市场和程序信息等，目前也在不断扩大内容范围，包括神学、文学和科学等学习者感兴趣的内容。

小组成员之间的面对面互动能够有效推动内容的创建。非正规小组教育的特点之一是小组成员能够通过示范分享知识，例如当地农民向小组成员展示如何制作绿肥。这些示范一向是在小组成员当地的农场现场进行的。TIST学习中心通过手机视频录制农场农民的示范，并通过WhatsApp进行分享，从而增强了这种小组成员相互之间的交流。这些视频随后被收入TIST学习中心的模块，扩大同伴示范教学的覆盖范围。这为农民超越各自农村社区地理范围进行知识分享提供了机会，也成为获取和传播当地知识的宝库。

TIST学习中心确立的小组学习基本准则是促使同伴交流发挥作用的关键因素。如前文所述，小组学习的基本规则认同轮流领导制（每次小组会议成员们都会轮流担任领导角色）、服务精神（领导者通过促进小组对话而非主导小组对话来达成服务）和Kujengan（斯瓦希里语，意思是相互支持或加强）的本土教学实践（根植于这样的信念：每个小组成员都能以自身独特的才能和天赋为社区做出贡献）。Kujengana是小组成员口头表扬小组组长积极贡献的行为，轮流领导制让每个成员都可以体验到由Kujengana带来的积极反馈。Kujengana这种实践旨在通过庆祝每个小组成员的贡献来培养人们的信心和目标感。

这种以社区发展的小组实践为基础，并根据农村学习者的技术条件进行调整的移动学习方法，促成了一种全新的移动学习模式的诞生，称为"中心节点模式"（Hub Model）。在"中心节点模式"中，小组中的一个用户（他充当这个小组的中心节点）首先在移动学习平台上访问学习内容，并将其下载到一台安卓移动设备上，再通过安卓支持的"侧载（side-Loading）"技术，将内容传到其他学习者的手机上。侧载使其他小组成员可以离线下载分享学习内容。当侧载的内容在小组成员之间共享时，该材料就会成为小组对话互动的催化剂。这种教学法利用了当地的口述传统和简单的技术能力来应对恶劣的数字基础设施挑战：整个农村学习者群体依靠一个成员即可访问数字内容，以此分担网络访问成本，降低了边远农村移动学习对网络基础设施的要求。再次借用基马尼先生的话，这就是使东非农村地区的教育具有"黏性"的方法。

该移动学习平台有800个活跃用户，其中60%的活跃用户使用了"中心节点模式"——即每个人代表一个中心节点，连接着由5到11名学习者组成的学习小组。该项目产生了一套"设计原则"，可应用于全球南部农村社区的移动学习方法。调查结果表明，采用本土的对话式学习方法可以有效地促进东非农村地区的移动学习，同时也提供了一种可以缓解数字鸿沟（Digital Divide）的机制。

案例研究评述

这个案例研究提供了对发源于欧洲、基于印刷读写能力的学校教育局限性的反思。对许多人来说，这种教育已经成为"教育"的代名词，但在学校存在之前，教育就已经存在了。尽管学校主要是为识字教育而创立，但口语教学并没有因此而消失。在识字社会的许多工作场所和集体生活领域，非学校教育仍然更多地通过表达和倾听而非阅读和书写的方式进行。这些口语化的教育方式并不总是那么简单，例如，它们往往涉及社会共享的"基本准则"。在本案例研究中，我们看到如何利用新的数字技术、手机和互联网来促进当地社区的对话式学习。这种方式在将学习者连接到更大网络的同时，并没有破坏对口语教育至关重要的对话关系和社区意识。例如，通过分享农民演示实用技术的视频短片，扩展小型社区面对面的同伴互助式教学。不过，并非所有的内容都是自创的，也有一些来自外部的知识，由社区内的领导者进行协调后得以实现。在这个项目中，对话式教学法与移动技术的结合产生了一种有趣的新教育模式，我们将在本书中反复探讨这一模式。这种教育模式至少需要具备三个关键要素：首先，赋予学习者积极参与的权利；其次，通过移动设备访问在线平台，支持同伴互助的学习社区；最后，通过与外界更大的知识社区互动，扩展学习范围。

讨论

大多数关于教育技术的讨论通常假设技术是为了支持教育的发展。而存在本章颠倒了二者的角色，认为教育是为了支持技术发展。而存在人类从一开始就具有技术性。本章所述的历史表明，教育是将新的生物体与它们需要的技术联系起来，使其成为相应文化语境中能够充分发挥才能的个体。人类只有通过教育才能成为有意识和自我反思的个体，并通过教育内化并掌握相应的通信技术。例如，没有语言，人们就没有发言权，赋予人们发言权的语言本身就是一种通信技术。尽管人们天生具有发声的生物潜力，但仍需通过积极的教育和学习来掌握口头语言表达和交流的技能。从口语表达的视角来看，技术已经存在了很长时间，生物体已经有效"内化"了口头语言，以至于人们常常忽略了口语技术，认为口语习得是一种自然而然，毫不费力的能力。然而，与生物演化不同，技术演化有着自己独特的时间表，技术演进的速度通常比生物演化的速度更快。当生物进化和技术发展之间出现不匹配时，正规的教育系统应运而生，以弥补这一差距，使生物体能够跟上最新技术的发展。学校教育最初是为了支持识字（包括算术）的技术而发展起来的。目前我们所称的教育系统，仍然主要聚焦于按照17世纪夸美纽斯所描述的印刷识字逻辑培养学生，首先，在学校主要教授阅读、写作和算术等技能，其次，教授书籍中用文字、图表等形式表征的知识。教师在课堂上通过口头测试检查学生是否准确地掌握了这些知识，并在每年末或每门课程结束时进行书面测试。

在本章开头，我们对广泛流传的观点提出了挑战，即教育应该由教学法引导而非技术驱动，这一观点通常与教育是为了促进人类利益而非技术利益的看法相关联。在大多数情况下，这种立场是合理的。然而，对教育技术其他视角的探讨显示，我们所认为的教育实际上已经深深嵌入了技术之中（Dron，2022；Fawns，2022）。学校教育始于对识字技术的支持，后来随着印刷技术的普及，这种教育模式传播到全球。因此，当人们主张教育应注重教学而非技术时，可能无意中是在坚持使用我们最熟悉的事物———一种17世纪的"最新技术创新"。

基于对话理论的教育技术设计与实践的启示

我们将理论视为改进实践的指南。在每章的结尾，我们会揭示本书所讨论的对话理论对教育技术设计和实践的意义，特别是它对基于对话理论的教育技术设计与实践的贡献。这些教育技术设计并不是要成为新的教条，而是作为思想实验，旨在激发对话和促进反思。

讨论教育史与通信技术的关系，引发了关于我们如何为未来设计教育技术的基础性问题。本章超越印刷技术，简单梳理了教育技术的演化历史，表明我们生活在一个深受印刷教育塑造的世界，印刷技术既推动了现代社会的发展，也带来了一些负面影响。人们对印刷教育习以为常，以至于每一个接受过正规学校教育的人（包括本书的读者）都把抽象的、脱离语境的思维方式和自由自主的个体教育理想视为理所当然，很难对此提出质疑。质疑这些主导教育思想并不意味着拒绝它们，而是希望我们能够意识到这种教育理想在多大程度上是被印刷技术塑造的，从而反思，如果使用不同的技术，可能会带来哪些新的可能性。

　　数字技术，包括人工智能语言助手，发展给教育带来了新的可能性，包括在某些方面回归口语社会的教育。口语社会中的教育技术，例如洞穴绘画、面具和雕塑等，通常被用于支持关系性教育的发展。关系性教育关注的是改变身份和扩展存在的可能性。除了设计教育技术来增加对世界的理解之外，也可以设计技术来建立与世界的关系，帮助学生更好地体验和理解世界。例如，利用口述播客、视频交流和沉浸式虚拟现实等技术，支持关系性教育和社群教育。基于印刷文字的认知是静态的和外在的，利用沉浸式虚拟现实技术则可以帮助学生以接近光速的速度旅行，化身为生长中的植物的一个细胞，或直接体验社会机构的诞生或消亡，让他们通过内在直觉和共情感受的方式，体验正在学习的事物。

　　人类与通信技术深刻的内在联系表明，我们可以将教育视为一种支持技术发展的方法，而不仅仅将技术看作是支持教育发展的工具。这代表了一种新的教育设计原则。目前，关于社交媒体、人工智能和互联网的教育大多倾向于保护学生，使他们免受不良信息的伤害。这当然是必要的。然而，如果能通过设计教育使学生从很小就学会更好地利用手机和社交媒体与他人共同学习，提升生活品质，也同样具有重要价值。

　　基于印刷识字的教育倾向于一元论的世界观，注重对正确答案的学习。而使用多模式、全球联网的数字技术则可以拓展这一视野，让人们认识到，对于每一个主题，世界上都存在多种多样的观点和看法。这样更有助于培养一个人对知识的谦逊态度，并努力通过探究、通过与他人的对话，学习和了解世界。

以印刷识字为基础的教育倡导民族主义，关注学习者对某个地方语言和文化的接纳；互联网上的新型多模态数字媒体，特别是像抖音这样的平台，通过促进学习者与全球范围内其他人更广泛、更多元化的交流来增强学习效果。基于印刷素养的教育和个人评估促进了学术自治和个人主义的发展，新的数字技术则可能推进合作学习模式，支持本土或跨国的群体智慧（Collective Intelligence）的有效发展。

凯文·马丁博士对东非农村地区Kujengana合作学习的案例研究表明，移动电话和互联网的结合促进了一种新型教育模式的发展，该模式整合了传统口头教育和印刷文化教育的优势。这种新模式包括：

1. 将新的声音引入教育对话中，赋予它们权力：任何农民都可以记录自己的实践，并在平台上分享，既做教授者，又做学习者；

2. 将人们连接在一起，形成同伴互助的学习社区：TIST平台支持来自东非农村地区的农民们互相分享、互相提问、互相学习；

3. 用更多全球性的"科学"知识来扩展本地知识：教育平台不仅提供讨论的场所与本地优秀实践案例，还提供更加"权威"的开放教育资源。这些资源都源自科学、农业和经济学等领域的长期全球性对话，学习社区希望并呼吁获取更多全球性对话中的专业知识。

第三章　可供性理论

> ……关系并不先于关系本身存在。
>
> ——卡伦·巴拉德（Karen Barad）
>
> 世界是由我们的身体所开辟的路径而构成的整体……
>
> ——莫里斯·梅洛－庞蒂（Maurice Merleau-Ponty）

引言

在上一章中，我们从长时段技术变革的视角，介绍了教育技术的发展史，重点比较了口头语言和文字对教育发展的影响——这些"通信技术"所引发的不同认知方式和教育模式。由于不同的传播技术具有不同的"认知可供性"，所以，口语交流者和识字者显示出不同的思维方式。"可供性"理论用来阐释不同技术对教学的不同影响，是教育技术领域的基础性理论之一，具有广泛的影响。例如，黛安娜·劳瑞拉德建议将技术的可供性与所需的学习类型相匹配，她建立了一个"对话框架"，基于这个框架提出了几种主要的学习类型：获取、合作、讨论、调查、实践和创作（2002）。交互模拟（Interactive Simulation）技术适用于课堂调查，PowerPoint技术适用于内容创作，而像"Pol.is"这样的在线论证辅助工具则适用于学术讨论[①]。同样，理查德·奥斯本（Richard Osborne）及其同事开发了一种被称为"顶级王牌"（Top Trumps）的教学法，通过分析不同教育技术的可供性，将技术工具与不同的教学活动相匹配（Osborne等，2013）。

劳瑞拉德认为教和学不会因数字技术的发展而发生根本性变化，她提出的学习类型来自即使没有数字技术支持也存在的课堂教学类型。例如，调查可以在物理科学实验室进行，演示可以通过书面写作完成，讨论可以通过口头小组或全班会议进行。格兰·科诺尔（Grainne Conole）和马丁·戴克（Martin Dyke）也采用可供性方法来分析教育技术，并进一步提出新数字技术确实具有改变教育本质的普遍可供性。他们阐释了即时性、交互性和反思性等积极可供性，同时指出监测（Surveillance）等消极可供性的影响（2004）。这表明数字技术可以提供新的教学可供性。新的数字技术能够使某些教学和学习方式成为可能，而这些方式在数字技术出现之前要么难以实现，要么实现难度较大。数字网络技术的可供性对教学和学习方式带来的变革尤为明显，以第二章介绍的Kujengana学习模式为例：互联网与智能手机相结合，为地理上相隔甚远的学习者之间的同伴互助式学习提供了教学可供性。从严格意义上来说，只有所有同伴都可以相互交流（比如，文字书写的交流）的数字化应用才能算数字技术支持的同伴互助式学习，但移动电话和互联网学习平台相结合，使远距离的同伴互助式学习变得更加容易和普及。因此，不同技术为教学和学习提供不同可供性的理论与教育技术设计密切相关。本章，我们将解析"可供性理论"的起源、意义和传播，并通过示例阐述如何用可供性理论支持教育技术设计。

[①] https://pol.is/home

詹姆斯·吉布森的可供性理论

第二次世界大战期间，吉布森在获得视觉记忆博士学位10多年后，成为美国军队心理学小组的负责人。他的工作之一是开发测试工具，以预测陆军航空兵机组人员在夜间降落、向敌机开火等任务上的表现。在完成这项工作的过程中，吉布森意识到，当时心理学领域主导的感知理论很难解释现实世界中"高速移动"的感知问题。心理学的感知理论包含三个实体变量：主体、客体和主体内部对客体的心理表征，在今天仍然有很大的影响。吉布森放弃了感知理论的心理表征模式，提出了直接感知的理论模式。他的直接感知模式假定，从本质上讲，通过协调观察主体的特征和被观察环境的特征，主体就可以直接形成对两者关系的感知。例如，一只羚羊在崎岖不平的地面上奔跑时，会对地形给出的线索做出反应，决定向哪个方向转弯，而无须参考任何内在表征。同样，战斗机飞行员在攻击前无须在脑海中绘制敌人的飞行轨迹，而是根据感知到的提示直接判断何时何地开火（Gibson，1977）。

吉布森称他的直接感知理论为"生态性"感知，因为它将生态位理论应用于创建上一章提及的认知生态位。根据吉布森的说法，生态位，即支持动物生存的环境条件，是一个可供性系统。这些可供性是与动物特征相联系的环境特征。他写道："……环境的可供性是指环境为动物提供的信息，无论好坏（Gibson，1979）。"对人类来说，平坦的表面提供了向前行走的可供性，形状像椅子的物体提供了坐下的可供性，台阶提供了踩踏的可供性等。吉布森写道：

……事物表面的成分和布局决定了它们所能提供的功能。因而，感知这些表征就是在感知它们所能提供的功能。这是一种激进的假设，因为它意味着可以直接感知环境中事物的"价值"和"意义"（Gibson，1979）。

可供性与技术设计

"可供性"一词在当今的教育技术设计中被广泛使用，这更多归功于美国研究者唐·诺曼（Don Norman），而不是詹姆斯·吉布森。诺曼的著作最初名为《日常事物的心理学》（1988），后来为《日常事物的设计》（2002），这本著作对"可供性"概念的普及做出了重要的贡献。为了区别于吉布森的原始概念（1999），诺曼将其称为"感知可供性"，赋予了这一术语新的含义。

诺曼对许多日常物品的设计感到失望（如：可编程手表、视频录像机），因为它们对用户来说并不直观。他用"可供性"来指代人们感知到物品的可操作性，如看起来可以按下的按钮和看起来可以转动的把手。与吉布森（1977）主张的"环境的可供性是环境的事实，而非表象"不同，诺曼专注于那些向用户传达如何正确使用物品的可见属性。对吉布森来说，不管设计师的意图如何，许多物体都提供了按下和转动的可供性。相比之下，诺曼关注物品的感知可供性，强调日常用品的设计应该向用户直观展示其使用方式，关注工具设计以及如何通过设计使其更易于使用。

对于诺曼而言，可供性是行为主体感知到的行动可能性。例如，门把手的设计暗示了它的用途。如果设计为旋转的，就表示它可以转动；如果设计为可以拉的，就表示它可以拉动。这就是感知可供性。而物理可供性是指不管门把手看起来如何，都有可能发生的实际行动。以鼠标为例，鼠标具有点击和移动的可供性。然而，鼠标点击和移动的感知可供性取决于用户对这些操作可能性的认知。在这种情况下，用户对鼠标的感知不仅限于在桌面上移动和点击，他们期望通过这些操作移动计算机屏幕上的光标，并影响计算机的执行任务。因此，吉布森的可供性理论关注的是物理上的可能性，诺曼则将其扩展为更加关注人们感知到的可供性，并根据人们的感知进行设计。对教育技术设计而言，这似乎是一项恰当的举措。一旦我们承认用户的反应是教育技术可供性的一部分，那么设计时考虑到用户的期望（感知）和实际使用（行动）的可供性就变得至关重要。

吉布森的激进经验主义

吉布森的可供性概念因过于抽象而被诟病（Oliver，2005）。尽管吉布森认为自己是一名实验心理学家，但他的著作充满理论性。吉布森以感知心理学为基础，提出了一种全新的意义理论（Chong和Proctor，2020）。可供性理论之所以令人困惑，部分原因在于它试图超越人们对人与世界关系的日常思考。吉布森写道：

……可供性既不是客观属性，也不是主观属性；或者说，它既是客观属性，也是主观属性。可供性跨越了主客观的二元论，帮助我们理解其不足之处。它既是环境的事实，也是行为的事实。它既是物理的，也是心理的，但又都不是。可供性既指向环境，又指向观察者（Gibson，1979）。

这种对可供性"既是物理的，也是心理的，但又都不是"的描述深受威廉·詹姆斯（William James）激进经验主义理论的影响（Lobo等，2018）。这表明，现实既是物质的，又是精神的，两者不可分割。对世界的体验意味着对我们行动的回应。例如，当我们伸手触摸门把手时，感受到门把手对触摸的反应，或者当我们转过头，集中目光，寻找并跟随鸟儿的飞行动作。詹姆斯的实用主义将激进经验主义的认识论与中立一元论的形而上学论相结合。激进经验主义表明，经验就是我们所拥有的一切：经验之外别无他物。詹姆斯认为，我们可以从客体（感知数据）或主体（经验）的角度来描述纯粹的经验世界，这被称为"中立一元论"。因为詹姆斯认为宇宙中只存在一种物质，即经验，它可以用"物理"术语和"心理"术语来描述（James，1895）[①]。正如我们在下文中所述，"自我"和"物理世界"的想法是从更原始的、未经解释的经验中产生的，这种经验既不是自我，也不是世界，或者既是自我，也是世界。作为一名实验心理学家，吉布森尝试将这一理论应用于他的可供性概念，呼应詹姆斯的说法，认为它"既是物理的，也是心理的，但又都不是"。

吉布森与关系本体论

20世纪70年代初，吉布森为莫里斯·梅洛–庞蒂（1945/2013）的《知觉现象学》撰写过评述。然而，吉布森并不认为梅洛–庞蒂对自己的思想有很重要的影响，尽管有人认为，吉布森生态理论中的许多观点早已在梅洛–庞蒂的作品中有所体现（Chemero和Käufer，2016）。

梅洛–庞蒂不仅是巴黎索邦大学的心理学教授，同时也是受胡塞尔所开创的现象学影响的哲学家，专注于将知觉理解为具身知识。他认为身体是我们获取所有知识的途径，而感知领域是知识的原始形式。对梅洛–庞蒂来说，世界从不只是客观存在，而总是作为体验到的世界存在。他称世界为"身体路径的集合"，这不仅指身体在环境中的行动方式，还包括眼睛如何探索深度，耳朵和鼻子如何捕捉线索并将其整合起来创造出对世界的体验（1962）。与笛卡儿的二元论相对立，笛卡儿声称存在一个精神和物质的世界，并且它们之间没有明显的联系，梅洛–庞蒂对知觉的细致分析表明，在每一次知觉行为中，物质和精神，即吉布森所说的"物质的和精神的"，是如此紧密地结合在一起，无法将它们分开。

梅洛–庞蒂提出，我们可以通过一个简单的实验探讨主观性与客观性（精

[①] "被看到的纸张和看到纸张这一行为只是对一个不可分割的事实的两种命名，而这个事实的正确命名便是数据、现象或经验。纸张存在于意识之中，意识又环绕着纸张，因为纸张和意识只是后来给予这一经验的两个名称，当这一经验作为更大世界的一部分被理解时，人们可以从不同角度追溯其联系。因此，直接地或直观地认识，是指心理内容和对象达到同一。"（James 1895: 110）

神与物质）的密切联系。假如我用右手触摸左手，会发现自己处于体验的两端。一方面，当我用手指触摸时，我感受到右手在触摸某个外部的物体，就像触摸桌面或塑料假手一样；另一方面，如果稍微转移注意力，我可以将注意力重新定位在左手内部，感受到被触摸的感觉，就好像某个"他者"在触摸我的手。你也可以试试这个简单的实验：用右手感受触摸，左手感受被触摸。现在你处在这个双面行为的两边。这就会引发一些值得令人思考的问题：你现在是客体还是主体？是感觉者还是被感觉者？是心灵还是物质？是主动的还是被动的？在这个体验中，两者之间的差距到底在哪里？

梅洛-庞蒂理论的提出早于计算机和互联网的出现。在数字时代，我们可以用一个新的实验阐明他关于空间来源的思想。学习过HTML基础编码的人都知道，当我们输入一个简短的十六进制字符串时，就能得到网站的背景颜色。例如，#000000表示黑色，我们在脚本变量中输入这段代码，然后重新加载网站，就会发现浏览器的背景色变成了黑色。设计师看到的是代码，而用户看到的是颜色。代码和颜色有着密切的联系，但并不在任何共享空间中相遇。你只能以设计师的身份查看代码，或者以用户的身份查看颜色。那么，这两种体验之间究竟存在什么差异呢？[①]

梅洛-庞蒂通过右手触摸左手的实验表明，虽然我们每一次的体验似乎都发生在一个预先给定的时空世界中，但如果我们问"世界在哪里？"就会发现，世界是由成千上万次这样的微小触摸和被触摸的体验生成的。当我触摸桌子时，桌子反过来也在触摸我。我同时拥有这两种体验。同样的情况发生

---

① 凯瑟琳·海尔斯（Katherine Hayles, 2012）探讨了触摸键盘和在屏幕上生成代码过程的重要性，暗示手指触摸键盘上的"A"键和屏幕上出现字母"a"之间也存在"间隙"。海尔斯将电子文本所涉及的复杂的技术过程与感知所涉及的复杂的生理过程进行了比较。这可能意味着，任何生物-技术合作（如网页设计师创建一个新网站）都不能仅描述为身体和世界的二元对立，它们由许多系统跨越边界互动而成。意识到这种增加的复杂性和深度并不会削弱梅洛-庞蒂见解的价值，即这些系统之间的互动与其说是在空间和时间内发生的，不如说是创造了空间和时间，而人们正是在空间和时间内感知到这些互动的。

在我看向地平线时：地平线反过来也看着我，并将我定位在它的中心。梅洛-庞蒂认为，我们所体验到的时空世界是由众多感知行为构建而成的，并不独立存在于这些行为之外。

梅洛-庞蒂的《知觉现象学》首次发表于1945年，详细描述了身体对世界的体验，这与吉布森的可供性理论非常契合。他在后来的作品中进一步阐述了这种体验对关系本体论的影响，这有助于澄清吉布森所倡导的非二元论但经验主义的立场。与吉布森相似，梅洛-庞蒂将身体体验和外部世界相区分。他认为，世界的体验有两种方式：一种是身体直接体验世界；另一种是在互动中体验身体。这与吉布森的观点类似，导致了将知觉描述为既主观又客观的明显模糊和混乱。在后来的作品中，梅洛-庞蒂试图通过阐述一种新的理解方式来解决这个问题，这种理解被描述为身体与世界、感知者与被感知者的交织，它们已经不可分割地融合在一起，即他所谓的"交错"（Merleau-Ponty，1968）。他的观点与詹姆斯相似，认为我们并不是从面对世界的身体开始，而是从感知经验开始，在经验中构建身体和世界。但他对经验的描述与詹姆斯不同，其包含了一种必要的二元论，或者可以说是一种"内在"和"外在"视角之间的对话。换言之，每一个内在都有一个外在，每一个外在都有一个内在。内在与外在这两种视角，是同一事物的两个方面，紧密结合。我们将在第十章详细讨论这种本体论或关于现实的思维方式。

卡伦·巴拉德在量子物理学博士研究的基础上，得出了与吉布森和梅洛-庞蒂相似的结论。她的关系本体论表明，世界不是由独立的事物组成的，而是一个关系的网络。巴拉德通过引用量子物理实验来解释这种关系本体论，她认为关系中的要素——即在关系中聚集在一起的事物——并不先于关系而存在（Barad，2007）。将这一观点应用于吉布森的感知论，我们可以发现主动感知如何先于"客观"世界和"主观"人类的模式存在。威廉·詹姆斯的中立一元论思想，即吉布森引用的观点，认为现实既不是单纯的"世界"也不是单纯的"心灵"，两者总是共同包含在经验中，虽然有一定的相关性，但这个观点并不能完全概括吉布森通过"可供性"这一概念所要表达的内容。梅洛-庞蒂比詹姆斯更进一步，指出了这种一元论的动态性质。梅洛-庞蒂提出了一种间隙，他称之为感知者与被感知者之间的"差距"（Écart），而非一种普遍的经验"物质"。他的观点是，这种关系不是一种同一性，而是一种差异。巴拉德也表达了类似的观点，她用"内在互动"（Intra-Action）取代了"相互作用"（Inter-Action），后者暗示了两个独立事物接触，而前者则意味着世界总是已经不可分割地纠缠在一起，因此我们所拥有的一切最好被理解为一个整体，只有通过其中发生的事件或"实施"才能被认识。巴拉德在提到内在互动时，呼应了梅洛-庞蒂的观点，将其描述为宇宙在触摸自己。例如，右手触摸左手，看起来是感知者（主体）触摸了被感知者（客体），但二者的角色是可逆的。在知觉的结构中，唯一不变的因素是感知者和被感知者之间的间隙，二者的角色可逆。例如，皮肤与皮肤之间的间隙，或者皮肤与工具（例如锤子）之间的间隙，或者在键盘上输入十六进制代码的手指与屏幕上不断变化的颜色之间的间隙。

从感知世界到感知技术

吉布森和梅洛-庞蒂虽然没有详细讨论技术，但他们基于感知的关系本体论对教育技术有重要启示。吉布森或梅洛-庞蒂的可供性理论可以看作是关于工具和技术如何形成的理论，这为我们提供了对于工具本体论地位的见解。以成为概念或认知工具的单词为例，像"in"、"up"和"there"这样的口语词汇源自直接在感知中体验到的可供性并有所表达。作为从即时感知情境中抽象出来并应用于其他情境的词汇，它们构成了认知的隐喻基础（Lakoff和Johnson，2008）。根据这种"具身认知"理论，内外、上下、接近"这里"或远离"那里"的想法是所有思维的基本工具，可以被看作开罐器、螺丝刀和锤子，用于构建共享的意义（Coeckelbergh，2017）。

我们在前文中提到的羚羊，为了找到穿过地形的最佳路径而避开山丘和洞穴，如果它每天都从那条路回来，很可能会发现自己在开辟新的道路。日积月累，这条道路就会成为塑造环境的一种方式或一种工具。同样，我们可以设想，用石头砸开坚果的智人祖先可能会自然地把最好的石头带到新的地方去砸新坚果，最终将石头制成更好的工具以满足工作需求。通过这种方式，技术从身体与世界的交织关系中产生，并始终存在其中。

吉布森（1977）写到，在过去几千年中，"人类"已经改变了世界，"使对他有利的事物更易获得，对他有害的事物更易规避"[1]。然而，他也指出：

> 这并不是新环境——即一个与自然环境截然不同的人工环境——而是被人类改造过的旧环境。将自然环境与人工环境区分开来，看似存在两种不同的环境，但这是错误的；人工制品必须由自然物质制造。同样，将文化环境与自然环境分开，好像存在一个与物质世界完全不同的精神世界，也是错误的。无论如何多样化，世界只有一个，所有的动物都生活在其中，尽管人类已经改变了它，以适应我们自己的需要。

梅洛-庞蒂举例说，盲人用拐杖感知世界时，拐杖虽然是工具，但它实际上成为他们身体的延伸[2]。梅洛-庞蒂认为，这些工具不仅扩展了我们的身体，还扩展了我们天生具备的身体—世界。他总结道，这创造了一个共同文化的

---

[1] 吉布森在此处使用了"人"这个词，指出塑造经验世界的技术的设计者究竟是谁的问题。在许多科学、技术与社会（STS）领域的最新研究中，吉布森、梅洛-庞蒂和其他人因未考虑到经验的多样性和技术设计与使用过程中涉及的权力关系而受到批评。在"女性主义技术科学"、"残疾人技术科学"和"酷儿STS"等标题下，可以找到其他的叙述方式。

[2] 梅洛-庞蒂在此提出了一个主题，后被采纳并详细阐述，并以"扩展认知"（Clark和Chalmers，1998；Cukurova，2019）和"具身认知"（Foglia和Wilson，2013）等标题对技术设计产生了深远影响。

"中间世界",这个中间世界不是与感知世界分离的,而是对感知世界的延伸(Merleau-Ponty,1962)。

梅洛-庞蒂认为,语言、歌曲、音乐、舞蹈动作和工具所表达的文化理念源自于感知可供性,即感知身体与世界之间在前意识和前客体的动态结构。如果是这样,那么第二章讨论过的澳大利亚土著人的歌迹就不仅仅是人们对知识体系边缘的好奇,而是对文化、认知和技术等涌现现象的核心——可供性的理解——歌迹是在身体与世界的互动中自然发生和形成的。

行动可能性和实施可供性

吉布森的"生态性"感知受到梅洛-庞蒂的启发,关注生态位可供性对人的心理感知的影响。唐·诺曼的"感知可供性"意在应用这一理论改善用户界面设计。诺曼的观点被广泛接受,这表明许多人认为"感知可供性"理论在设计新技术的行动可能性,或者在新环境中考虑特定技术工具的潜在应用时具有指导意义。事实上,"可供性"为技术在教育中的应用提供了一个独特的视角——思考行动的可能性。然而,仅关注行动可能性会导致我们固守技术的功能性,将其视为"工具"或"事物",而不是探索环境在"特定时间"所赋予"特定个体"的内涵(Osborne,2014)。奥斯本建议,在教育领域,我们不仅需要考虑技术构建新意义的可供性,还需要考虑实施技术的可供性。

同样,克里彭多夫也认为可供性理论是一种关于意义的理论(2005)。他认为,可供性是事物对用户的意义。在第七章,我们讨论了胡塞尔的意义运作理论,认为意义从未固定不变,而是从实际事件与每个事件独特的"意义视野"之间的动态张力中产生。例如,在使用工具的过程中,意义从当前实际使用方式和相关使用可能性之间的动态张力中产生。克里彭多夫在反思吉布森开创的可供性概念时认为,吉布森所谓的直接感知可供性需要与实施的可供性区分开来，因为实施可供性可能会失败或中断。因此，实施可供性可以被视为外显的可能性。

将可供性理解为技术与用户之间的关系

可供性对于理解技术在教育中的作用具有重要意义。在之前的研究中，我们提倡将可供性视为"行动可能性"，但同时也强调"实施"的重要性；也就是说，可供性如何具体地促进学习（Major和Warwick，2019）。教育者、学习者、教育环境、教育资源、学科规范、任务序列、活动类型、技术安排和制度背景等变量都会影响学习者的学习内容和学习方式（Seidel等，2016）。我们也同意其他人的观点，即技术的可供性与特定的、历史背景下的参与模式和生活方式密不可分（Bloomfield等，2010）。

由此可见，哪些行为可能性显现为被实施的可供性，以及以何种形式显现，取决于教学法和技术。重要的不只是技术本身；更重要的是技术在特定教育环境中的使用方式。承认这一点对于在教育技术环境中应用可供性至关重要，对于教育实践者和教育设计者的工作也同样重要。因为认识到教学法应如何指导技术的使用，可以帮助他们不再只关注技术有多"炫"，而是考虑它如何成为教学和学习的"积极参与者"。从这个意义上说，可供性既不是教育技术本身的特征，也不是用户本身的特征，而是两者关系之间的一种新特征。

为可供性而设计

奥斯本（2014）提出扩展可供性的概念，赋予学习者和技术能动性，从而关注数字环境对学习体验的重要贡献。这种方法与凯伦·巴拉德提出的物质–对话内化行动（Intra-Action）视角相一致（Hetherington和Wegerif，2018）。物质–对话视角没有把数字技术与教育者和/或学习者的活动相互分离；相反，它为内化行为提供了技术的"声音",关注环境提供的意义(Hetherington和Wegerif,2018)。因此,对行动可能性和实施可供性的理解,提供了两种合理的视角,用于思考数字技术在促进和限制学习方面是否(以及如何)发挥建设性作用。

近年来,人们对基于设计的教育研究(EDBR)的应用越来越感兴趣(参见第十章)。EDBR作为技术和教学法发展的科研方法论,旨在发展特定领域的学习理论,并设计支持这种学习的实施策略(Bakker和van Eerde,2015)。该方法论不仅能生产有用的产品(如教育软件),还能够提供关于如何开发和使用这些产品的更广泛的见解。因此,将行动可能性和实施可供性理解为相互关联的"设计原则",可以为教育实践提供有效指导。行动可能性和实施可供性的相互联系也与斯塔尔(2007)的观点相呼应,即"实施的可供性通常与设计者设想的功能大相径庭,只能通过对实际使用的分析才能发现"。两者都可以在设计、开发和进一步测试的迭代阶段中加以考量,这正是EDBR的关键特征之一。

实施的可供性的核心思想是:在特定的技术背景下,可供性如何在实际学习过程和结果中发挥作用?下一节,我们将通过对Talkwall课堂微博工具的实证分析来予以说明。

案例研究:可供性概念在教学中的应用

Talkwall是一种免费的基于浏览器的工具,旨在支持课堂对话和互动。在融入Talkwall的课堂上,"主"Talkwall显示在教室前部的投影仪或大屏幕上(如交互式白板上),通常由教师控制;学习者拥有自己的个人Talkwall或小组Talkwall,可以使用任何带有网页浏览器的设备进行访问和控制。教师向班级提出一个问题或挑战(也会显示在每面墙的顶部),然后学习者进行小组对话,并用微博式的短信息做出回应且贡献想法。这些想法会出现在类似于Twitter时间线的班级"动态"中,并且可以一直在所有设备上查看和共享。一旦发布，教师和学生贡献出的想法就可以通过多种创新的方式进行交互式排列组合。该软件是挪威奥斯陆大学和英国剑桥大学的研究人员在英格维尔·拉斯穆森（Ingvill Rasmuusen）和保罗·沃里克（Paul Warwick）教授的领导下开展的"跨课程数字化对话项目"（DiDiAC）的成果之一。DiDiAC[①]项目基于与教育实践者合作进行的10多年的教育对话研究（EDBR）（Smørdal等，2021），涉及与教育对话相关理论的协调、对文化历史视角下媒介技术的理解以及对课堂局限性和机会的情境理解（由教师在Talkwall开发过程中表达）。

DiDiAC的研究要求开发一个"实施"可供性框架，以考察Talkwall对教学对话的影响（增强、修改或替代）。为此，研究团队着手建立一种概念化方法，以理解行动可能性与实施可供性之间的关系。如下所述，他们提出了涵盖这两个元素的"对话可供性"。这一方法具有重要意义，因为它示范了如何从具体和广泛的角度考虑与教育技术（特别是研究重点为中介课堂对话的技术）相关的可供性，并由设计师和研究人员进行分析。

在探究数字技术的行动可能性时，研究人员整合了现有的相关研究成果，包括鲍尔（2008）关于将学习任务与学习技术相匹配的研究，郑海生（Heisawn Jeong）和赫梅洛-西尔弗（Hmelo-Silver，2016）在计算机支持的协作学习背景下对可供性的分析，以及该领域系统性文献综述（例如，Major等，2018）所确定的关于可供性的相关主题。研究者与技术开发人员深度合作，从而确定了Talkwall各种"内置"功能的内涵，旨在提供行动可能性以支持所需的教育目标。

在理解了技术带来的行动可能性后，研究人员通过分析课堂录像或现场观察来确定实际使用过程中显现的实施可供性。具体来说，实施可供性分析

---

① 跨课程数字化对话（DiDiAC: Digitalised Dialogues Across the Curriculum）项目由挪威研究理事会资助（FINNUT/Project No: 254761）。

的第一阶段包括独立检查课堂数据（如视频）和文字记录，审查、制订与技术可供性相关的初步设计框架。可供性分析的第二阶段则包括对使用情况——"实施可供性"进行具体编码（即Talkwall工具的可供性如何直接促进对话互动）。经过研究人员和教师的进一步讨论，最终形成了一个实施可供性框架，用于分析其他的课程"片段"。表3.1概述了Talkwall案例中识别出的实施可供性。

表3.1 Talkwall中对话的实施可供性分析

被识别的实施可供性	说明	举例
发布	创建新贡献和后期编辑（与对话相结合）	学生对他们的想法进行讨论，以小组形式向Talkwall发布联合贡献
浏览	回顾Talkwall贡献（可能随后采取行动）	浏览Talkwall的提要，让学习者接触到其他小组的想法。实施可能会持续很长时间，可能会比实施可供性的时间更长（例如，学习者继续讨论某个想法）
选择	选择Talkwall贡献（可能作为对话的基础，通常与阐述和推理密切相关）	学习者浏览贡献提要，阅读其他小组的帖子，做出选择，并将其"固定"到自己小组的Talkwall上，并阐述理由
定位	根据任务要求对贡献进行定位/排列/优先级排列。使用标签对帖子进行分类	学习者对贡献（重新）定位，以进行分类（例如，在屏幕的左侧和右侧分别放置"赞成"和"反对"的陈述）。定位可以直观地反映出当前学习者共同思考的状态，并有可能取代口语对话
支持/挑战	小组成员可能会从发布到Talkwall的众多想法中（而非从小组内部）找到支持的立场，或质疑的立场	学习者使用其他小组发布到Talkwall提要的贡献来支持自己的观点
共享空间	重新访问/参考先前发布在共享空间中的贡献。潜在的证据来源	学习者重新访问先前的墙壁或提要，提醒自己注意另一个小组的想法，从而在第二面墙上创建新贡献。这可以使对话随时间而发展

续表

被识别的实施可供性	说明	举例
编排	教师/Talkwall负责人有意识地操纵，以限制或操作活动，包括选择墙的标题、背景、删除他人帖子，通过聚焦、放大和过滤功能来创建关注对象（有可能围绕该对象展开对话）	教师在全班活动中过滤Talkwall，只关注特定小组的墙壁，然后让他们解释自己贡献的定位
临时性	项目的选择或定位表明可能的意图，可能会根据挑战/对话进行修改。编辑帖子的功能也使帖子具有了临时性	定位的临时性与小组的探索性谈话相结合，使学习者能够在没有最终承诺的情况下做出贡献。这种贡献可以被视为动态构建的，教师和学习者可以无限操作

在课堂上将Talkwall工具与对话教学法结合使用时，Talkwall的实施可供性得以显现并得到分析（Major等，2022）。这个迭代分析的过程，提升了研究结果的严谨性和普适性。所识别出的实施可供性考量了更广泛的学习生态，包括技术在互动中的"声音"或角色。实施可供性是相互联系、相互关联的，多种实施可供性会同时"发挥作用"。例如，在浏览和选择Talkwall提要后，学习者可能会在"物质对话空间"内进行创造性的参与，而定位和临时性的内化行动又会促进他们通过对话来共同构建特定概念。行动可能性和实施可供性因此相互联系、相互依赖，并在一种动态关系中运作、借鉴和反馈。

制约性与可供性的互补关系

可供性和制约性都支持特定的行动。同时，它们也可能会抑制某些行动。正如肯尼韦尔（2001）所写：

制约性不是可供性的对立面；二者互补，同样为活动发生所必需。当然，由于它们在特定环境中支持特定行动，可供性和限制也可能抑制其他更为理想的行动。

限制可能被消极地视为行动的障碍，但它也可能是积极的。例如，指导结构限制行动的参数，以实现特定的学习成果。像实施的可供性一样，实施的制约性也可以是一个分析维度，这取决于研究的重点。以Talkwall为例，表3.1中"浏览"的实施，虽然可以让学生获取更多的信息与观点，但会抑制探索性对话。维多利亚·库克（Victoria Cook，2019）和同事对此描述道：在实施浏览时，信息与观点的规模会限制探索性对话，因为讨论发布到Talkwall提要上的所有内容会降低讨论的深度。此外，当学生浏览提要时，与面对面的对话不同，这些数字化的信息不会获得与实际在场的人类对话者同样的重视，因此学生们更容易忽略某些信息，从而降低学习效果。

唐·诺曼在《日常事物的心理学》中谈到三种对设计的主要制约（1988）：物理制约、文化惯例和逻辑制约。在Talkwall中，浏览所带来的对话限制可能是物理制约（"内容太多"）和文化惯例（"必须阅读所有内容"）的结合。应对这些限制的设计对策可以是解决物理问题——例如，通过减少可以浏览的消息数量和长度——或者解决文化惯例，通过进一步的教学干预，引导学生对一两个特别相关的消息进行集中讨论，暂时将其他消息放在一边。

制约性作为可供性的潜在风险

我们之前举过一个简单的例子，即通过在景观中行走创建道路，揭示作为可供性的事物如何随着时间的推移变成一种制约。在英国南部的德文郡，有许多古老的乡间小路，经过几代人使用，这些道路已经被切入了景观，以至于无法偏离路径。最初在众多可能路线中的某一条路线，随着时间的推移，变成了唯一可能的路线。在技术设计中有许多这样的例子。QWERTY的英文键盘设计就是一个著名的案例。最初的设计是将经常需要一同按下的按键分开（以解决机械打字机键卡住的问题），即使这个问题早已解决，QWERTY键盘仍然是笔记本电脑共有的特征，尽管QWERTY设计在打字速度方面并不理想（Noyes，1983）。在第六章中，我们将讨论海德格尔对现代技术的描述，他提出了一个类似的观点，即所有现代技术都是对人类自由的约束。海德格尔声称，最初作为与自然建立关系而出现的技术，现在已经成为一种限制，限制了人与自然的关系，使人们只能通过技术来体验自然。海德格尔对技术的批判具有普遍性，在某些方面尤其适用于教育技术。在设计支持特定学习目标的可供性技术时，我们或许不可避免地限制了实现其他学习目标的可能性。

可供性似乎常常伴随着约束性。有人会利用这一点来证明进步是虚幻的，因为任何能使我们做新事情或看到新事物的技术都会带来相应的约束。例如，以前能做的事情现在不能再做，以前能看到的事物现在再也看不到了。尽管如此，我们仍旧保持乐观。我们认为进步不仅是更高效地实现学习目标，更重要的是，通过增加可利用的可能性的空间来扩展思想和行动的自由度（参见第八章关于教育扩大对话空间的内容）。虽然每种可供性都可能带来相应的约束，但我们仍然认为，通过探索可供性设计可以设计出促进对人类可能性认识的教育体系，也许还可以设计出被一些人称为后人类可能性的教育体系。在第十章中，我们提出了一种基于设计的教育研究（EDBR）方法论，就像之前在讨论Talkwall时提到的那样，在研究、开发更好的实践的同时，对其假设进行反思、深化。在第十一章中，我们提出了一种对话设计原则，旨在为增加对话空间而进行设计，从而拓宽观点范围、加深反思程度。我们的总体论点是，与互联网相关联的新型通信技术具有可以用来扩展学生对话空间的功能。然而，我们需要谨慎和积极的设计实践，才能实现这一可供性。

讨论

"可供性"这一概念最早在20世纪70年代由感知心理学家詹姆斯·吉布森提出，是教育技术领域的核心概念之一。正如劳瑞拉德（2002）所言，不同的教育技术为不同类型的学习提供支持，这种观点颇具实用价值。同样，新的数字技术可能会提供新的教学可供性，以及新的教学思维方式和教学实施方式这一点也是合理的（Conole和Dyke，2008）。

最初的可供性理论是感知理论的一部分，而非技术设计理论。作为一种感知理论，它受到了威廉·詹姆斯和莫里斯·梅洛-庞蒂哲学观点的启发，提供了对意义和技术起源的见解。吉布森声称，世界充满了可供性，这些可供性为我们提供了价值、意义和行动的可能性。对可供性理论起源的思考提醒我们，教育技术的设计不仅关于行动可能性，还涉及意义的构建。我们在本章探讨了技术如何进入并塑造构建意义的复杂性。虽然有许多因素发挥作用，但我们仍认为，不同技术对思维具有不同的可供性，这对我们如何理解世界和理解自己产生了影响。

基于对话理论的教育技术设计与实践的启示

我们的案例研究提供了一种具有针对性的实用方法，将可供性概念应用于教育技术设计。这种方法利用观察到的实施可供性，即我们实际看到人们如何动态地使用技术，作为优化设计的依据。观察实施可供性不仅仅是观察人们如何使用技术，而是看他们的行为如何作为可供性的实例和说明，以此来优化整体设计。我们描述的Talkwall研究提供了一个例子，展示了教育工作者和学生如何利用新技术来支持在课堂中进行更广泛的教育对话的学习目标。在这个例子中，正如经典的EDBR案例一样，教学法和技术通过迭代设计共同进行，以加强这一实施的可供性。

可供性概念通常强调关注技术的特征。然而，技术在行动和思考上的可供性取决于用户的反应。因此，这对于教育技术设计和使用的重要启示是，必须认识到可供性不仅仅是技术的特征——也不仅仅是用户的特征——而是两者关系之间的一个新兴特征。为了有效地设计可供性，除了设计技术本身外，还需要设计塑造用户反应的文化和规范[①]。因此，学习设计的本质应该被视作一个动态的迭代过程，将工具的设计和塑造如何使用工具期望的教学法相结合。这一普遍原则的实际应用在于，几乎所有需要小组合作使用技术的活动都可以通过结合探索性对话的基本规则得到发展（Wegerif和Dawes，2004）。

[①] 承认教育设计的这一现实使我们能够更加自觉地解决"设计人"这一理念所引发的政治和伦理问题。教育一直都在设计人，但并不总是乐于承认这一点（Wegerif, 2018）。在第七章和第十一章中，我们将更深入地讨论设计所引发的伦理问题。在这两章中，受西蒙东的影响，我们尽可能提出一种具有包容性、参与性和对话性的设计过程，即设计是我们共同塑造自身和生活的过程，而不是设计者群体强加给被设计者群体的过程。

第四章　教育技术的"语法"

在今天的许多学校里,短语"计算机辅助教学"指的是让计算机教孩子。有人可能会说,计算机正在被用来教孩子编程。在我看来,是孩子为计算机编程……

——西蒙·帕珀特(Seymour Papert)

……某种东西是什么,由语法来决定。

——路德维希·维特根斯坦(Ludvig Wittgenstein)

引入"本体语法"的概念

在第三章中,我们明确了教育技术可以为不同的教学方式和学习方式提供特定的可供性。我们发现可供性不仅在于技术,还在于人们对如何使用技术的想象。由此可以得出,可供性并非技术本身的特性,亦非用户本身的特性,而是两者交互中出现的新兴特征。为了更好地描述我们对教育技术作用的不同想象和设定,我们借鉴并改编了路德维希·维特根斯坦提出的本体语法的概念。维特根斯坦是20世纪最有影响力的哲学家之一,他曾写道,"某种东西是什么,由语法来决定"(Wittgenstein,2009)。这里的语法不仅仅指语言,还包括维特根斯坦所说的"语言游戏",即语言使用的实例以及语言嵌入的行动。他认为,单词的含义取决于上下文语境,取决于语言游戏的规则。语言游戏不仅关乎单词的含义,还关乎维特根斯坦所说的"生活形式"中那些与语言有着密切联系的行动。

维特根斯坦以"水"为例,说明单词的意义取决于语言"水"以及作为语言"水"背景的生活形式。根据单词所处的具体情境,"水"可以指一个紧急的请求(也许是为了扑灭火灾)、一个感叹(可能是在沙漠中偶尔发现水后的惊讶)、一个回答(也许是对询问"化学符号H_2O代表什么"这类测验问题的答复)等等。维特根斯坦使用的另一个例子是"游戏"。"游戏"并没有一个简明的含义,它可以用于棋盘游戏、赌博游戏、纸牌游戏、奥林匹克竞技游戏、团队游戏、战争游戏等不同的情境。对维特根斯坦来说,概念辨析如同一种"语法"调查,他说,要理解概念,就意味着要更清楚地看到这些概念在具体的生活形式的语言游戏中扮演了什么角色。同理,我们可以用维特根斯坦的方法来理解"游戏"或"教育技术"的含义。

按照维特根斯坦的观点,本体语法的核心是单词的意义,即单词真正所指的东西,可以在单词的使用方式中找到——"'这个词是怎么使用的?''这个词的语法是什么?',我将把这两个问题视为同一个问题"(Wittgenstein, Ambrose和Macdonald, 1979)。本书第一章中讨论过这个观点,把维特根斯坦关于语言游戏的描述看作是对话式教学的理论基础(Shotter, 2008)。维特根斯坦写道,概念术语并不像路标那样指向现实中某个稳定不变的区域,而更像是在各种上下文情境中用来完成任务的工具。由此推论,要描述"教育技术"一词的真实含义,就需要分析在不同情境下,教育技术这个词汇是怎样使用的,其本体语法是什么。对"教育技术"术语的语法分析揭示了技术在教育中作用的范围和多种不同的形式。技术哲学家马克·库克伯格(Mark Coeckelbergh)采用维特根斯坦的语法分析方法,通过分析在不同社会背景下,"技术"一词如何被理解和被使用,来分析技术概念的含义

（Coeckelbergh，2022）[①]。本章中，我们也采用同样的方法来讨论教育技术一词的真实含义。

在日常语言中，本体语法通常应用于工具。本书将这种语言分析的方法借鉴过来，将本体语法应用于"技术"，即主体作用于客体的中介手段。这里语法所隐含的前提是，有主动的主体使用工具对被动的客体产生影响。比如，"简用斧头砍木头"这样的句子似乎与"简用应用程序教乘法"这样的句子具有相同的本体语法结构。从这两种语言使用的上下文情境来看，把技术看作支持教学的工具这一观点是显而易见的。这种简单的上下文语境在教育领域普遍存在，表明这种本体语法仍然是教育技术领域默认的或主流的认识。然而，关于技术，还有几种新的本体语法，我们将在后文介绍，其中的变体涉及工具本身具有一定的主体性。

教育技术作为"教学机器"

20世纪20年代，美国课堂教学中就开始使用教学机器，当时，还没有出现"教育技术"这个词。一直到20世纪50年代，随着B.F.斯金纳的行为主义学习理论在美国课堂教学中被广泛采用，"教育技术"这个概念才首次传播开来。斯金纳认为，教育就是让学生的行为朝着预定的学习目标发生可观察、可测量的变化。他指出，为了实现这种变化，最有效的方法就是对学生的学

[①] 维特根斯坦（1953/2009）在《考察》中关于语言的论述——语言的使用与活动、游戏和一种生活形式相关——也可以用于技术的使用和意义：技术蕴含在游戏中，游戏有规则，但也需要对规则的默契，所有这些都为技术的使用和意义提供了一种语法（Coeckelbergh，2018；Coeckelbergh和Funk，2018）。库克伯格写道：问题不仅在于语言塑造了我们处理技术的方式，还在于语言的超验结构与技术的超验结构相似。两者都深深嵌入社会文化世界。词语的意义和事物的意义并不仅仅是词语–对象或事物–对象的问题；词语和事物的意义和作用取决于更大的结构，如游戏和生活形式，它们使使用和意义成为可能。正如语言语法提供了一种使我们使用语言成为可能并制约我们使用语言的结构，语言和其他超越语言的语法也使我们使用（其他）技术成为可能并制约我们使用（其他）技术。此外，技术可以改变游戏规则。可以说，技术在现象学和诠释学上是"活跃的"。没有一种生活形式与我们的行为方式是分离的（Coeckelbergh，2022）。

习行为进行正或负的强化。如果学习目标较为复杂，教学设计所要做的就是要将这些复杂的学习目标拆解为可管控的小步骤（Skinner，1968）。

斯金纳认为，传统课堂存在的显著问题是，学生的学习进度各不相同，由于缺乏个别关注，反馈常常被延迟。他试图开发一个集教学和测试于一体的程序化"教学机器"，帮助学生自定节奏，按步骤掌握要学习的材料，以解决传统课堂教学的缺陷和不足。斯金纳把这个程序化"教学机器"看作一种辅助教师教学的工具，他也曾设想，未来有一天也许会开发出一种取代老师的教学机器。程序化教学机器按步骤学习学习材料，并回答预先设计好的问题（见图4.1）。如果学生回答正确，他就会受到正向强化（表扬），然后再进入下一个问题。如果回答错误，机器会提供正确的答案以供学生学习，增加他们下次获得正向强化的机会（Watters，2021）。

斯金纳的程序化教学机器大受欢迎，推动了"计算机辅助学习"在学校教学中的大面积应用。毫无疑问，目前技术的性能已经大大超过了20世纪50

图4.1 斯金纳的教学机器（学生做填空题，然后得到机器的回应）
来源：Silly Rabbit，版权协议 CC BY-SA 3.0 https://commons.wikimedia.org/wiki/Category:Skinner_teaching_machine#/media/File:Skinner_teaching_machine_01.jpg

年代，但"计算机辅助教学"这种本体语法——一种关于计算机作用和使用方式的理念——今天依然很流行。这些早期教学机器的更精密版本现在正在被广泛使用。如前文所述，现在人们创造出一系列不同的术语来描述教育技术，包括"计算机辅助学习"（CAL: Computer-Assisted Learning 或 Computer-Aided Learning）、"计算机辅助教学"（CAI: Computer-Aided Instruction）和"认知辅导系统"（CTS: Cognitive Tutoring Systems）等，根据我们自己的研究，这些术语之间的区别通常十分微妙，并且可以替换使用（Major 和 Francis，2020）。从"本体语法"的角度来看，这些术语和最初的教学机器并没有太大的差别。这些当代的教学机器经常被宣扬为"教育的未来"，而这正是斯金纳在20世纪60年代使用过的措辞（Kabudi 等，2021）。

案例研究：计算机作为教学机器模型

Sparx Maths（斯巴克斯数学）[①]是一个为11岁至16岁的英国学生设计的个性化学习平台，可以提供数学课程和数学家庭作业。该平台包含超过38000个题目和超过9000个视频课程。该软件采用自适应学习算法，为学生提供难度适当的作业。学生可以获得即时反馈，并可以通过配套视频获得帮助，同时，教师也可以从作业中获得一些灵感和启示。英格兰南部某学校的数学主任表示，他们非常喜欢自适应算法，因为它确保学生在经历挑战和压力后能获得正确答案，尽管学生有时会感到沮丧。她写道，由于系统提供了一系列课程，教师的角色发生了变化："教师的工作转向纠正错误认知、答疑和辅导个别学生。"这位教师十分看好这个教学方法，写道：

---

① 我们还可以选择许多其他将数字设备用作教学机器或辅导老师的例子。例如，在印度，名为"Mindspark"的软件在提高成绩较差学生的计算能力方面取得了良好效果（Barros 和 Ganimian，2023）。在欧洲，CenturyTech是一种自适应教学方法，也声称能取得良好效果 https://www.century.tech/our-impact/。在中国，"松鼠AI"提供在线自适应辅导，其评估结果表明，它可以加速数学学习（王等，2023，也参见 Knox，2020）。

70

每位学生都能得到量身定制的个性化作业，既具挑战性又在能力范围内，这种教学方法无可比拟。同时，能够迅速识别全班的共同错误，对我制订教学计划极为有益。作为教学主任，我能够通过大量数据来监测学生的学习进展，这实在令人赞叹。[1]

有关"教学机器"语法的讨论

在第一章中，我们说教育技术理论是广义教育理论的一部分，因为广义上来说，教学理论即指任何能够回答两个关键问题的理论；这两个问题是"应该教和学什么？"以及"应该如何教和学？"。斯金纳的教学机器方法蕴含一种教育观点，即教育传输知识，这也被称为"直接教导"。按照斯金纳的教育理念，我们首先确定应该教授的知识和技能，然后尽可能高效且有效地将所有知识传授给学生。对斯金纳来说，教育的目标是引起学生行为发生显著的变化。近年来，认知主义学习理论用一个新的术语重新表述了斯金纳的观点，在认知主义看来，教育的目标是引起学生长期记忆的变化（Sweller，2005）。这个新术语更符合认知主义的概念框架。

有人提出，在语言、数学和科学课程中，一些知识点和技能可以通过教学机器根据学习者的反应进行调整，从而实现高效教学（Kabudi等，2021）。然而，正如贾斯汀·赖希（Justin Reich）等人的研究表明，在学习目标不明确、知识结构不像数学和科学那样清晰的学科中，程序化教学方法的效果只能说是参差不齐（Reich，2020）。随着人工智能技术的发展，程序化教学所具有的自定步骤、及时反馈的优势可以在特定的情境下，例如，把程序化教学机器用于家庭作业，作为对课堂教学的补充，从而提升学习效率。这样，就可以在专家型教师缺乏的情境下，满足大规模个性化教学的需求。

---

[1] https://schoolsnortheast.org/marketplace/case-study/sparx-st-james-case-study/12462/

人工智能（AI）与教学机器语法的演变

从教学机器语法诞生之初，它就与人工智能的理念联系在一起。许多有关人工智能的复杂定义都能够在文献中找到。这本质上是一种隐喻，每当技术做了本来由人类完成的事，这个技术就会被视为是"智能的"（Minsky，1969）。数字化教学机器一直想要实现这种智能化的教育。韦恩·霍姆斯（Wayne Holmes）和伊尔卡·托米（Ilkka Tuomi）（2022）概述了教学机器（通常称为智能导学系统，ITS）与应用于教育的人工智能（AIED）在历史上的重叠之处。他们概述了两种主要的AIED类型：一种是传统的专家系统，它们通过编程内置知识来进行教学；另一种是所谓的数据驱动型人工智能，它利用数据挖掘和预测技术来辅助教学。人工智能驱动的系统，如前文所述的Sparx案例，一方面，能够根据学生的具体情况提供个性化反馈，另一方面，可以为教师详细呈现学习者进度和成绩信息仪表板。越来越多的研究表明，这种数字化个性化学习（Digital Personalised Learning，DPL）方法具有广阔的应用前景，特别是在资源匮乏的教育环境中（Major等，2021）。例如，印度的一项研究表明，与对照组相比，采用Ei公司研发的Mindspark（思维火花）学校学生的学习成绩有显著提升（例如，Muralidharan等，2019），当然，由于使用方式不同，相同的教育软件在不同应用环境中的评估效果可能存在差异（de Barros和Ganimian，2023）。从本体语法的角度来看，DPL方法也是一种"教学机器"。然而，最近数据驱动型人工智能在教育中的应用也显示出语法的演变。EIDU[①]是一个适用于不同内容的数字化个性学习平台，允许任何提供商集成新内容，并通过个性化算法为每个孩子优化学习内容和顺序。自动数字化评估工具能够实时测量学习，并将反馈提供给内容提供者和研究人员，促进持续改进（Friedberg，2022）。通过EIDU的Solver（解决）平台，研究人员可以

[①] https://eidu.com/

访问大量匿名的学习数据集，以训练和开发个性化算法。这些算法通过插件系统部署到平台上，根据它们测量学习者的学习效果，并自动评估和筛选题目。EIDU正接受严格的评估，尤其是在肯尼亚地区的课堂教学中，它与教师的教学策略和课程大纲紧密相连（Daltry等，2022）。

另一个例子是基于大型语言模型（LLMs）的人工智能语言助手。当前，在许多教育应用软件中都使用人工智能语言助手。它不仅为学生提供对话指导，还辅助学生进行写作等活动。人工智能语言助手能够提供类现实生活的灵活对话，进一步激活了长期以来试图创建通用教育辅导机器的传统（Nye等，2014）。在教学机器"本体语法"的基础上，技术朝着更具对话性的方向发展，促进学习成为与技术声音对话的过程，这里所谓的技术声音是互联网上数十亿文字集成而成的。在某种意义上，人工智能语言助手造就了米德所说的"概括化他者"（Generalised Other）的现实版，充斥着"每个人所思所想"的声音（Mead，1934）。霍姆斯和托米认为AIED有许多类别正是主要的"教学机器"语法在生成式人工智能技术支持下的新类型和新变体，其中包括教学聊天机器人、"自动形成性评估"（AFA）和自动写作（AEW）。

教育技术作为"思考工具"

斯金纳首次将他的教学机器引入教室后不久，美国经历了一段动荡时期。与反对越南战争相关的反文化运动引发了教育中的主体性问题，挑战了教育是有效教授预设课程的观点。一种新的观点取而代之，认为教育应该赋予学生创造力和独立思考的能力（Hof，2021）。西摩尔·帕珀特在日内瓦与其导师让·皮亚杰（Jean Piaget）合作数年后，于1963年来到麻省理工学院（MIT）担任教授职位。皮亚杰提出了建构主义学习理论，主张要为学生创造自行建构意义的机会，以促进他们的认知发展或思考能力的培养。帕珀特就是在这场大争论的背景下，讨论教育技术的作用。很明显，帕珀特将自己与伊万·伊利奇（Ivan Illich）和保罗·弗莱雷等教育思想家结成同盟，批判传统的学校教育模式本质上是一种压迫式的控制形式，严重依赖于一种"银行储蓄式模式"，即教师试图将知识"存入"学习者的头脑中。他们尝试以"去学校化社会"（Illich，1971）或"解放教育学"（Freire，1970/2000）的思路，来设计一种新的教学模型。在这种思潮中，帕珀特重新思考了教育在社会中的本质作用和数字技术的教学可供性：

在当今许多学校里，"计算机辅助教学"这个表达指的是让计算机教孩子。有人可能会说，计算机正在被用来教孩子编程。我认为，孩子对计算机进行编程的过程中，既能获得对最现代、最强大的技术的掌控感，还能深刻了解科学、数学以及知识模型构建中一些最深刻的思想。（Papert，1980/2020）

帕珀特认为，我们应该利用技术帮助学生学习，让他们创造自己的知识表达，而不仅仅是教给学生"正确"的答案。他认为，这种方法可以让学习者结合他们已有的认知和兴趣，从而更深刻地理解知识。为此，帕珀特利用LOGO编程语言帮助学生思考几何学，以帮助学生建构知识。他首先提出每个孩子都要理解三个概念，即他们在空间中的位置、移动在空间中的含义以及告诉别人如何在空间中移动。然后，他让学生用LOGO编程控制教室地板上移动的机器海龟，比如，编程让它以圆形移动，从而直观地建构几何理论。帕珀特认为这种方式比单纯讲授几何学理论更有助于学生的理解。他说，虽然学生最终还是要掌握正式的数学表达式和数学理论，但如果学生能够自己建构几何学知识，他们会对学习几何学知识更有兴趣，更愿意投入几何学的学习。

帕珀特认为LOGO编程语言是一个强大的工具，可以在学生的日常经验和正式的抽象知识表述之间，建立联结。注意，他并没有说这是唯一一个能在经验和抽象表示的知识之间建立联结的工具，LOGO只是一个说明这一教学理念的例子。他设想开发一个建构主义的学习世界，在这个世界中有数百种由研究者和教育者精心设计的，横跨各个知识领域的强大的知识表示工具。学生可以利用这些建构主义的学习工具，自己建构知识，从而轻松获取广泛的知识。

对帕珀特来说，个人计算机是让学生接触强大的知识表示的完美中介工具：

在计算机出现之前，数学中最核心和最吸引人的东西是日用而不知的。但是计算机——在家庭、学校和工作的日常中都存在数学语言——可以提供数学与日常经验的联结。教育的挑战就在于找到利用这些联结的方法（Papert，1980/2020）。

帕珀特更重视计算（Computing）在教育中的作用，而不是计算机（Computer）在教育中的作用。他认为，写下流程图和算法，即系统程序的具体表达，可以帮助学生理解世界如何运作并反思自己的想法。他鼓励学生将编写算法作为他们学习的一部分，因为他相信这样一来，我们可能帮助学生更好地学习、更具象地反思他们的想法，加速他们的知识建构。他创造了现在广泛使用的术语"计算思维"（Papert，1980/2020），希望学生像学习算术思维一样学习计算思维。帕珀特称，像计算机一样思考，再结合更强大的知识表达，思考变得更明确和清晰——这是通往各个知识领域更高效学习的一条路径：

"无课程教学"并不是指即兴的、自由的课堂或只是简单地"让孩子独自一人待着"。它是指支持孩子利用周围环境中的材料建构自己的知识体系。在这种模型中，教育干预意味着改变文化，培植建构性的元素并消除有害元素。这是一项比课程改革更雄心勃勃的教育变革……（Papert，1980/2020）

帕珀特的愿景并不是摒弃教师，而是改变了他们的角色，让他们从知识传递者转变为学习向导。教师不再"呈现"知识和指导"获取"知识，而是促进学习和引导对概念的更深刻理解。

（帕珀特的）建构论 vs（皮亚杰的）建构主义

帕珀特到美国之前，曾在日内瓦与皮亚杰共事数年。在他的研究方法中可以明显看出皮亚杰建构主义学习理论的影响。皮亚杰在其有关建构主义的文章中提出，儿童主动学习才会发展内部认知结构或心理模型。与计算机作为教学机器的比喻所青睐的直接教导不同，建构主义认为儿童和青少年通过自主为自己创造意义来学习，这也是早期许多计算机"辅助"或"协助"教学背后的理论。根据这个理论，他们是自己学习的主体，教师的作用不是直接教授，而是促进这种以学生为主导的学习。帕珀特和皮亚杰一样是建构主义理论支持者，但二者有一个关键的区别。皮亚杰用"建构"一词指代抽象的内部事物，如"图式"或"认知结构"，而帕珀特则将其用于公开的、共享的、具体的对象，如可以共同构建和运用的计算机程序。将学习视为一起构建共享的外部对象是一个非常新颖且与众不同的想法，这与"认知图式"模型截然不同。本章后文我们将详细探讨这一转变带来的影响。皮亚杰忽略了技术在学习中的作用，但对帕珀特来说，技术至关重要。帕珀特将他的这种方法称为建构论（Constructionism），以区别于皮亚杰的建构主义（Constructivism）。

将抽象变为具体

根据第二章讨论的进化心理学家吉尔里的论述，学校学习理应是困难的。他说，我们需要正式的学校教育，正是因为某些类型的知识难以自然习得。

他认为儿童能自然而然地学会说话，是因为人类已经进化到了这个地步；而数学则不同。他认为我们希望儿童学习数学，其中必然强迫他们做出非自然的努力（Geary，2008）。帕珀特在论述个人计算机的出现改变了一切时，似乎也默认了这一想法。在计算机发明之后，儿童可以通过在计算机介导的环境中玩耍从而自然地学习抽象知识。帕珀特认为，算法和编程使抽象的正式知识的抽象世界能够被融入孩子自主的玩耍生活中。他还认为，计算机为学习提供的主要可供性就在于它使抽象知识变为具体。过去我们不得不让学生在抽象的上下文符号中学习数学公式，而现在学生可以通过编程让乌龟在教室地板上移动，从而掌握算法和几何学知识。帕珀特的愿景是让学生在做有用的事情的过程中自然地学习（Papert，1980/2020）。

建构论教育的示例

为了阐明建构论的一些主题，我们选择了一项由大学研究者主导的小型研究，研究地点是雅典一所中学（Daskolia和Kynigos，2012）。这项研究旨在展示使用技术进行建构论教学与学习的一种方式[①]。该研究聚焦于教授可持续性的概念，并采用了一个未完成的微观世界。这个微观世界是用软件模拟的，学生可以在系统内建构和操作微观世界的对象，目的是让学生通过操作和交互来实现"做中学"。一个"半成品"微观世界意味着系统中某些参数已经设置好。在这个案例中，研究者设计了一种城市模型，代表以消费主义、繁忙日程和环境不可持续性为特征的生活方式。该模型考虑了能源消耗、财务资源、健康和休闲活动等因素。学生们面临的挑战是深入这个微观世界，讨论与可持续性问题有关的任何问题，然后改变参数，创建他们自己的"可持续城市"。

[①] 如果读者对教育技术领域中与建构主义相关的发展有进一步的兴趣，可以浏览由杰克·伯恩（Jake Byrne）及其同事（2021）编辑的2021年专栏《前进中的建构主义》（*Constructionism moving forward*），该专栏刊登在《英国教育技术期刊》（*the British Journal of Educational Technology*）上。

这个项目由18名学生组成，每周进行两小时的研讨，持续了11周。研究者在发表的评估中详细探讨了学生的对话和行动怎样展示了对可持续性的新理解，以及怎样反映了他们合作创建新的城市模型的能力。研究者称："为了积极解释可持续性这样一个复杂而模糊的概念，微观世界为学生们合作讨论、展示并详细解释新想法的能力，以及深入和协商不同观点的能力提供了支持（Daskolia和Kynigos，2012）。"

"思考工具"语法的讨论

帕珀特的理念和实践探索对几个国家的教育实践产生了重大影响，针对这些影响已有广泛的研究。但总的来说，他论述在小学使用乌龟和LOGO编程语言的教育影响的相关论文研究并没有给人留下深刻印象（Wegerif，2002）。评估表明，没有明确证据表明使用LOGO学习编程的学生在一般逻辑思维方面表现得更好。当然，他们确实能更好地使用LOGO编程语言。但是，除非教师明确教授学习者如何将方法从一个情境运用到另一个情境，那么学生在LOGO编程语言上的优势不会转移到其他领域。换句话说，建构论方法有效，但取决于教学设计是否能够在不同情境之间建立明确的联结关系。

计算机作为教学机器的本体语法是清晰的，即计算机教授孩子们知识和技能，致使个体行为和/或长期记忆发生变化。皮亚杰建构主义的本体语法也是清晰的，即孩子们主动学会独立思考，并由此培养内在认知结构或心理模型。但是，帕珀特将技术引入皮亚杰的建构主义语法后，这种语法就不再那么容易被表述了。帕珀特的建构论方法通常被称为"做中学"，这种方法对"创造"的主体产生了很大的影响（Papert，1986；Schad和Jones，2020）。正在"创造"的对象，过去是LOGO程序，现在更常见的是机器人等设备；这些设备通常都是公共对象，并且"创造"的过程通常都需要合作（Konstantinou等，2021）。即使有些模型由个人单独构建，但个人还是可能会在社群内与其他模型比较，从他人那里获得反馈。帕珀特倡导合作学习，然而，他用本质上是皮亚杰式的本体语法来撰写建构论背后的学习理论。这给人的印象就是，每个孩子学会构建内部认知模型以及学会抽象逻辑思维的最好方式就是与他人合作，一同构建外在的、外显的模型。然而，这里使用的技术本体语法与这种学习方法之间，存在一定程度的冲突。

如果一个小组利用技术合作，那么学习的主体是谁？最显而易见的答案似乎是包括技术在内的小组。也可能是学习如何更好地共同思考的小组智慧（Stahl，2010）。但这与帕珀特所强调的要更关注个人学习效益的这一观点并不吻合。或许，个体在整个小组都在学习的时候学得最好。这是合理的，但这对个人主义认知心理学提出了挑战。例如：如果有人参与的比其他人多怎么办？如果有人离开小组怎么办？如果另有他人加入怎么办？那么，小组智慧会改变吗？

在上述建构学实践例证的简短案例研究中，一组学生使用计算机代码构建了一个复杂的生态系统。因此，他们共同构建的生态系统模型就是学习活动的主要目标。建构论教育理论主张这是个体构建恰当的个体心理模型最好的方法，然而，这一点很难得到合理证明。学习复杂生态系统的思维模型最有效的方法，不是从学习编程语言的额外认知负担或学习微观世界的复杂性开始。建构论语法始于个体借助工具学会思考，但在实践中却演变成了另一种语法：群体加上技术共同学习如何创造技术成果。最明显的学习内容不是建立思维模型，而是如何与他人合作，构建能够实际运作的事物。这可能正是"知识时代"所需的学习类型，这是贝雷特（Carl Bereiter）和斯卡达玛利亚（Marlene Scardamalia）在他们的工作中提出的一个想法，我们将在后文讨论。然而，通过"语法分析"——经验哲学中常被称为"概念分析"的方法来看，学习合作建构能够实际运作的机器，与帕珀特提出的通过数字技术扩展建构主义的概念，并不是一回事情。

教育技术作为"学习环境"

建构学孕育出一种观念,即不仅学生个体内在的"心理模型"是学习的目标,公共的模型也可以成为学习的目标。这一点,贝雷特(2005)用波普尔(Karl Popper)的三个世界理论进行了阐述。波普尔提出了三个本体论范畴:公共世界中的客观事物、个体头脑中的主观想法,以及世界3中客观或群体共享的知识对象(如书面表达的理论或帕珀特基于算法的动态模型)。这个想法从根本上改变了建构主义的本体语法,使得这种语法似乎在很大程度上延续到了其衍生物——建构论。借助技术提出的学习活动的目标或对象变成了一个真实的共享对象,即一个公开的模型或理论。对于贝雷特来说,学习的真正主体也是集体,而非个体,因为学生们共同努力才能更好地得出事物如何运作的理论。在教育中使用技术来创建精心设计的学习环境,导致了学习的重新概念化。学习的重点不再是个人的知识或个人的心理模型,而是一个涉及建构集体知识目标的社交和合作过程。同时学的还有如何成为优秀的知识型人才,这包括个体学习如何与他人共同合作以建构知识目标。

在20世纪80年代,加拿大多伦多大学马琳·斯卡达玛利亚和卡尔·贝雷特应用他们的理论创建了一种学习方式,他们最初把这种学习方式称为"计算机支持的有目的的学习环境"(CSILE),后来更简单地称为"知识构建"。随后开发的软件Knowledge Forum®(知识论坛)至今仍在全球使用。该模型旨在以脚手架的形式再现真正的知识是如何在"现实世界"中被研究者创建的。马琳将这项创新描述为:

> CSILE/Knowledge Forum的核心是一个多媒体社区知识社区空间。参与者以笔记的形式,向这个共享空间贡献理论、工作模型、计划、证据、参考材料等。软件支持笔记创建,笔记的显示、链接以及创建未来的工作目标,以

支持学生的知识建构。随着时间的推移，修订、解释和重组也为群体提供了进步的记录，就像学术领域研究进步的积累一样（Scardamalia，2004）。

学生们通常在小组中共同合作、提出问题并通过提出假设和证据共同探究这些问题（Zhang等，2009）。尽管有许多面对面的讨论，但论点和证据还是会以"笔记"的形式上传到共享的论坛空间。

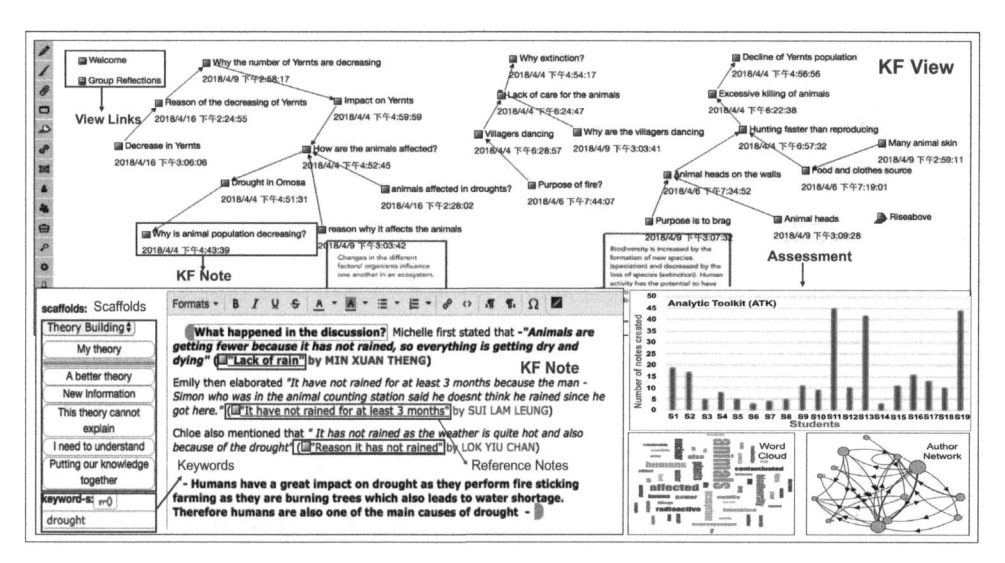

图4.2　Knowledge Forum（知识论坛）功能：合作工作视图（顶部）、学习支架管理在Knowledge Forum中的笔记（左下角），以及Knowledge Forum评估工具（右下角）
来源：Yang，van Aalst和Chan，2019

在建构这个共享的知识图谱时，学生们会得到向导或说"脚手架"的帮助——见图4.2屏幕截图左侧的一排按钮。这些"脚手架"可以根据主题和学习者的年龄进行个性化设置，其基础正是贝雷特和斯卡达玛利亚所称的"设计模式"思维，用于改进想法：如"我的理论"、"这个理论无法解释"和"更好的理论"等脚手架（Bereiter和Scardamalia，2003）。特别值得注意的是一个特殊的脚手架："升华"（Rise-Above）按钮。马琳对此写道：

……解决分歧或对立观点的最具建设性的方式不是决定一个赢家或妥协立场，而是创建一个保留冲突观点价值的新想法，同时"升华"不兼容的想法。在最简单的情况下，升华可能只是一个总结或提炼；在最理想的情况下，升华可以展示新想法，并且所有参与者都能认识到这是对过去想法的进步。（Scardamalia，2004）

"升华"按钮最关键的好处就是可以浓缩一整个相关对话内容。例如，其他贡献可以被拖拽进这个按钮，使其代表整个网络节点。这有助于简化过于复杂的图谱。然而，更重要的是，通过整合迄今为止所有的争论并赋予这些争论意义，"升华"按钮通常可以用来表达一个新想法。

学习环境方法的示例

CSILE/Knowledge Forum已经问世30多年了。你可以搜到许多在线图谱和"升华"操作的例子。其中大部分例子似乎有关科学主题。学生们探索他们自己提出的问题，如"为什么会下雨？"或"为什么叶子是绿色的？"，但这又不仅限于科学或数学。最近在香港的一个课堂上，一群15岁至16岁的高中生探讨了"什么是设计？"，他们探讨这个问题的时候也在Knowledge Forum系统内与设计专业人士和学者进行对话，这些对话都发生在教室之外。学生们起初聚焦于设计"解决问题"的功能，但随后，他们逐渐开始探讨设计和艺术自我表达之间的重叠。他们最后的"升华"操作，就是意识到好的设计就是功利性的问题解决及对现实想法更具艺术性的表达（Yang等，2016）。

"学习环境"语法的讨论

技术可以为学生群体提供学习环境与将技术视为思考工具的想法是相通的。然而，在实际操作中这往往会导致本体语法的改变，使技术承载更多主动性。教学机器的隐喻将技术视为直接教授学生的主体，而"思考工具"的隐喻则试图将主体性还给学生。Knowledge Forum有目的的学习环境的隐喻是两者的结合。如支架思维、"升华"按钮这样的特色设计间接地为学习和思考提供了指引。由此,学习的主动性在人和技术之间自觉地分配,并协同工作。

在Knowledge Forum的案例中,学习的主要隐喻从个人或群体获取知识和技能转变为在社区内参与知识建构的过程。使用Knowledge Forum的学生被期望一同努力来理解某事,从而习得思维方式和知识体系。更重要的是,他们习得如何与他人共同构建知识。这是知识社群的核心学习目标。

集体知识建构法很显然是一种社会建构主义的形式(Bereiter,2005)。社会建构主义通常被认为提供了一个很好的模型,说明我们作为一个社群如何学习新知识。然而,这并不意味着这显然是理解个人如何学习新知识的最佳方式,至少在对这种教育方法的一个有影响力的批评中是这样认为的(Sweller等,2007)。在数学等结构良好的知识领域中,社会建构主义可能不会提供教授知识最有效的方式,但这经常被看作综合学习的最好方式,因为其中涵盖所有探究领域所需的认同感、价值观、态度,以及如团队合作和创新的综合能力(Shaffer,2006)。

社会建构主义在实操中主要被批评的一点是,即使小组取得进步,个体也可能被落下。这是主张频繁进行个体学习测试的原因之一。大卫·威廉姆森·谢弗(David Williamson Shaffer)用合作角色扮演游戏创建了有目的的学习环境,他建议需要收集有关个体学习更具体的数据(Shaffer,2017)。谢弗所说的"认识论网络分析"中的"大数据"方法可以在许多维度上追踪个体的发展,只要这种发展可以用数据捕捉的形式可视化呈现。因此,学习分析法可能非常适合探索知识的本质、教学与学习的本质,以及评估话语为中心的技术这三者之间的关系(Knight等,2014)。

人工智能和学习环境

数字学习环境潜在地将主动教学和更被动的发现式学习相结合,从而将"教学机器"的本体语法和"思考工具"的建构学本体语法结合在一起,产生了一种混合形式的教育技术应用。马夫里基斯和霍姆斯（Manolis Mavrikis和Wayne Holmes，2019）将这种混合形式称为"智能学习环境"（ILEs），认为它是智能辅导系统和基于对话的辅导系统的替代方案。学生不用遵循顺序，而是被鼓励积极探索学习环境，以建构自己的理解。我们之前提到的对这种探索性学习方法的批评（例如，Sweller等，2007）可以通过人工智能来解决，人工智能可以提供反馈、指出误解并提出替代方法。尽管商业实例较为稀少，但也有一个研究示例——FractionsLab（分数实验室）（Mavrikis和Holmes，2019）。该环境结合了对"分数世界"的探索、开放式发现任务以及对分数教学的专家指导。

讨论

在本章中，我们将本体语法用作一种概念工具，用以阐明"教育技术"术语在当今和过去是如何被看待以及如何被使用的。我们聚焦于教育技术的三种"语法"："教学机器"、"思考工具"和"学习环境"。叙述是按照时间顺序展开的。首先是斯金纳的行为主义"教学机器"方法，然后是帕珀特的建构学"思考工具"（旨在挑战斯金纳），再到贝雷特和斯卡达玛利亚的"学习环境"和社会建构主义（建立在帕珀特的思想之上并扩展了帕珀特的想法）。某些演进源于技术的进步。例如，斯卡达玛利亚和贝雷特的第一个"计算机支持有目的的学习环境"或"CSILE"（后来发展成为"Knowledge Forum"）在1960年就不可能出现。但技术发展的先后顺序并不意味着价值层级的高低。所以这三种方法今天还在使用，并且仍在发展。事实上，我们第一个讨论的"本体语法"，即将技术视为教学机器的想法，现在正以自适应学习系统的形式被广泛实施，这些系统通常被称为人工智能或"数字化个性学习"。在教育的某些领域，这些系统似乎有了更好的发展前景。例如，最近生成式人工智能和大语言模型（LLM）技术的发展似乎正在引领教学机器语法的新形式。技术发展还涉及更灵活的类人对话及形成性评估和测试。学生可以使用后者来评估自己的进步。

我们认为这些不同的"语法"在有关教育技术的长期讨论中一直在竞争。关于这些方法在实现其目标方面的有效性,进行实证研究无疑是重要的,我们也引用了一些研究。然而,仅凭这些证据并不足以帮助我们选择最好的设计基础,因为每种"语法"都定义了自己成功与失败的标准。例如,如果证据表明帕珀特的方法不能帮助学生在"高风险"的标准化测试中表现良好,帕珀特的一些支持者可能会说这本来就不是初衷,其目标是发展如个人创造力等能力(Agalianos等,2001)。尽管不同教育技术本体语法的价值不能被直接测试,但却总能通过教育技术的成功与失败来间接评估。

基于对话理论的教育技术设计与实践的启示

这三种"语法"或说构建教育技术的方式也可以被看作是塑造教育技术设计与应用的理论基础。这些理论有时是隐含的,如教学机器隐喻;有时它们是明确的,如帕珀特的建构论。它们是教育理论,因为它们提供了对教育两大问题的不同答案。这两个问题就是"应该教和学什么?""应该如何教和学?"。然而,作为理论,它们不够精准,算不上我们称为设计框架"贴近实践"的理论,因为它们没有充分限制可能的设计选择。每种理论都能支持广泛的可以应用于实践的教育技术设计。相反,这些语法是我们在第一章中定义的"设计基础"的示例。换句话说,它们是关于教育、技术和价值观的不同思考方式,可能会影响教育技术的设计。不同的设计基础可以使某些设计和实施教育技术的方法看起来是毋庸置疑的,甚至是必然的,却也可能使其他方法看起来是不可想象或者是不值得考虑的。

当前,"计算机作为教学机器"语法的持续成功在许多基于人工智能的应用程序的支持下得以重新激活,表明教育技术可以按照每个学习者的学习节奏,以个性化方式高效传输相对成熟的知识,适应每个学习者的学习节奏。

LLMs的使用使得聊天式界面成为可能，可以在许多科目中用作个人导师，最显著的是语言学习和编程学习（Holmes和Tuomi，2022）。我们可以把这种教育叫作教授"到目前为止所有的对话"（Phillipson和Wegerif，2018）。LLMs非常擅长通过网页爬虫捕捉到迄今为止的人类活动，然后利用这些信息以连贯的方式进行总结，并回应问题。

教育界持续热衷于认识技术并利用技术提供灵活的思维工具，这表明教育技术可以在促进和赋能新观点方面，发挥重要作用。对于一些年轻人来说，从玩数字游戏到设计数字游戏可以成为支持他们发展自我创造力和效能感的一种简单途径（Kafai和Burke，2015）。

设计在线媒介的教育环境，以支持像斯卡达玛利亚和贝雷特的协作式对等学习网络，表明教育技术可以通过同伴互助学习网络或在线媒介的探究社区的方式，引导个体把他们的想法融入集体创造力和集体智慧中。为了实现"技术作为学习环境"，促进合作和对话，个体需要参与活动、发表意见、获得信心（如"技术作为思考工具"的方法所述），以及获取使讨论有价值的知识（可以通过"技术作为教学机器"的方法）。因此，对话式设计有可能提供一种连贯的方法，将三种语法中最成功的方面整合到一起：赋能个体的想法、扩展知识，并将不同想法连接在一起，形成在线媒介的同伴互助学习社区。在下一章中，我们将进一步探讨如何将技术整合到设计中的可能性。

第五章　对话性"语法"

> 现实世界无法像虚拟环境那样为人们提供精心设计的乐趣、激动人心的挑战和强大的社会联系。现实不能像虚拟环境那样，有效激发人的学习动机。毕竟现实世界不是为了最大限度地发挥我们的潜力而设计的，其底层设计逻辑并不是为了让我们快乐。
>
> ——简·麦戈尼格尔（Jane McGonigal）
>
> 只有当学习涉及学习者的自我意识和学习者身份时，学习才能转变为教育。
>
> ——克拉西米尔·斯托亚诺夫（Krassimir Stojanov）

引言

在上一章中，我们探讨了教育技术的三种"语法"：技术作为教学机器、思考工具和学习环境。这一探讨引发了关于学习主体的思考：究竟是谁在学习，是个体、群体、还是整个社会？在本章中，我们将深入探讨这一问题，重点关注学习的主体或对象。我们将讨论三种受互联网影响的教育技术"语法"，并分析其优缺点，并认为这些指向了一种理解教育技术角色的新方法，我们称之为教育技术设计的"对话式"语法或"对话基础"。

通过参与"以网络为中介的实践共同体"来学习

"以网络为中介的实践共同体"学习方法受到口语社区教育模式的启发。民族学家让·莱夫（Jean Lave）通过研究利比里亚裁缝店中"裁缝社区"的参与状况提出了这一学习理论（Lave，1977）。莱夫和爱丁纳·温格（Etienne Wenger）在著作《情境学习：合法的边缘参与》中提出，学习是在"实践社区中不断增加参与度"的过程（Lave和Wenger，1991）。温格一直致力于在混合学习和在线学习环境中发展和应用实践社区（CoP）的概念（Smith等，2017）。然而，在线和互联网媒介的实践社区与口语文化中的学习存在显著差异：在线环境中的一切都可以被记录，并且这种方法能够克服面对面社区在时间和空间上的局限性。在线社区内的交流可以是异步的（即不同时发生），并且这些社区可能是相对无边界的（涉及数百万用户，远远超出面对面社区的容纳能力）。

在线互动意味着一种新的教育对话。在社区论坛上发布问题通常意味着与未知数量的读者"对话"，这些读者可能包括多年后的用户。因此，这种对话意味着与一个普适性的广义他者建立联系，而不局限于特定的个体或明确界定的群体。收到的回应可能来自特定个体，或者可能反映出对类似问题的长期综合回应，即一种不断发展的泛化声音。与人工智能助手进行对话意味着参与到一个潜在的、包含数十亿用户的社区中，这些用户的消息经过处理后，形成了能够回答各种问题的统一声音。因此，互联网社区保留了印刷品的主要教育优势——跨越时空限制的记录性表征。此外，口语教育的一些优势，如关系构建、社区参与以及动态学习，也被重新引入并得到进一步发展。

温格（1998）认为，个体参与实践社区（CoP）始终涉及对意义的协商。当这种"意义协商"通过相互参与促进学习时，这一过程可以合理地称为对话（参见第一章）。然而，他通过描述"参与"和"物化"这两个过程之间的紧张关系和动态协商，发展了对话的内涵。参与指的是在实践社区中与他人互动；物化则是指制作工件（如工具、单词、符号、规则、文档、概念、理论等）。社区成员可以围绕这些工件的"意义"进行协商，共同构建新的理解。参与和物化可以协同推进学习。例如，当一个人在文本中阅读到某个概念时——这是一种"物化"形式——如果该概念仍不清晰，同伴可以通过对话（这是一种参与形式）来帮助其更好地理解该概念。同样，通过写作（这是另一种物化形式）表达某个概念时，可能会比短期对话更有助于加深和延长理解。

温格（2010）还认为通过参与和物化，实践社区（CoP）的参与者会随着时间的推移发展出"一套身份认同的标准和期望"。包括：

- 共同事业——对社区目标的集体理解。
- 相互参与——互动并建立互动的规范、期望和基本规则。
- 共享资源——开发和使用一套共同的资源，如语言、工件、工具、概念、方法、标准等。

案例：麻省理工学院（MIT）的"Scratch"

在线实践社区（CoP）的"语法"在专业领域具有非常显著的影响力，如许多在线教师的实践社区（CoP）等（Lantz-Andersson等，2018）。我们选择麻省理工学院（MIT）成功的"Scratch"学生在线编码社区作为分析案例，一部分原因在于Scratch建立并发展了帕珀特的建构主义，另一个原因是我们钦佩它作为一个由大学发起的教育设计研究项目（EDBR）的成功案例，产生了重大的教育影响。

Scratch是一种高级的基于块的可视化编程语言，由用户社区支持。虽然主要面向学龄学习者，但其用户群体实际上非常广泛。Scratch的创始主任、乐高帕珀特学习研究教授米切尔·瑞斯尼克（Mitch Resnick）认为，Scratch是实现帕珀特理念的一种方式（Resnick，2017）。如果是这样Scratch的教育实践将帕珀特的理念推进到一个更具社会化的方向。尽管Scratch的创始人并未明确引用温格的理论，但我们认为，Scratch是通过参与在线实践社区（CoP）进行学习的典型案例。Scratch于2007年作为MIT的一个项目启动，迅速获得全球用户的喜欢。截至我们撰写本书时，Scratch官方网站的统计数据显示，已有超过1.3亿个项目由超过1.1亿注册用户分享，Scratch论坛上的评论数即将突破10亿条。

要理解Scratch的学习运作方式，最佳方法是采用第一人称视角。托马斯（Douglas Thomas）和布朗（J. Brown）（2011）提供了一个例子：9岁的山姆开始使用Scratch制作简单游戏。当山姆上传他的程序时，其他人会发表评论，并用新的代码将该程序进行优化。在此过程中，他们会添加标签，以表明他们的新版本是在山姆的原始版本基础上优化而来的。当山姆喜欢某些程序时，他会下载代码，并与原作者进行对话，讨论如何重新混合代码。这种方式提供了一种引人入胜的编程学习方式。然而，更重要的是，通过这种方式山姆参与了一个向他人学习的过程。托马斯和布朗指出，山姆学到的最重要的一点是"不要刻薄"，并确保在评论时要肯定对方的优点。他在程序中寻找的是"一些你自己永远不会知道的非常酷的东西"。

Scratch证明了社交网络用于教育的可能性。像Facebook、Twitter这样的社交平台，为扩大个人网络提供了机会，突破了面对面群体的地理限制。这些平台支持用户生成内容的创建和传播，推动了互联网从单纯的信息检索工具向参与式同伴学习平台的转变（Churcher等，2014）。这种参与式同伴学习促进了更具交互性的文化发展，使成员们意识到自己的贡献的重要性，并感受到彼此间的社会联系（Cayari，2011）。

Scratch生动地体现了戴德（Chris Dede，2008）、韦格里夫（2013）等人提出的观点：互联网的出现使传统的"一对多"教与学模式转向"同伴互助"的知识共建共享模式。维基百科也是这种新教育认识论的成功案例。在维基百科上，用户既是消费者又是生产者，形成了"一个动态的、不断扩展的共享社区信息库"（McLoughlin和Lee，2007）。

虽然Scratch支持参与式学习，但它与传统的学校教育或固定课程中的指导性教和学并不冲突。例如，山姆通过参与Scratch的在线CoP进行学习。同时，当他想学习新的编程技能时，他会报名参加一些更高阶的课程。此外，尽管Scratch是一个开放的学习社区，但它也被广泛应用于学校的计算机课程教学中。

对"在线媒介的实践共同体"的案例评述

在实践社区（CoP）中，个体学习被理解为从"新手"向"老手"的身份转变（Wenger，2010）。换言之，个体学习可以被理解为集体自我再生产的一部分，或者可以称之为"自创生"（参见第七章）。任何实践社区（CoP）都需要通过培养新成员来实现社区发展和集体身份的更新。这种"语法"路径有助于我们澄清在帕珀特的建构主义和贝雷特与斯卡达玛利亚的在线学习环境中，关于谁是学习者这一问题的模糊性。莱夫和温格认为，社区是变革的主要推动力。个体通过参与社区活动进行学习，而社区的身份则通过动态的再生产过程得以发展[①]。

随着时间的推移，社区也会为了适应环境的变化而不断发展。例如，裁缝店会观察时尚潮流的动向，并通过新设计做出回应。但一些社区则会更有意识地专注于特定的学习目标，例如气候变化研究者社区，这类社区也可以被称为在线媒介的学习社区。温格关于参与和物化之间动态关系的描述，揭示了技术如何成为连接个体与集体学习的纽带。任何物化行为，例如将想法写下来或将其构建成模型，都像棘轮一样，将学习转化为可以重新访问和重

[①] 温格后来承认了"社区"概念存在的问题。个体的学习旅程可能是复杂的，涉及许多社区，而在学校中，有些学习并不会终止，也并不旨在某一特定社区内达到专业水平。我们在此所描述的，更像是基于社区的学习的"理想模式"，正如莱夫和温格1991年著作《情境学习：合法的边缘参与》中所描述的那样。

新激活的实体①。对于像山姆这样的个体而言，当聊天中的想法被物化为代码，而后在对话中重新讨论和发展时，学习随之发生。而当个体将想法构建为明确的外在模型时，集体也在同步学习，不断增加的共享模型的数量和质量将为下一代学习者提供更多资源。

实践社区理论的一个不足之处在于对社区本身的理解。当学习媒介是口语交流时，学习者社区的概念似乎没有问题，因为对话通常有明确的时空限制，其影响范围限于在场的参与者。在口语交流社会中，"社区"通常局限于那些经常面对面交流的人群。然而，在在线学习中，社区的边界变得难以界定。这使得将教育视为有限社区自我再生产的一个方面变得更加具有挑战性。

从教育的角度来看，另一个问题是未能考虑到"学习就是社区所做的事情"这一说法所隐含的价值观。这种方法解决了我们应如何教与如何学的教育问题，因为它建议我们通过参与实践共同体来进行教学和学习。然而，它没有解决一个更根本的教育问题，即我们应该教什么和学什么。有许多实践共同体，但并非所有的都是同样"好"或同样"有用"的，那么我们该如何在它们之间做出选择呢？

我们在本章结尾的讨论中考虑了实践共同体理论的这两个问题。首先，我们关注一种学习方式，这不是明确的教育理论，而是一种对教育产生影响的日益增长的实践：通过玩在线角色扮演游戏进行学习。

通过在线角色扮演游戏学习

本章以引用简·麦戈尼格尔关于游戏改变现实力量的一句话作为开篇。她在2010年的TED演讲《游戏可以创造更美好的世界》已经有超过600万次

---

① 温格所描述的重化机制与"stigmergy"这一更为普遍的集体智慧机制有关。Stigmergy最早用来描述蚂蚁等非人类社会动物如何通过环境中留下的痕迹协调行为。罗尔夫·巴尔泽森（Rolf Baltzersen）在其2022年出版的《集体智慧的文化历史视角》（*Cultural-Historical Perspectives on Collective Intelligence*）（剑桥大学出版社）一书中对此有详细描述。

观看①。简因设计游戏而广为人知，这些游戏让成千上万的参与者在线合作，共同解决"现实世界"中的问题。我们在第九章会讨论一个面向未来的游戏，涉及教育和时间。简的游戏更关注美德和性情，而非知识：

当我们身处游戏世界时，我相信许多人都能展现出自己最好的一面：最有可能随时提供帮助，最有可能坚持不懈地解决问题，最有可能在遭遇失败后重新再来。②

她在游戏"我为什么爱蜜蜂"的案例研究中指出，游戏能够创造虚拟的集体智慧，并帮助玩家学习如何运用这种集体智慧。游戏的本质是一个破碎的谜团，玩家必须通过合作来重建。有趣的是，游戏可以用来教授可转移的技能和素养，它们通常被称为"未来技能"（Kotsiou等，2022）。

詹姆斯·保罗·吉（James Paul Gee，2003）指出，一些游戏具有激发学生学习大量知识的非凡能力，日常教学难以做到。通过分析成功的在线多人游戏如何促进学习能力，他提炼出了一些可以应用于更广泛教学和学习的设计原则。这些包括一些印刷教育中不常见的体现性学习形式，例如玩家通过化身或屏幕角色发展身份感。游戏可以在"低风险"环境中鼓励大胆决策，使玩家敢于冒险，并通过精心校准的挑战，确保难度既具有吸引力又不过分令人生畏。根据吉的说法，通过行动来促进学习，并通过完成任务来培养能力。这与学校中常见的通过这些方式，游戏鼓励通过行动来促进学习。这与学校中常见的独立于使用情境教授知识和技能形成对比。

基于这些设计原则，大卫·威廉姆森·谢弗在威斯康星大学麦迪逊分校与詹姆斯·保罗·吉展开科研合作，专注于如何将游戏作为模拟工具，引导

---

① https://www.ted.com/talks/jane_mcgonigal_gaming_can_make_a_better_world

② https://janemcgonigal.com/2014/01/06/transcript-games-can-make-a-better-world/

学生掌握包括科学、工程和设计在内的专业领域的思维方式。他的团队开发了"虚拟实习"来探索和阐述这种新的教育方法。这些虚拟实习是自适应的、复杂的、逼真的在线模拟，并具有交互式指导功能。学生们组队合作，解决具有挑战性的现实问题。他们开展研究，访谈用户，而后提出并测试相应的解决方案。通过这些协作，学生们意识到技术、商业和伦理因素的重要性。他们通过"实践"来"学习"，参考专业文献，并在导师的指导下完成整个学习过程。此外，导师还可以设定特定的学习情境并分析学生表现。谢弗和他的团队认为，虚拟实习可以为学生提供发展身份，获取价值观、知识和技能的机会，并帮助他们成为现实世界中的专业人士。谢弗称这种过程为获得"认识论框架"，并将其定义为"认知的方式，它决定了什么是值得探究的，以及如何为实践社区的集体知识和理解做出贡献"（Shaffer，2006）。研究结果显示，女大学生比参加传统工程课程的学生更有动力攻读工程学位（Chesler等，2013），以及学生成功地培养了专业工程师的身份和思维习惯（Arastoopour等，2016）。其他研究表明，在学校中引入类似的模拟实习项目具有潜在价值，可以更好地让学习者与"职场世界"接轨（Major等，2022）

通过在线角色扮演游戏学习的案例评述

有时，学校教育也会采用游戏化教学的形式。例如，成功可以获得积分，失败会受到惩罚，团体和个人还可以竞争各种奖项。但游戏设计师简·麦戈尼格尔提出的有趣观点是：如果我们将学校教育视为一种游戏，我们或许可以更好地设计它。虽然用大型多人在线模拟游戏取代整个教育听起来很令人兴奋，但这可能并非麦戈尼格尔所倡导的。她认为，游戏可以增强现实世界的体验，因此它们应该以混合现实的方式融入教育。

对教育中的游戏的潜在批评之一是，谁设计了这些游戏以及设计背后的动机。学生通过设计游戏参与学习是一种深具建构主义传统的方法（Kafai和Burke，2015），但大多数游戏的规则是由他人设计的，学习者只是参与其中。

因此，这些游戏往往植入了游戏设计师的价值观，正如前面帕珀特所言，它们可能无形中影响了玩家的行为模式。以麦戈尼格尔为世界银行设计的游戏为例，其目的是鼓励社会企业解决全球性问题。然而，批评者指出，虽然游戏在激发人们思考、解决现实问题等方面取得了成功，但其背后的资本主义意识形态却备受争议。资本主义价值观被植入到游戏之中，影响着用户的价值取向，并且难以受到质疑（Waddington，2013）。这一批判反映了第三章中提到的技术设计带来的限制问题。我们还将在下一章探讨海德格尔的观点，即现代技术作为"框架"限制了人类思想和行动的可能性。

联通主义：网络学习的理论基础

"联通主义"（Connectivism）被称为是互联网时代出现的第一个新学习理论。该理论源于实践。2008年，乔治·西蒙（George Siemens）和史蒂芬·唐斯（Stephen Downes）在曼尼托巴大学开设了一门关于联通主义和联通的知识的课程。该课程采用线上和线下相结合的方式，吸引了25名学生参与线下课程，而超过2000名学生参与了线上课程。教学过程中使用了多种技术工具，如在线广播（RSS源）、模拟人生游戏（Second Life）、Moodle平台中的博客和同步在线会议工具等。这些技术支持了整个教学过程，帮助学习者选择和整理资源（使用Flipboard等工具），以及创建和共享内容（通过YouTube和Flickr等社交媒体）。

这门2008年的课程被认为是世界上第一门MOOC［即大规模在线开放课程（Cormier和Siemens，2010）］。由于后来的MOOC多采用传统"灌输式"教学法——这与联通主义理念背道而驰，2008年的第一门MOOC被称为cMOOC（联通主义MOOC），而EdX和Coursera平台上的课程被称为xMOOC（基于传统大学课程模式的扩展MOOC）。cMOOC的独特之处在于它基于西蒙和唐斯提出的联通主义理论（Downes，2012；Siemens，2005）。这建立在互联网的教育性功能之上,将学习视为网络化过程,强调跨越网络、整合分布式知识的能力。研究表明,高等教育中使用的cMOOC具有自组织特性,学习者能够自主掌控学习环境,通过创建和共享内容与数字作品,利用社交媒体技术参与知识分享与生成(Saadatmand和Kumpulainen,2014)。

西蒙(2005)概述了联通主义的原则,包括"学习是链接专业节点或信息源的过程",以及"知识货币(即准确、最新的知识)是所有联通主义学习活动的目的"。有人认为这不是一个新理论,而是社会建构主义的一个变体。针对此观点,唐斯明确区分了建构主义和联通主义[①]:

在联通主义中,"建构意义"的概念并不适用。联系是自然形成的,而非通过某种有意识的行动"建构"出来的。因此,在联通主义中,不存在真正的知识转移、知识创造或知识建构的概念。

这一观点非常激进。它挑战了唐斯所指的所有早期学习理论中的认知偏见。联通主义表明,学习不仅是大脑中的记忆过程,也涉及现实世界中的真实结构。非人类系统,如机器学习程序、简单生命体(如黏菌),同样能够学习如何更有效地连接不同的信息,以优化其功能。根据联通主义理论,知识不是命题性的,而是关于建构和穿越真实的网络。学习则是以更具互联性的方式发展自我和集体社会。唐斯(2012)进一步指出,这意味着一种新的教学理念:

1. "成功"互联(唐斯认为这些网络需要具备多样性、自主性、开放性和连接性等特征);

2. 探索如何在个体和社会层面建构这样的网络(唐斯特别强调教师的角

---

① https://halfanhour.blogspot.com/2007/02/what-connectivism-is.html

色是示范与引导，学生的角色是练习与反思）。

关于"联通主义"语法的评述

作为学习理论，联通主义的优势和不足都在于其语法的简单性：节点与链接的本体论。它对第一个教育问题（我们应该教和学什么）的回答是扩展节点与链接的网络。针对"我们应该如何教和学"，它强调帮助学生扩展节点与链接的网络。将节点链接起来可能解释了某些计算机程序如何学习，联通主义可以解释某些计算机程序如何学习，因为联通主义借鉴了模仿大脑学习的人工神经网络（Hinton，1990）。它也可以解释自然界中的某些认知形式，例如黏菌如何学习（Jabr和Rothschild，2012）。但是，人类互动导致的学习与节点被链接并不具有可比性。我们在第一章中提到的学习作为对话的理念能证明这一点。在对话中，每个参与者都有对其他"外部"参与者的"内部"心理模型，并且共享对话的共同目标（即对话的原因和目的）。从外部看，对话是一个节点与链接的网络，节点代表不同的声音或视角，链接则代表它们之间的关系。但在对话中，每个声音或视角都须拓展，包容其他参与者，从而构成一个共享的"对话空间"。此外，参与者在对话中倾听他人时，往往会从第三方或"见证者"的视角反思并调整自己的思想和行为（Wegerif，2013）。正是从这种拓展的自我意识中，我们学会了从新的视角看问题，视野变得"比以前更广阔"。虽然机器和黏菌可以通过建立简单的联系来"学习"，但人类的学习需要在对话中拓展对差异的认识。这包括这些差异如何与对话背后的学习目标或意图相关，以及在这个过程中学习者身份的变化。

对话教育的理念与联通主义有共通之处，但更进一步地探讨了学习者如何通过包容不同的声音来拓展自身身份。对话教育充分利用网络，将其作为实现创新的发射台。这或许正是西蒙所强调的，他提到"看到领域、想法和概念之间联系的能力是一项核心技能"（2010）。然而，这一观点与他主张在计算机学习中发现与人类学习相同模型的说法有所矛盾，也与唐斯关于意义、知识和意识的讨论相悖。

为了说明对话教育理论如何在联通主义的基础上得到发展，我们以Pol.is为例（https://pol.is）。Pol.is是一个人工智能支持的在线辩论与决策系统，已成功应用于多个场景。Pol.is通过映射参与者在对话中"所在"的位置，生成一种网络，其中节点代表参与者发表的意见陈述。这张网络图使参与者能够了解自己是否与他人观点一致，是否处于极端立场，以及与其他人在哪些问题上存在共识和分歧。在实践中，Pol.is鼓励人们通过对话优化解决方案。这涉及深化对分歧问题的理解，并重视创新性解决方案。

当个人在Pol.is进行辩论并发表观点时，他们自然会聚焦于自己的独特思想和经验。他们通过独特的"令牌"将自己识别为网络中的一个节点。然而，从整个对话社区的角度来看，参与者转变视角，仿佛从整个对话的视角审视自己。参与Pol.is辩论的过程可以促进更具对话性的身份发展，这种身份特征表现为"内心的声音"（自我观点的外化表达，同时注重整个对话全貌）和"从外部看内部"（外部声音的内化理解）。在此过程中，个体并未在集体中失去自我身份，而是扩展了身份认同，容纳了集体观点。参与者变得更加具有对话性自我——上述的双重声音——其中"自我"不是一个静态的"事物"，而是一个动态的过程，是内心和外部观点之间持续的对话。

"对话式"教育技术语法

本书第四章主要探讨了如何调和个体学习与集体学习的关系。帕珀特的建构主义强调模型构建，这些模型原则上属于公共工件，可以被他人理解并与他人共享。我们认为，如果仅仅将学习视为"个体大脑中的认知模式"，这并非是解释学习的理想模型。相反，它催生并支持了一个全新的学习模型：社区共同学习。我们认为，建构主义的"语法"无法充分揭示个体学习与集体学习之间的矛盾关系。然而，通过参与以网络为媒介的实践社区（CoP），学习者被嵌入社区之中，这种关系得以更清晰地描述。个体学习从"局外人"到"内部人"的身份转变，正是一个社区自我发展的体现。这里个体学习和集体学习之间没有矛盾关系，因为它们是同一过程的两个方面：集体通过个体的学习而学习，而个体则通过学习来体现集体作为"专家"或"熟手"的存在。

技术在实践社区（CoP）学习中发挥着核心作用，它提供了一种"棘轮"机制来促进学习，即一种持续"进阶"，同时又防止反向运动的装置。一旦个体积极地学习了某件技能或知识后，它就会转化为一个持久的存在，可以在下一轮学习中再次构建与发展。

实践社区（CoP）理论面临的一个概念或语法问题是，社区没有明确的自然边界。这在我们观察在线社区时尤为明显。最终，如果边界模糊，那么"社区"的概念可能指向无边际的互联网。这意味着任何人、在任何地方、任何时间都可以阅读消息并回复，从而加入学习社区。这种"整个互联网作为学习社区"的模糊想法，现在部分体现在与大量基于互联网海量数据训练的大型语言模型的对话中。

定义"社区"的这个概念问题与另一个教育问题有关，即我们未能回答"应教什么和学什么"这个问题。描述人们如何学习与提出教育理论并不等同。任何教育理论都必须解决我们应教和学什么以及为什么这样做的价值问题（即意图和目的的问题）。增加参与度这一原则无可厚非，但我们必须确保"参与"具有教育性并设定边界。在暴力和不道德的犯罪团伙中，通过不断参与进行学习的过程，与佛教寺院或公立小学中的学习过程类似。然而，在学校中，显性和隐性教授的课程需要正当理由。这种正当化过程需要一个教育理论。实践社区理论并没有提供教育理论，因为它没有告诉我们应该教和学什么。

解决"定义社区"和"为教育的指导目的辩护"这两个问题的方法，或许可以通过应用对话理论中的一个元素来实现，特别是在对话中"见证者"的概念。社区不是孤立的，可以通过对话相互联系。当两者社区之间存在"对话差异"时，就会出现第三种声音。这种声音能够涵盖两个社区，并找到解决它们之间紧张关系的创新方法。社区间的这种对话为教育增添了一个垂直维度。水平维度是通过发展每个社区所需的特定知识、技能、价值观和身份来融入特定社区的学习；垂直维度则是学习如何质疑、比较、批判性思考以及在不同观点之间做出选择。因此，我们应该教和学的不仅是如何融入社区并取得成功，还要学习如何质疑社区，并在不同社区需求之间做出明智的选择（Alexander，2015）。

这种基于社区间对话的教育垂直维度之所以有效，是因为社区并非封闭，而是存在于一个共享的意义空间中。人们不仅在一个社区中行动和学习，他们还跨越多个社区进行互动和对话。不同的社区在同一共享意义空间中互动，这个空间有许多差异，但并无固定的真理和不可逾越的界限。从某种意义上说，我们已经是一个包含所有社区的更大社区的成员，或者，正如阿方索·林吉斯（Alphonso Lingis，1994）所言，我们是"没有任何共同点的社区"的一员。

这种解决建构主义和实践社区（CoP）理论语法问题的路径，引导我们走向联通主义。对于联通主义而言，学习的目标并非构建个体或社区的知识结构，而是通过解决紧张关系来积极参与新网络的增长。一个人所需的知识与网络无异，一个人真正需要学习的是如何构建和维护有效的网络。

联通主义的主要语法问题在于其假设的节点与链接的本体论过于简单。将教育简化为通过链接的节点链，这种观点认为"意义构建"、"意识"甚至"自我认同"等概念都毫无用处。节点和链接的本体论更多从外部视角出发。在内部，从意识的角度来看，我们并不将自己视为节点，而是作为我们宇宙的中心（即我们所知或经历过的现实的全部）。将关系简化为节点和链接的概念并不连贯，因为不存在"无地点的观点"（Nagel，1989），而只有关系中的视角。意识不仅仅是节点间的链接，更是我们对世界的独特理解视角。理解一个节点，不仅仅是在网络地图上找到它的位置，而是身临其境！从自身独特的视角观察世界。因此，在教育领域，我们应将节点的链接视为一种模拟对话，汇集不同声音，而非仅仅模仿外部模型。正如Pol.is在解决政治分歧中的实践所示，对话中视角的链接促进了意识和身份拓展。

在线角色扮演游戏是拓展意识和身份的强有力的教育工具。玩家可以探索不同的角色和视角，从而深化对自己和周围世界的理解。虽然这些游戏不一定是对话性的，但多人角色扮演游戏确实为学习者提供了在不同视角间对话的机会（Arnseth等，2018）。这里的问题与帕珀特所说的教学机器模型的问题相似：学生最终可能被技术所束缚，而不是学会如何利用和编程技术。建构假设并参与游戏，使这些假设自然化，是一种教授复杂能力如创造力、价值观和身份等的有效方式。然而，大多数游戏无法教会玩家质疑游戏本身内置的假设。我们会在第九章继续探讨这个问题的应对策略。

在本章中，我们批判性地回顾了当前教育技术的方法，以勾勒出教育技术对话理论的雏形，该理论可以作为教育设计的基础。我们将在后续章节中继续探索和发展这种理论，并在最后一章中进行更全面的阐述。在下一章中，我们将探讨技术哲学中极具影响力的人物马丁·海德格尔（Martin Heidegger），希望通过对他的理论贡献的批判性研究，能帮助我们深化对教育技术理论的理解。

基于对话理论的教育技术设计与实践的启示

我们对以网络为中介的实践社区（CoP）、大型多人在线角色扮演游戏作为教育模型以及联通主义的优缺点讨论，加强了从对帕珀特、贝雷特和斯卡达玛利亚的研究中得出的两个原则：

1. 新技术在游戏中具有激发和赋能学习者的潜力；

2. 互联网具备支持构建"同伴互助"学习网络的能力。

教育不仅仅是链接节点。基于节点链接原则设计的cMOOC难以吸引非传统学习者（Meaney，2019）。我们需要一种关系型教学法，通过与他人分享兴趣和意图的对话，帮助外来者融入共享的学习环境，获得新的身份。教学法还需要帮助学生通过建立支持信任和归属感的共同规则，学会与他人共同学习。各种游戏可以在这方面发挥作用（Mansour等，2016；Ravenscroft，Wegerif和Hartley，2007）。这种对话型教学法与节点链接的结合，可能有助于提高学生对替代方案的意识，并促进他们朝向更包容的对话性自我认同的方向发展。这种对话性身份既认同个体的发声，也认同整个对话过程。这种朝向个人和集体理解以及智慧增长的过程，是教育的重要组成部分，而不仅仅是提供有用的知识和技能。或许我们可以说，节点链接产生信息；在应对共同挑战和实现共同目标的背景下阅读的信息会转化为知识；而在对整体不断增长的意识下反思的知识则会转化为智慧。

第六章　海德格尔的锤子

> 技术并不是中立的。我们处在自己创造的事物中，而这些事物也融入在我们的生活里。我们生活在一个相互联系的世界中——哪些联系被建立或拆除是至关重要的。
>
> ——唐娜·哈拉维（Donna Haraway）

引言

在前两章中，我们探讨了教育技术的不同本体语法，其差异通常源于主体性的问题，或者说是谁在发挥作用的问题。例如，在最初的计算机作为教学机器时，计算机被赋予了某种主体性。斯金纳将他的机器视为教学助手，甚至可能是教师的替代品。他的教学机器的衍生品——那些被宣传为基于"人工智能"的自适应辅导系统——通常作为独立的智能代理，替代教师的角色。受建构主义教育理论影响，帕珀特认为学习者应该对自己的学习拥有自主权，技术可以作为帮助他们学习的工具。在实践社区（CoP）中，学生学习的自主性不仅由个人的学习欲望决定，还受到社区维持自身发展需求的驱动。在学习共同体的情况下，这种驱动还包括增加知识的需求。另外，联通主义（Connectivism）认为，学习的自主性并非由个人或群体驱动，而是由网络自然形成和共享信息的趋势所驱动，以解决紧张关系和问题。

　　海德格尔是20世纪最有影响力的哲学家之一。在讨论海德格尔的作品之前，我们需要先承认一个客观事实：他曾是德国纳粹党的成员，直到第二次世界大战后该党被解散。有人认为，因为他与行事残暴的纳粹党存在政治联系，我们不应研究他的作品。不可否认，他的政治参与不可避免地会影响我们对其学术著作的评判。个人生活与学术作品之间的关系总是复杂多面的，受到许多因素的影响。尽管如此，海德格尔是技术哲学领域被引用最多的学者。我们认为有必要探索海德格尔在技术哲学领域的影响。事实上，海德格尔被称为现代技术哲学学科的创始人，他的著作《关于技术的追问》（Heidegger，1977）奠定了这门学科的基础。

　　海德格尔能够帮助我们更深入地思考一个问题，那就是与教育技术有关的能动性问题："我们"是否在使用"工具"来实现自己的目的？我们是否"设计"了那些反过来利用我们来达到自己目的的机器？抑或是能动性的实现总是更为复杂（Harman，2011）。维诺格拉德（Terry Winograd）和弗洛雷斯（Fernando Flores）1986年出版的开创性著作《理解计算机与认知》运用了海德格尔的哲学观点，对教育技术理论产生了深远影响。正如本书第一章所述，维诺格拉德和弗洛雷斯认为，通过以不同的方式认识"计算机"和我们自身的"认知方式"，我们可以设计出更好的系统。除了研究人员和开发者有意识地了解理论之外，还有更深层次的理论或"取向"影响他们的决策并指导设计。维诺格拉德和弗洛雷斯挑战了人工智能中计算机像人类一样思考以及人类大脑本质上是信息处理机器的观点。海德格尔关于工具使用经验的研究启发了二者，促使他们提出一个新的设计原则。这一基础是基于这样的理念：数字技术应被设计来支持和增强人类活动，尤其是人类的对话。

技术作为身体的延伸

维诺格拉德和弗洛雷斯引用了海德格尔的"此在"（Dasein）的概念来阐释人类如何使用技术工具。他们引用了海德格尔提出的一个现在已广为人知的例子——锤子：

……对象和属性并不是世界中固有的，而是在发生故障事件中才会显现为"现成物"（Present-at-Hand）。海德格尔举了一个简单的例子：一个人在用锤子钉钉子。对于正在使用锤子的人来说，锤子本身并不存在。它是"顺手可用"（Readiness-to-Hand）背景的一部分，这种背景被视为理所当然的存在，而无须明确的识别或辨认为一个对象。它是使用锤子者世界的一部分，类似于使用者手臂的肌腱那样，毫不引人注目（Winograd和Flores，1986）。

海德格尔对"顺手可用"的分析实际上隐含着对技术能动性的阐述。锤子在锤击者手中不再是外在的工具，而是与其肌腱或骨骼一样，参与到人和工具的共同作用中。只有当锤击出现问题时，锤击者才会注意到锤子的存在，意识到它是一个独立的对象。例如，当一个人锤钉子时意外击中了自己的大拇指，他可能会斥责锤子，并愤怒地将其扔掉，大喊"愚蠢的锤子！"。与之类似，维诺格拉德和弗洛雷斯认为，人们往往只有在他们所依赖的通信系统出现故障时，才会意识到计算机的存在并对其抱怨。例如，当键盘上的"T"键卡住时，你才会意识到打字的过程；或者当Zoom会议中屏幕卡住时，分处纽约、曼彻斯特或中国香港的参会者们才会突然意识到支持他们对话的数字技术的存在。

海德格尔的分析表明，使用工具会改变"我们"以及"我们的欲望"。科学哲学家亚伯拉罕·卡普兰（Abraham Kaplan）写道："给小男孩一把锤子，他会觉得一切都需要敲打。"（1964）马斯洛在谈及认知偏见时也提出了类似观点，"如果你只有一把锤子，那么每个问题都会看起来像钉子"。（Maslow, 1966）现象学哲学家莫里斯·梅洛－庞蒂进一步发展了海德格尔关于扩展能动性（Extended Agency）的描述，他在讨论盲杖的感知作用时指出：

盲人的手杖对他来说已不再是一个对象，它不再被单独感知；相反，手杖的末端变成了一个敏感的区域，扩大了他们触觉的范围和半径，仿佛成为了盲人的视觉（Merleau-Ponty，1945/2013）。

梅洛－庞蒂认为，我们的能动性总是在具体情境中发挥作用，并依赖于我们的身体存在。梅洛－庞蒂说，心理学的实验传统经常寻求去情境化，将情境因素视为"干扰变量"，并认为可以去除情境环境的影响。但正如梅洛－庞蒂所述，我们的知识与能动性既依赖于身体，也依赖于周围的世界。没有身体，就无法与世界互动，无法获得知识；没有世界，就没有可以互动的对象，无法行使我们的能动性。在特定情境中体现的视角至关重要。但是，正如盲杖的例子所示，这并不意味着技术不能增强或扩展我们在情境中感知和行动的能力：

在探索事物时，盲杖的长度并不会明确地作为一个中介出现：盲人是通过物体的位置来感知手杖，而不是通过手杖感知物体的位置。……如果我想习惯使用手杖，我会尝试使用它，用它触碰一些物体，经过一段时间，我就能够很好地"掌握"它，我能感觉到哪些东西在我的手杖"够得到"的范围内，哪些东西超出了范围。……习惯表达了我们在世界中扩展自我生存的能力，或通过适应新工具来改变我们存在的能力（Merleau-Ponty，1945/2013）。

梅洛-庞蒂在讨论了手杖如何扩展触觉以揭示世界新方面后，进一步指出，工具的使用创造了一种"第二层皮肤"，即共享的文化世界。这类似于我们周围的环境，是通过我们的感官与之相连的世界。然而，这个世界既更广阔又更具集体性。梅洛-庞蒂认为，科学试图看得更远更清晰，并不是通过逃离我们的处境来实现的。相反，这种能力是通过扩展我们的身体来"融合"工具和仪器（类似于盲人将手杖融入他们的感知体验）来获得的。文化与科学的第二身体世界扩展了我们的存在，使我们包括南极洲和银河系中心的黑洞，以及遥远的历史记忆和未来的故事。

锤子的例子向我们展示了能动性并不意味着自主的心灵独自作用于世界；相反，锤击拓展了我们身体感知的范围，我们的感知中包含了锤子的存在。我们与工具并非分离，正如我们与身体不分离一样。基于此，维诺格拉德和弗洛雷斯提出了"设计思维"的概念，机器不应被视为独立的智能体；相反，它们应被设计为扩展人类能动性、改变"人类"意义的工具。维诺格拉德和弗洛雷斯采用海德格尔的专业术语，他们建议计算机设计不应是控制世界的一种方式，而是提供一种创造新事物的途径，以揭示一圈对我们隐藏的世界方面。他们举了一个例子，说明如何设计一个简单服装店客户数据库可以支持和促进日常销售，并"揭示"出原本"隐藏"的模式。这些隐藏的事物可能包括客户最近联系的时间，或客户与配送路线的接近程度。这些事实会一直被隐藏，除非你足够关心它们并揭示它们。维诺格拉德和弗洛雷斯建议，设计应少一些控制欲望，多一些对"揭示"真相的追求。

海德格尔论现代技术的危险

海德格尔认为，能动性涉及被"召唤"去行动或思考。我们通常是在某种事物或力量的召唤下，才采取行动或进行思考，我们的行动和思考是对这一召唤的回应。当海德格尔写到"科学不是思考"时，他指思考并不是使用方法处理经验数据以得出正确答案的过程。换句话说，在海德格尔看来，思考不是一台计算机能够完成的事情。相反，他提出，我们应该将思考理解为对激发思考的事物的回应（Heidegger，1966）。

根据海德格尔的观点，现代技术的问题在于它可能限制我们以深思熟虑的方式回应思考的召唤的能力。他将这种技术带来的危机称为"gestell"，译为"座架"。我们都有过被技术"框架"（Enframed）所限制的经历。银行及许多其他机构使用的虚拟电话代理，也就是所谓的"电话机器人"，可以很好地说明这一点。举个例子，想象你打电话给银行，想要询问他们的伦理或环境政策。电话由一个自动代理"接听"，告诉你必须选择5个可能选项中的一个，但这些选项都与你的问题无关。当你选择其中一个选项后，你又必须在5个进一步的可能答案中选择一个，这些答案涉及成本、利率和提前还款等事项，但都与你关于伦理或环境的问题无关。这种越来越常见的令人沮丧的技术互动体验，阻碍了深度对话，是海德格尔所说的"现代技术本质"的一个例子。这也表明技术可能控制了我们的思考，决定了我们能够提出什么样的问题以及能够得到什么样的答案。海德格尔还认为，现代技术将自然视为可以被利用和控制的"资源储备"，用于理性的经济目的，而不是作为神秘的存在去与之关联和探索。森林被衡量为可以生产多少吨纤维素用于造纸，伟大的莱茵河则被视为发电的潜在能量"储备"。因此，我们自己也可能在这种框架（Enframing）中迷失，忘记了我们本应去揭示和探索这个世界。我们甚至可能开始认为自己不过是信息处理机器，存在的主要目的是经济理性的最大化（Maximise Economic Rationaility）。

对于海德格尔来说，关心事物能够在日常生活中"揭示"它们。除非我们投入关心某件事，否则就没有真理。如果我们不够关心，事物便会保持隐藏状态。然而，由于关心能力是有限的，总有许多事物对我们来说是隐藏的。我们关心的事物和向我们揭示的事物受到我们的历史、文化传统以及我们使用的工具的影响。如果我们被现代技术限制，只关心经济合理性，或者只关注以最佳方式获得假定我们想要的东西，那么我们就无法提出具有重要价值的问题，而这些问题恰恰能帮助我们发现真正的自我和真实的需求。

在《关于技术的追问》中，海德格尔回溯了术语techné的古希腊用法，指代艺术和手工艺。在这个意义上，techné被理解为通过制作工具来以新的方式揭示世界（Poiesis），揭示那些原本隐藏的东西。阅读海德格尔的作品，我们可以清楚地看到他理想的poiesis是诗歌，特别是他经常引用的荷尔德林（Johann Christian Friedrich Hölderlin）的诗歌。一首诗是以符号形式构造的词语，当我们仔细阅读并"从内部"体验时，它可以以一种新的方式揭示世界，帮助我们揭示曾经隐藏的事物。为了说明techné为什么是poiesis，海德格尔举了一个古希腊工匠制作祭祀供品的银杯的例子。海德格尔将这一创造过程描述为一个多种元素共同参与的协作：银杯的理念（Eidos）、使用背景（Telos）、银质材料（Hyle）。他说，所有这些要素共同对成品负责。制作者的角色并不是强加他们的自主意志，承担全部责任，而是通过仔细地思考（Logos），将所有这些元素以最合适的设计方式结合起来。工匠负责实现这个银杯，而这种责任正如"责任"一词所暗示的，是对需要这个银杯的需求的回应。这里的能动性不仅仅在于生物学意义上的人类，而是分布在整个系统之中。

字典中将技术定义为"科学的应用"。20世纪50年代，海德格尔撰写的有关技术的著作是当时对现代技术的主流解释，而这种理解让他感到担忧。像锤子和凿子这样的传统技术，是人类与自然联系的一种方式。然而，海德格尔认为，如果现代技术仅仅是"科学的应用"，它就变成了一种将人类与自然隔绝的方式：

……对人类的威胁并不是首先来自那些可能致命的机器和技术设备。真正的威胁已经对人类的本质造成了影响。框架（Enframing）的规则威胁着人类，使其可能无法进入一种更原始的揭示过程，从而无法体验到更本源的真理的召唤（Heidegger，1977）。

海德格尔的担忧或许可以通过教育技术学术期刊上关于新冠疫情全球大流行的文章得到说明。在新冠的直接影响中，许多文章关注的是学生无法返校造成的"学习损失"，以及这种损失在几十年后可能对经济产生的影响（Donnelly 和 Patrinos，2021）。然而，几乎没有文章探讨学生因无法上学而可能获得的更深刻的生活体验。例如，因被困在家中而凝视窗外，可能会带来比"标准化测试分数"所能考评的更为真实的"学习"。被"标准化测试"评价的学习，与对"事物存在本质"的一次瞬间洞察相比，又有多少可以说是等同的？这些不同的学习概念本质上是不兼容的。如果我们只专注于"定量"概念的机械化学习，可能就没有时间或精力去追求更具"闪电般"或"变革性"的学习概念。海德格尔所指的危险在于，我们参与现代技术的网络（如：标准化测试）预先决定了我们能够提出的问题类型，以及能够接受的答案，最终可能让我们丧失对自身人性的认识，将自己视为仅为经济生产力服务的"储备"。

这一批评与技术在教育中的作用密切相关。这或许类似于帕珀特所描绘的两种对比之一：究竟是用计算机"编程"学习者，还是让学习者编程计算机？如果我们将认知仅仅理解为信息处理，那么我们同样有可能将人类视为需要被编程的某种计算机。实现海德格尔式替代的一种方式或许是生成（Poiesis）教育，重点在于教学生如何创造他们自己的世界，以及如何塑造他们自己。海德格尔认为，最重要的教育是思维培养。他还认为，真正的思考是对存在的质疑。对于海德格尔来说，存在指的是所有经验的总体，包括实际的和潜在的经验，是所有事物被体验的背景或基线。个别的"存在"，如椅子和人的出现，是事物的本质或"存在"，它一直存在，但常常被忽视。存在永远不会直接显现，但当我们质疑事物并以能动的方式与它们建立关联时，它可以被揭示出来。对于海德格尔而言，人类的使命是通过帮助存在自我揭示，来成为存在的守护者。

列维纳斯对海德格尔的批判

埃曼纽尔·列维纳斯（Emmanuel Levinas）曾是海德格尔的学生，并深受他的影响。然而，20世纪30年代，当列维纳斯在得知海德格尔参与德国纳粹党的活动后，对海德格尔深感失望。列维纳斯随后将海德格尔关于命运和存在呼唤的神秘主义与德国民族主义政治联系起来。他批判了海德格尔对"本体论"或对"存在"性质的关注。尽管海德格尔并没有将"存在"（Sein）定义为物质世界，但他确实将人类的存在经验——他所称之为的"此在"（Dasein）——与地方感和对世界中归属感的需求联系起来。列维纳斯认为，"存在"与"此在"（例如，祖国）之间的这种联系，正是促使海德格尔走向德国极端民族主义的关键所在。他用对"他者面孔"（伦理）的回应呼唤取代了海德格尔对"存在"（本体论）的关注。列维纳斯的哲学思想并不容易概括。然而，他所说的"他者面孔"指的是另一位独特的个体，不仅仅是作为世界中的一个对象，而是作为一个呼唤我们进入伦理责任关系的存在（即不仅是一个有身体的人，而是一个拥有自己思想、感情和历史的人）。对于列维纳斯而言，"他者面孔"不仅仅是时空中"总体性"中的一个对象，而是一个独特的"奇点"，它突破了这种总体性，将我们引入一种责任和关怀的关系。列维纳斯主张，在时空总体性之外，或者说在其中一切人和事之外，我们并非发现"存在"，而是在与他人建立责任关系的形式中发现"伦理"。

列维纳斯从本体论（关于"存在"的讨论）转向伦理学，这一转向使他对海德格尔关于技术的观点进行了批判。列维纳斯在一篇关于苏联宇航员尤里·加加林1961年首次太空飞行的文章中写道：

技术将我们从海德格尔的世界和对地方的迷信中解脱出来。从这个角度来看，我们迎来一个机会：在他们所处的情境之外去感知人类，并让人的面孔在其全部裸露中展现出来。苏格拉底更喜欢人们相遇的城镇，而不是乡村和树林（Levinas，1990）。

在这篇文章中，列维纳斯直接将新技术的可供性与他对"他者面孔"的伦理哲学联系起来。他接受了海德格尔对现代技术的评判，承认现代技术确实"框架"（Enframing）了我们的思想，使我们与"存在"疏远。然而，列维纳斯似乎暗示，与其说技术切断了我们与事物和地点的关系，不如说技术可以将我们从这些束缚中解放出来，帮助我们更直接地与他人建立关系。列维纳斯认为，海德格尔将存在与地点联系在一起，可能导致暴力和冲突，而技术可以帮助我们克服这种基于地点的身份所暗示的"永久战争"，引导我们从家庭的物理空间进入一个超越物理空间的隐喻关系空间。

尽管列维纳斯的赞美是针对太空旅行，但也可以解读为对互联网无地点空间的预言（Zembylas和Vrasidas，2005）。人们借助社交媒体、视频会议和沉浸式3D现实相互联系。列维纳斯没有将这些技术视为限制和框架（Enframing）关系的工具，反而暗示这些技术可以解放人际关系的伦理本质，超越物理的限制。

案例研究：互联网中的跨文化对话

关于"关怀"（Care）和"框架"（Enframing）的讨论看似相当抽象，与设计教育技术时需要做出的实际决策不太相关。列维纳斯提出的"面孔"概念，正是为了批评海德格尔，旨在超越任何形式的哲学抽象，指向对另一个人"他者性"的实际体验。一个案例研究可以帮助我们具体探讨列维纳斯的观点，即现代技术如何使我们超越物理界限，与"他者面孔"相遇。全球一代（Generation Global，GG）是一个旨在通过互联网促进不同国家学校之间对话的教育项目，为了展示这种方式在实践中如何运作。该项目已经覆盖了全球超过60万名12岁至17岁的学生。学生在学习了"对话要点"的必修模块后，通过团队博客或引导式视频会议与其他国家和地区的班级进行互动。团队博客将学生分成在线GG学习社区中的小组。在这些团队中，学习者通过创建简短的博客文章来回应预设的提示（或问题），并评论彼此的文章，与其他群体的同龄人互动。

技术和教学法的整合设计对项目的成功至关重要。在学生创建博客之前，他们需要完成基于课堂的面对面"对话要点"课程，因为这涉及制定有效在线对话的基本规则。这些活动的实际成果总结为4个提示，并在学生参与过程中不断重复（Wegerif等，2019）：

- 体验："让读者进入并洞察你的生活，解释为什么有些事对你很重要。"
- 清晰度："你的帖子对于来自其他国家的人来说是否能被清晰地理解？"
- 提问："提出好问题，促使作者更深入地诠释他们的想法。"
- 反思："在你的帖子和其他人的帖子之间建立联系，并表明你正在思考所阅读的内容。"

此外，学习社区的设计特色也有助于调节对话。例如，文本信息必须达到最小长度且不能超过最大长度。最大长度旨在防止冗长的帖子影响对话的流畅性，而最小长度则鼓励反思性回应。如果参与者对某条帖子有疑虑（如：攻击性、歧视性表述），帖子会立即被删除以供进一步调查。教师还可以查看代表各团队对话性质的可视化指标。例如，如果一个团队或学生在一段时间内的提问很少，这些指标可以方便教师通过个人消息进行干预。

在一个国际研究项目中，学生参与团队博客之前和之后，都需要反思他们对"即将遇到的不同国家、社区、文化和信仰的人"的感受，并通过"记录在他们的经历中塑造其观点的事件"来反思为何有这样的感受。项目研究人员还会收集有关博客写作、阅读和回应数量的定量数据。

来自100多所不同学校的学生完成了1140次反思性评论。这些评论被分类为"博客前"体验或"博客后"体验。通过"前后"对比，研究人员通过研究语言使用的变化来探索态度的变化。数据分析结合了话语分析和语料库语言学的统计技术，对比博客前后的数据揭示了代词使用的变化。在博客体验之前，"我们"主要指学生的家乡地区；而在团队博客之后，"我们"一词开始指代更具体的共同身份。同时，"他们"用来指代他人的方式也发生了变化。在团队博客体验之前，"他们"显然是"其他人"。在团队博客体验之后，"其他人"变得更具体，并被视为"像我们一样"，甚至可能成为"我们"的扩展部分。

详细的定性研究显示，在团队博客活动前后的反思中，代词用于指代自我和他者的方式发生了变化。当然，这种在短期内对单词使用变化的分析不应被过度解读为显示了持久的身份变化。然而，它提供了潜在身份变化的初步指标，可以在长期研究中通过观察行动和语言来进一步探讨。尽管如此，这项研究发现了身份转变的明确迹象：从一个相对封闭的"我们"概念（与抽象的"他们"对立）转向一种更具对话性的身份，这种身份最好的描述不是与"我们"对抗"他们"的认同，而是与将"我们"和"他们"团结在关系空间中的对话认同。这项话语分析是整体项目的一小部分，但显示了学生的语言使用随时间变化，这些变化反映了他们在自我和他者认同上朝着更具对话性、开放性的方向发展的变化。

讨论

海德格尔对教育技术理论的贡献在于他对我们从内部感受技术的洞察。他通过"锤子"这个简单的故事，揭示了两种不同的思考视角：一种是外在的反思视角，将锤子视为独立存在的"手头"工具；另一种是内在的体验视角，将锤子视为"现成物"的工具，作为我们的一部分被使用。在使用锤子时，我们某种程度上成了锤子的一部分——工具不仅扩展了我们的能力，也塑造了我们所看到的世界。维诺格拉德和弗洛雷斯从设计教育技术的视角，强调了这一洞察的重要性。他们主张，技术不应被设计成模仿人类的代理，而应当用来支持和增强人类在世界中的行动和感知。维诺格拉德和弗洛雷斯所批判的"理性主义"设计模型，在一些人工智能教育辅导系统中有所体现，这些系统试图模仿教师的行为，而他们更具情境的设计方法则体现在支持引导协作学习的对话设计中。

我们讨论了海德格尔关于技术作为人类延伸的观点，并进一步探讨了他对现代技术的批判。海德格尔认为，现代技术可能会带来危机，尤其是技术会通过"框架"（Enframing）的方式限制我们思考和看待世界的方式。在这一批判中，海德格尔将技术与工具理性联系起来，指出这会导致我们仅以经济利益和得失的角度来看待事物。这在教育上有着深刻的负面含义，并可能阻碍了有价值的教育——只关注可计量的学习收益。潜在的危险在于，我们可能会陷入一种有害的自我意识中，把自己变成了某种观念的代理，这种观念将我们所处的世界视作用来攫取、利用的对象，而不是帮助我们成长和学习的"伙伴"。海德格尔指出，只有当我们认识并尊重自然的他者性，并让自然与我们对话时，我们才能在教育上成长。

列维纳斯挑战了海德格尔的观点，他主张通过与"他者的他者性"建立伦理关系来实现自我成长。他认为，海德格尔对现代技术的消极态度与他对特定"地方"的依恋有关。与海德格尔不同，列维纳斯认为现代技术与其说是一种束缚，不如说是一个机会——一个超越地域，与他人进行伦理交互的机会（Zembylas 和 Vrasidas，2005）。

然而，列维纳斯的哲学观点并不像他自己所声称的那样完全原创。事实上，海德格尔本人也谈到了现代技术的潜在解放力量，将这种解放与他所说的"超越地方的地方"联系起来（Heidegger，1977）。然而，列维纳斯的观点依然具有重要意义。海德格尔警告我们不要被现代技术所诱惑，主张采取一种更具反思性的态度。他认为，通过艺术和诗歌，我们可以理解技术的本质，而不是通过技术自身的逻辑。海德格尔关于现代技术的讨论表明，他认为技术总是腐化且肤浅的，被利益最大化的理性需求所控制。他甚至建议我们不要过度依赖现代技术。这一立场与技术哲学家大卫·查默斯（David Chalmers）的主张截然不同。查默斯在其著作《超真实》（Reality+，2022）中，开篇就描述了他与其他哲学家在完全沉浸式虚拟现实领域中的冒险故事。

对于查默斯而言，技术哲学不仅是运用哲学理解技术；反过来也是如此，通过使用技术获得的洞察来挑战和改进哲学。在某种程度上，这种技术哲学正是海德格尔所做的，他通过描述使用锤子等日常工具的内在体验来挑战理性主义的主张。

费恩伯格（Andrew Feenberg）认为，尽管海德格尔对我们如何与技术结合扩展我们的能动性有着深刻的见解，但他仅将这一见解应用于前现代技术。他认为，海德格尔只从外部视角描述现代技术，费恩伯格称之为"管理视角"。费恩伯格写道，网络化的现代技术塑造了人类有真实体验的生活环境，人们可以从中学习，就像可以从锤击或编织中学习一样（Feenberg，2012）。

有趣的是，费恩伯格认为，海德格尔对现代技术的有限理解可能源于当时德国教育系统内部的分化。费恩伯格称，海德格尔没有学习工程或科学方面的内容，他接受的是艺术和人文学科的教育，尤其是从古代文本中的探索智慧，即"解释学"。根据费恩伯格的观点，这种教育背景可能使海德格尔无法充分理解现代技术揭示世界和创造新世界的力量。

费恩伯格对海德格尔技术哲学的批判在唐·伊德（Don Ihde）等人的著作中得到了回应（2010）。他们认为海德格尔的观点过于抽象和简化，将所有形式的技术都归为"框架"（Enframing），忽略了不同技术在不同情境中所发挥的多样作用。尽管如此，海德格尔常被认为是现代技术哲学的奠基者，他的思想已经被后续学者进一步发展（Coekelbergh，2020）。

本章的案例研究虽然集中于语言和身份的变化，但也探讨了如何利用技术开辟新的对话空间。这些年轻人从对立的"我们"与"他们"的身份认同，逐步转变为在同一个对话空间中相互交织的身份感，并将这种身份扩展到技术介导的空间中，将其视为自我的延伸。这一转变与梅洛-庞蒂的观点一致，即通过工具扩展个人的身体感知，进而认同并居住在同一个集体的"中间世界"（参见第三章）。此外，这一研究也支持了列维纳斯的主张，强调为了使这种与他人的相遇具有积极的教育影响，需要精心设计的教学法和技术。这也说明了我们对列维纳斯主张的限定：要使与他者的交往产生积极的教育效果，需要对教学法和技术进行精心设计。这项案例研究表明，海德格尔虽然担心现代技术成为束缚工具，但如果从内部体验，现代技术可以通过与教学法的结合设计来促进有效的学习对话。

海德格尔对教育技术的核心挑战在于，我们如何避免将学生简单地引入一个已经被工具理性预先定义的世界。维诺格拉德和弗洛雷斯运用海德格尔的理念，对教育技术提出的希望是：我们是否能够利用现代数字技术创造一个空间，在这个空间中，真理得以揭示，思考得以实现？

基于对话理论的教育技术设计与实践的启示

海德格尔探讨了工具和技术如何进入并塑造我们的体验，这对教育技术的设计和应用具有重要意义，具体包括：

• 技术不仅是人类实现目标的工具，技术也在改变我们，并扩展了我们学习新事物的能力。因此，在设计教育技术时，应考虑如何促进人类自身能力的拓展，特别是增强和支持我们与"他者"进行教育对话的能力。

• 海德格尔指出技术的威胁在于封闭性。我们在第五章末尾提出，教育技术可以将本地对话与科学的长期开放式对话联系起来，扩展我们的知识。然而，使用技术来传授和传播知识也存在风险，即我们可能误认为已经掌握了所有重要的知识。对于海德格尔来说，教育的意义在于将学习者引入与未知事物的对话。这意味着，教育技术的设计不仅要关注知识的传授，还要创造与未知相遇的机会。本章提供的案例研究中，技术被设计为用于与他人展开对话，而对话的结果是未知的。我们在第九章将探讨另一个案例，这个案例展示了通过使用数字游戏，使学习者能够面对未知和未来的不确定性。

- 我们对海德格尔未能与现代技术产生共鸣的批评表明，我们需要设计教育技术，使学生能够充分体验和参与互联网技术的潜力。通过扩展海德格尔的观点，并结合列维纳斯对海德格尔的批判，数字技术展现出可以改变我们彼此之间伦理关系的潜力。例如，数字技术提供了超越地理限制的空间，互联网通过教育项目转变为跨国对话的平台，使得一种更开放、更无界限的全球人类身份得以形成。数字教育技术支持跨越全球差异的对话，这些案例研究展示了如何通过精心设计，促进这种新型全球人类技术共同体的出现。

第七章　技术的意义

> 个人与技术对话的价值在于，它不仅能节省人力，还能创造出一个超越个体的空间，这个空间不同于传统的社区……[1]
>
> ——吉尔伯特·西蒙东（Gilbert Simondon）

技术的隐忧

上一章我们分析了海德格尔对现代技术的批判，这一章我们将更深入地探讨技术的意义（Carrigan 和 Porpora，2021）。海德格尔担心现代技术的广泛传播会导致人类意义的丧失[2]。他认为，曾经充满意义的世界（例如他在德国黑森林小屋附近散步时的体验）已被简化为经济上的"储备资源"。他犀利地指出，当我们通过技术化的思维方式理解事物时，森林中的树木不再被视为美丽神秘的自然源泉，而是被简化为经济生产活动的原材料（例如，报纸工业所需的造纸厂）。海德格尔在讨论技术思维对人类的框定或束缚时，将技

---

[1] La valeur du dialogue de l'individu avec l'objet technique est donc de conserver l'effort humain, et de créer un domaine de transindividuel, distinct de la communauté, ……

[2] 这种常见的解释并不完全正确，因为海德格尔写的不是人类，而是"存在"或"在那里"。这表明，人的经验是作为整体的存在的一种方式。换句话说，对海德格尔而言，成为人已经意味着超越人的存在。

术与工具理性联系在一起——一种只关注寻找实现预定目标有效手段的思维方式[①]。

本章将进一步审视一种颇具影响力的技术批判论——现代技术削弱了人类对意义的体验。这是人们在使用语言时，不经意间透露出的对技术的未经深思的偏见，或者用维特根斯坦的话来说，是一种关于技术的"语法"（参见第四章）。在教育领域中，尽管没有明确的定义，但"人类"一词通常具有褒义；而诸如"机器化"或"工具化"这样的术语，通常被认为与"人类"相对立，因此，具有"负面"含义。例如，当代著名教育哲学家格特·比斯塔曾经写道："学校不是机器，而是一项彻底的人类事业。"（Biesta，2022）虽然比斯塔在文中并未明确主张"机器"或"技术"与"人类"的意义相对立[②]，但他将"技术"和"机器"视为实现利益最大化的手段，因为这种资本主义的理性追求与教育和学习过程中丰富的人文内涵背道而驰，他实际上暗示了技术与人类的对立。在此，我们并非意在批判比斯塔，而是想指明，在关于教育技术的讨论中，往往未经深思地把技术与人类对立起来：人类被视

[①] 海德格尔将现代技术与人类意义的丧失联系起来的观点，在当代教育技术文献中依然存在。许多将理论应用于教育技术的研究都采取了批判的立场，无论是否引用海德格尔，都与他对现代技术的批判产生了共鸣（Selwyn，2017；Williamson，2018）。这些对海德格尔的呼应可能是由其他在批判性技术社会学理论领域有影响力的作家促成的，这些作家虽然在政治立场上明显有别于海德格尔，但他们的哲学观可能受到了海德格尔著作的影响。例如，马尔库塞将他所谓的"技术理性"与限制人类自由的封闭式统治和控制体系联系在一起（Marcuse，2013）。哈贝马斯曾批评马尔库塞对技术过于消极，但他还是将技术理性与工具理性联系起来，或效仿韦伯，称之为"zweckrationalitat"（手段—目的理性），与交流理性形成对比（Habermas，1970）。与技术相关的"理性"（Zweckrationalitat）寻求以最有效的方式实现预定的目的，而交流理性则关注推理的伦理品质，将其理解为不同观点之间寻求相互理解的对话。正如费恩伯格所指出的，哈贝马斯关于技术理性如何接管生活世界并淘汰更具交流性（即更具人性）的推理的论述，与海德格尔在《关于技术的问题》（*The Question Concerning Technology*）中对技术的批判相似（Feenberg，2012）。福柯似乎也继承了海德格尔的精神，他使用"技术力量"一词来指代监视和控制系统，这些系统以减少人的自由和意义体验的方式塑造人（Foucault，1975）。

[②] 尽管比斯塔（Biesta）2016年阐述了一种更具反思性的立场，将以技术为媒介的学习与教育中的人际关系进行了对比。参见：Biesta, G.（2016）：Biesta, G.（2016）. The Rediscovery of Teaching: On robot vacuum cleaners, non-egological education and the limits of the hermeneutical world view.《教育哲学与理论》，48（4），第374—392页。

为美好与意义的象征，而技术则常被看作是破坏意义的因素[①]。

为什么许多人认为人类意义构建与技术存在冲突？为了探讨这一问题，我们首先分析了埃德蒙德·胡塞尔（Edmund Husserl）的意义理论。胡塞尔将意义的根源植于人类经验。我们将这种强调人类意识重要性的现象学意义解释，与从系统角度产生的意义观进行对比，并指出如果意义是系统产生的结果，那么就不能把它仅仅归结为人类的意识体验。换言之，我们认为非人类系统具备自身的意义，无论人类是否意识到这种意义。而且，人类体验到的意义是他们参与由人类与非人类共同构成的系统的产物。我们还探讨了自组织系统中的意义概念，并借鉴西蒙东关于技术意义的理论，提出通过教育技术重新融合人类意义和技术意义。为了应对教育中意义丧失的威胁，既不能简单地拒绝人文主义，也不能排斥技术，而是需要扩展我们对人类意义的理解，将数字技术以及生物—社会—技术系统纳入人类意义体系之中。本书认为，教育技术是否能够促进或削弱人类意义，取决于其设计方式。因此，如果教育技术能够引导学生积极融入更广泛的技术媒介系统，它可能会赋予生活更深层次的意义感。

意义的内涵

意义源于人类意识

胡塞尔创立了现象学这一哲学传统，部分原因是想挑战无需哲学便能解释一切的"科学"科研范式。现象学作为一种研究人类经验的方法论，

---

① 为了平衡起见，我们应该在此承认一些关于教育"非人系统"的重要工作。布鲁诺·拉图尔（Bruno Latour）的活动网络理论（ANT）赋予物质对象和技术的物质性以积极作用，并被广泛应用于教育和教育技术研究（Fenwick和Edwards，2019）。此外，与活动理论相比，后人文主义理论在教育技术领域的应用也在不断发展，西安·贝恩（2018）对后人文主义理论进行了总结，杰里米-诺克斯（Jeremy Knox）对MOOCs的研究（2016）就是例证。我们没有过多关注教育技术研究中的拉图尔和后人文主义，因为这些文献通常侧重于社会学方面的关注，可以说只是与教育间接相关，而不是直接关注技术作为教育项目一部分的作用。

目的就是理解支撑自然科学的假设和偏见。受休谟（David Hume）和康德（Immanuel Kant）的影响，也可能受到包括恩斯特·马赫（Ernst Mach）和马克斯·普朗克（Max Planck）等杰出物理学家的启发，胡塞尔认为科学应该从经验的原初"感觉数据"出发，而不是从对"对象"的先入之见开始。他认为，相较于自然科学，通过研究意识如何构建世界，我们可以更具经验性（即"基于经验"）地理解世界。大多数科学方法假设存在一个外部的"真实"世界，其中充满了我们意识之外的对象。现象学则追问我们如何体验世界以及如何建构感知中的对象。胡塞尔主张，我们需要退一步，将所有先前的假设"搁置"（Epoché），研究观念如何在意识中产生，以及它们如何被建构成为共享世界中可识别的"客观"事物。

如果像胡塞尔那样将意义视为人类意识的产物，那么就会得出结论：技术与人类的意义构建无关，甚至可能与之对立。根据胡塞尔的观点，物质对象的意义不仅在于其当前呈现的样态，还包括其在不同情境中的所有潜在样态以及它可能与人类建立的各种联系。以锤子为例：我们之所以将锤子视为一个物质对象，是因为我们能够将其从背景中抽离出来，想象从不同视角观察它的多种可能性。我们可以想象握住它、使用它的不同方式，甚至将它与雷神之锤等文化符号联系起来。对象的多种可能性所构成的"生活世界"由我们的期望所塑造，而这些期望则深受人类所属文化的影响。在胡塞尔所谓的主体间性的"生活世界"中，群体共享的期望和行为模式构成了理解与体验世界的框架。每个群体的生活世界都"预设"了一个"世界视界"，其中包含了该群体成员经验的总和（Husserl, 1950）。

因此，根据胡塞尔的现象学，意义并不存在于具体事件本身（如用锤子敲击钉子），而是在这些事件（或"事态"；参见第三章）与不断变化的可能性和期待的视野（即事件的"意义视界"）之间的动态对话中。将钉子钉入栅栏对于某人来说有意义，这基于他们对未来修好栅栏想象，在其文化背景中保持栅栏完好的重要性，以及他们作为能够修缮自己栅栏的人的身份认同感。这种围绕事件的视界并非固定不变，而是随着情境的变动而变化，正如人在船上航行时，所看到的地平线也会随着航程变化一样。

意义：对话差异的产物

德里达（Jacques Derrida）对胡塞尔的观点进行了深入而有力的批判，他指出，试图将意识的某个"瞬间"分离出来进行研究是不可取的（Derrida，1989）。因为越是尝试分析意识的某一部分，便越能明显地意识到，意识始终是属于一个更大系统：一个先于并超越意识的系统。例如，当前时刻的定义总是隐含着对过去或未来的参照，而这些参照并不直接出现在意识中。我们所谓的对意识而言"在场"的"现在"，实际上必须依赖于"那时"的视界来进行定义，亦即相对于那些并非"现在"的时刻来界定，而这些时刻并不会立即呈现在意识中[①]。

海德格尔首次明确提出"本体论差异"的概念，来批判胡塞尔的思想。后来，梅洛-庞蒂（1968，称为"écart"）、德里达（1968，称为"la différance"）和德勒兹（1968，称为"difference and repetition"）等进一步阐述了海德格尔的"本体论差异"，从不同的角度进一步批判了胡塞尔的理论。胡塞尔假定经验本身具有某种同一性。他声称，我们可以将听到音符的体验描述为时间中的"此刻"，"此刻"可以被分析，也可以在其周围划定边界。海德格尔采用了现象学的分析方法来研究存在的本质。然而，他没有找到这种同一性，而是发现了"本体论差异"的重要性。"本体论差异"指向了经验背

[①] 例如，我们不是孤立地体验当下的时间，而是在之前的许多时间（包括我们没有亲身经历的时间）的背景下体验当下的时间。斯蒂格勒认为，这种更大范围的集体时间流之所以成为可能，是因为我们的体验实际上从来都不是即时的，而是通过使用共享的人工制品，包括使用时态的共享语言以及共享的日历和时钟来中介的（Stiegler，1998）。意义来自于意识现存的地平线之外。意义还来自于我们对技术的集体参与。我们不仅以锤子和钉子的形式使用技术来固定栅栏，我们还以语言的形式使用技术来计划事件和描述事件，我们还可能在日历上做记号，以便为完成任务留出时间。如果这一论点成立，那么仅靠现象学不足以为意义的意义提供基础，我们还需要对技术进行研究。

后不是"同一性",而是"差异性"的存在。这个差异性表现在物体或音乐音符与最初使其可见或可听的背景之间的差异。每一个"事物"之所以可见、可听、可触摸或可思考,正是因为它与整体存在的背景之间的差异。作为整体的"存在"并不是我们可以直接感知或确定的东西,它超越了我们的意识。我们体验到的不是同一性,而是差异性,即存在者与存在之间的差异,也可以称为存在与存在者之间的差异。当然,"存在"本身并不是一种实体,而更像是一种观念,即任何事物都具有其背景,而这个背景无法被直接感知或明确把握,它总是超出我们的认知范围。

为了说明这一点的重要性,我们可以回到那个修栅栏的人,暂且称他为吉尔。对于吉尔来说,钉钉子的意义在于敲打行为与其背景之间的振荡:包含了计划和长期目标、与邻居的社会关系,以及吉尔的自我心理认知——将自己视为能够通过修理需要修理的东西来支持家庭的有能力的人。在眼前的"存在"或事物——吉尔、锤子、钉子、栅栏——之外,还有一个无边界的背景"存在",所有事件都在其中发生,而这些眼前的事物正是在这个背景中以独立的重要事物的形式出现的。吉尔在钉钉子的过程中肯定体验到了意义,但他当时的意识无法完全捕捉这一行为的意义,因为这一行为的意义与当时不在他意识中的其他事物相关联。例如,如果第二天邻居看到栅栏后做出消极反应(比如过于吵闹),这种反应也会成为这一行为意义的一部分,但它却不在吉尔当时的意识范围内。对于吉尔和锤子的讨论同样适用于他的儿子约翰:约翰可能正在使用动感控制器在三维几何世界中导航,用于完成"家庭作业"且第二天向同学和老师汇报。约翰行为的意义并不完全由他对行为的感受决定——他当时可能对其感觉良好,而第二天老师的反馈可能又让他对其感觉不好。不"在场"的、未知的未来反馈也影响着这一事件的意义。或者,几年前决定将这项活动纳入课程的委员会成员,可能会改变他们对该活动效用的看法,将其从"有用的教育"重新归类为"无意义的游戏",从而改变了这项活动对老师和约翰的意义。

在第一章对话理论的概述中,我们提出了理解这种"对话性"意义的概念。在对话中,词语并没有固定或最终的意义。相反,它们的意义是动态的,并随着对话的发展而变化。这是因为词语的意义不仅取决于说话者的意图,还取决于听者如何理解这些词语。词语之所以在对话中有意义,是因为它们与已经说过的其他词语之间存在差异。根据巴赫金的观点,没有最终的话语,因为对话永远不会完全结束,它总是保持动态性,持续并发展下去（Bakhtin,1986）。即便是重新审视一个看似已经结束的对话（例如第二章开头引用的苏格拉底与斐德鲁斯的对话),也是在当下的语境中继续展开对话,产生新的理解。

回应充满意义的宇宙

巴赫金的对话性意义理论深受爱因斯坦的相对论和海森堡（Werner Karl Heisenberg）的不确定性原理的影响。他认为,意义总是未完成的,是多个声音之间差异的交融。不过,他认为这一理论仅适用于文化世界,而不适用于自然科学研究领域。今天,这一界限正在被打破,这一理论似乎不仅适用于文化世界,也同样适用于自然科学领域。最新的生物学研究明确指出,生物学的研究对象实际上是信息模式,即差异模式的研究（Hagg,2020；Heiligen,2022）。在物理学中,对差异模式的关注也由来已久（Heisenberg,1958；Vedral,2018）。在几乎所有的科学研究领域,科学家们并未在现实的最基本层面找到稳定的"事物",而是发现了事物之间信息模式的差异。

循环量子引力理论的创始人之一卡洛·罗韦利（Carlo Rovelli）的理论被认为是目前对量子引力最有力的解释之一。他认为我们所拥有的一切都是信息,所有信息都应被理解为"关系性的"（Rovelli,2021),即信息是通过对另一个观察系统产生影响而存在的。与玻尔对量子理论的解释相比,罗韦利的解释需要一个观察系统，而玻尔的解释则需要一个人类观察者。

根据罗韦利和卡伦·巴拉德（Karen Barad）等人的观点，量子理论所揭示的本体论是关系性和过程导向的。罗韦利描述了事物如何在两个任意物理系统之间的相互作用中产生，同时这些事物又是相对的。（2022）这并非说现实不是真实的，或者说没有事实存在，而是说现实的真实性类似于彩虹的真实：彩虹是光、水滴和人眼之间的相互作用，这些相互作用是真实发生的。即使闭上眼睛，假装彩虹是某种社会建构，彩虹也不会因此消失。然而，彩虹的真实并不具有身份的真实性——即"一个事物就是它自己，而不是另一个事物"的那种真实[①]——而是作为系统效应的真实。就彩虹而言，意义来自于光能波长的变化，变化造成的差异变得显著，因此在一个复杂的观察系统中触发了视觉效应（此处的观察系统即人类观察者）。

这些差异就像感知的基本视觉（"格式塔"）单元，即"图形在背景上"或"图形—背景"。这是对象与它背后的背景之间的差异，一个著名的例子是鲁宾的花瓶。如图7.1所示，这个例子引发了"人脸与花瓶"的悖论。

观察这个视觉图像时，可以看到两种不同的形状：一个花瓶或两张脸。这是因为我们以两种不同的方式解释图像的轮廓。花瓶的轮廓被视为花瓶的一部分，它似乎出现在一个无形的背景前面。或者，花瓶的轮廓被视为

图7.1 埃德加·鲁宾（Edgar Rubin）在其博士论文中提出"人脸与花瓶"悖论一例

[①] 同一性或 A=A 的说法是古典逻辑的基石之一，莱布尼茨（Gottfried Wilhelm Leibniz）首次明确阐述了这一说法，并将其归功于亚里士多德。

背景的一部分，似乎有两张脸出现在背景中。在任何时候都只能看到其中一种解释。

梅洛-庞蒂将"图形与背景"作为意义的基本单元。他认为，我们对世界的感知以及由此产生的思考，始终由多个"图形—背景"关系构成。控制论学家格雷戈里·贝特森（Gregory Bateson）也持类似观点，认为信息是"产生差异的差异"（Bateso）。被凝视所关注的"图形"，无论是达·芬奇（Leonardo da Vinci）风景画中的人物，克利（Paul Klee）绘画中的红点，还是马拉美（Stéphane Mallarmé）的"视觉诗"中的黑色墨迹，这些"图形"之所以有意义，正是因为它们与突出它们的背景之间的关系而产生的。梅洛-庞蒂将这种基本的意义单元理解为一种对话关系：背景定义了图形，图形也定义了背景，这两者相互依存，构成了一种不可简化的动态关系，而意义正是在这种关系中显现出来的（Merleau-Ponty，1968）。

控制论和技术的意义

苏格拉底首次明确区分了"内化"与"外化"的内涵，并揭示了技术的意义。他批判写作技术缺乏活力和意义。正如本书第二章所述，苏格拉底将书面文字描述为"死寂的"，比作"晒干的种子"。他认为真正的语言是有生命和意义的，能够得到回应。然而，具有读写能力的人们如今可能意识到苏格拉底的观点过于狭隘，因为苏格拉底没有将他的同理心扩展到书面文本，无法赋予文字生命和活力。如今，学校图书馆和教室中的文本早已不再被视为"技术"，而是作为扩展人类意义世界的载体而存在。从控制论的角度来看，技术揭示了人类与技术之间的界限存在间隙，并且这些界限部分由我们人类自身决定。意义的产生源于我们对系统的参与，而参与者是否能从中获得意义取决于他们是否能够将同理心——至少是参与者身份认同的一部分——延展到技术系统之中。因此，教育技术是否能够增强或削弱人类意义，取决于我们如何与技术建立关系以及技术如何设计与我们互动,以及我们如何通过教育为技术的使用提供指导。

尽管"控制论"一词源于希腊语,意为"舵手"或"掌舵者",但它通常与"人机协作"和"人机融合"相关。例如,唐娜·哈拉维在其《赛博格宣言》中写道:"赛博格是一种控制论生物,是机器与生物有机体的混合体。"(Haraway,1991)由此可知,控制论研究的是能够自我调节的系统,这些系统既包括人类也包括机器。

在对控制论历史的探讨中,安德鲁·皮克林(Andrew Pickering)认为,控制论为我们提供了一种不同于传统的技术本体论,或是一种新的技术思考方式。他指出,这种方式不同于完全将技术视为控制和效率的观点。"我认为海德格尔是对的,"皮克林写道,"过去几个世纪可以被描述为知识和权力、科学和技术的不断增长的结合,它确实将世界及我们自身框架化了"(Pickering,2009)。然而,皮克林同时认为,一些控制论运动展示了设计现代技术的另一种途径,这种途径更加开放,与自然和精神保持联系。他区分了科学技术史上的两种范式:一种是海德格尔批评的"现代"科学研究范式,另一种是控制论的"非现代"科学研究范式,后者可能会获得海德格尔更正面的评价。皮克林通过分析20世纪50年代英国控制论学者斯塔福德·比尔和戈登·帕斯克的著作来阐明这一观点。斯塔福德·比尔和戈登·帕斯克将生物系统纳入技术系统之中,设计了他们的实验性控制论系统。例如,比尔设想建设一个控制论工厂,该工厂通过池塘生态系统的反馈来应对环境变化,像有机体一样成长和进化。比尔和帕斯克还共同设计了一些能够自适应变化并自我学习的复杂控制论系统,例如由电磁场中的铁屑组成的网络。帕斯克甚至提出,为了生存,这些系统可以自适应地生成自己的传感器,例如自发地"生长"出电化学"耳朵"来感知声音(Pickering,2009)。

皮克林将技术与自然的关系作为区分现代与非现代设计的重要标准。在他看来，现代技术科学通过表现和控制自然来与自然分离，而非现代的控制论系统则像舵手一样，作为自然的一部分与自然共同参与。另一个区分现代与非现代技术设计的方法是与自我的关系。1967年前后，海因茨·冯·福斯特（Heinz von Foerster）、玛格丽特·米德（Margaret Mead）和格雷戈里·贝特森（Gregory Bateson）等人提出了二阶控制论，强调自我观察在控制论系统中的重要性（Mead，1967）。

基于皮克林的观点，控制论方法设计的技术不仅不会削弱意义，反而会增强意义，因为它将自我看作是系统的一部分。尽管现代技术通常被视为监控和控制个体的外在力量，但控制论扩展了自我，使自我能够以不同的方式参与到系统中。

意义：自组织的结果

控制论中的自组织概念（Ashby，1957）及其相关的自生概念（或自我组织和自我维持的概念）[①]，对包括计算机科学在内的多个学科产生了深远的影响（Winograd和Flores，1986，参见第五章）。苏加塔·米特拉（Sugata Mitra）将这一概念应用于教育，提出儿童与互联网的结合可以自发形成所谓的自组织学习

[①] 卢曼（Niklas Luhmann）（以及受卢曼影响的人）使用与之密切相关的"autopoiesis"（希腊语，意为自我造血）概念，将自组织思想广泛应用于包括教育在内的社会系统［自创生理论最初是由两位智利生物学家亨伯托·马图拉纳（Humberto Maturana）和弗朗西斯科-瓦雷拉（Francisco Varela）］为回答以下问题而提出的：什么是生命？或者说：是什么将生命与非生命区分开来？他们的答案是生命系统会自我繁殖（瓦雷拉和马图拉纳，1991）。他们将自生系统定义为通过自身元素递归复制其元素的系统。虽然自创生系统（例如单细胞生物体）与环境相互作用，但它们被称为"组织上封闭的"，因为它们既产生自身，也被自身所产生。

环境(Self-Organised Learning Environments，SOLEs[①])(Mitra和Dangwal，2010)。从自创生的概念出发，马图拉纳(Humberto Maturana)，尤其是瓦雷拉(Francisco Varela)，发展了一种将心智完全视为意义的理论。该理论强调在意义创造中情境的重要性，而不是将意义理解为一种无情境的"计算"结果。认知心理学中仍然流行的信息处理模型并没有明显涉及意义。然而，对于任何自创生系统来说，认知是自我组织和自我再生的一个方面。因此，意义是具身且关系性的，而不是抽象和表征性的。(Hayles，2012；Mingers，2014；Varela等，1991)。

在自创生系统中，意义的产生源于系统为维持稳态而对内外环境进行监控的需求。通过自我调节，系统在保持稳定的同时还需调整外部条件。任何自创生系统都会演化出一个预期机制，以判断外部输入对于系统的自我维持有益还是有害。外部传感器(如眼睛、摄像头或天线)，使系统能够感知它需要移向的能量源，以及需要避开的威胁。内部传感器则监控内部状态(如能量不足)并发出警告，促使系统寻找能量源以应对危机。在生物体中，这种对内外部监控的需求促成了神经系统的发育，从而使生物体将意义视为意识的一部分。达马西奥(Antonio Damasio)和卡尔瓦尔霍(Gil B. Carvalho)认为，意识在系统的内外边界上产生，因为它有助于系统的自我调节："鉴于身体状态必然具有价值——从稳态的角度来看，要么是有利的，要么是不利的——感

[①] 苏加塔·米特拉(Sugata Mitra)是一位拥有理论物理学博士学位的计算机科学家，他进行了著名的"墙洞"实验，在印度贫民窟的墙壁上放置可以上网的计算机，观察孩子们如何自学许多知识。2013年，他凭借关于这种教育方法的演讲获得了TED奖，并提到了这种"微创"教育方法。这一观点与吉尔里提出的主题有关，即教育儿童掌握从进化角度看是最新的复杂技能，如识字、数学和计算机科学等技能，往往会让儿童感到困难重重(参见第二章)。米特拉似乎同意帕珀特的说法，即数字技术可以让复杂内容的学习变得轻松自然(参见第四章)。不过，米特拉的方法并非基于计算机编程，而是基于儿童在无指导的情况下共同探索互联网。米特拉对这种教育方法的价值的主张是有争议的。我们不想参与这场争论。米特拉对"自组织"一词的有趣使用与我们的论点相关。米特拉在这篇教育论文(Mitra和Dangwal，2010)中引用了一项关于交通模式的研究(Kumar和Mitra，2006)，明确表示他受到了使用模拟来模拟复杂系统的启发。他似乎还通过使用自组织这一隐喻来暗示，在传统课堂上，活动的"意义"是由课程事先决定并强加给儿童的，而在SOLEs中，意义则产生于儿童相互之间以及与互联网之间在最小指导下的互动。

觉是生物维系其价值的有力代名词,是适应性行为的自然指南。"(Damasio和Carvalho,2013)

例如,恐惧的体验会迫使生物体将注意力集中于恐惧的来源并采取行动。生物体进化要从太阳光中吸收能量,在感知到阳光时,它会体验到喜悦,从而激励自己朝向阳光移动。根据这种意识起源理论,神经系统曾在无自我意识的情况下,通过监控内外部信息指导反应。换言之,即使自我意识并未体验到意义,自然产生的自创生系统仍然具有意义。

尽管昆虫避开威胁并朝向阳光移动的行为与胡塞尔和海德格尔对意义的描述有较大差异。但对我们而言,重要的是自生系统中的意义、生物自生系统对意义的感知与现象学所探讨的人类有意识的意义体验三者之间的关联。系统理论以及许多系统思想家(例如Luhmann,2021;Heylighen,2022)认为,人类有意识体验到的有意义事件只是更大范围内意义事件的一个子集,而许多意义事件并不总是能被人有意识地感知到。

学习控制论:帕斯克的谈话理论

早期,戈登·帕斯克与斯塔福德·比尔的工作被视为非现代技术设计的典范。之后,帕斯克成了一位有影响力的控制论艺术家,创作了早期多媒体互动著作,下一章(第八章)将探讨他的著作。帕斯克还发展并验证了一种控制论学习理论,他称之为"谈话"理论(即我们所说的对话理论),并将该理论应用于机器与人类的学习领域。

帕斯克相信,交谈是最基本的过程。他将其定义为两个或更多"声音"(可以是人类或机器)分享各自视角并理解彼此"信息"的过程。对帕斯克而言,"交谈"或对话不仅涉及自我反思,还涉及互动后产生的变化。这个理论可以作为所有学习的基本理论,无论是自然情境中的学习还是文化情境中的学习。(This theory was intended as a theory of all learning in nature as well as in culture.)"谈话"理论揭示，人类复杂的有机生命形式、技术和概念性语言的使用，都是在自我反思的交互中得以发展的。较高层次的交互以"标记"（tokens）的形式反映在较低层次的交互（即物体和事件）中，而这些较低层次的交互本身就是运动活动模式与环境规律性互动的标记（Tokens）。要形成有效的"谈话"，参与者必须描述自身及其行动，再共同探索和扩展这些描述，并且将由其产生的理解带入未来的活动中。为了学习，无论是人类还是系统，都必须能够与自身和他人就其所知进行交谈。

帕斯克曾是英国开放大学教育技术研究所的客座教授，他的思想影响了后来的教育技术理论，这些理论由我们前面提到的黛安娜·劳瑞拉德和麦克·夏普尔斯等教授提出。劳瑞拉德（2002）和夏普尔斯及其同事（2010）将帕斯克的对话理论应用于现代通信技术支持的学习交互过程中。他们发展了帕斯克的思想，提出了"移动学习理论"，将学习描述为一种跨越语境、技术传导的交互过程。传统的学习描述通常是固定在特定语境中的，而通过帕斯克描述的反馈循环交互机制，移动技术可以使学习在不同语境间实现"无缝"衔接。劳瑞拉德同样发展了帕斯克的理论，提出了她所谓的"谈话学习框架"，并将其付诸实践（2002），作为教育活动的设计框架（2011）。劳瑞拉德认为，所有复杂的学习都包含：

……教师与学生之间持续的迭代谈话，揭示了对话参与者的观念以及观念间的差异……交互的必要性不可避免，没有简单的讲述，没有脱离描述的实践，没有剥离反思的实验，也没有零反馈的学生行为。（Laurillard，2002）

劳瑞拉德提出的谈话框架是数字时代的学习理论，因为它将不同类型的谈话与不同通信技术相结合。例如，通过视频介绍信息、通过网络搜索进行探索、在线研讨会中的讨论、通过模拟进行实验，最终通过创建共享文档或模型呈现对知识的理解。

帕斯克的学习理论适用于机器学习和人机混合学习环境。它试图描述如何生成共享的意识空间，不仅包括个体人类的意识，还包括包含机器在内的参与者的共享集合。帕斯克的交流学习理论是本书第十一章提出的教育技术对话理论的理论基础和灵感来源。然而，这一理论并未充分考虑对话中非主题性共享背景知识的关键作用。根据布伯和巴赫金的对话理论，对话是一个在不同观点的交互中，创造出新的理解的过程。或者像沃洛西诺夫（Volosinov）所说，洞察力就像两个不同终端之间电荷的张力产生的火花，或者称之为相互照明的火花。这样，对话就不是将差异缩小到一个单一的、真实的愿景，而是扩大相互参照和共鸣的共享空间（Bakhtin，1986）。如前所述，这表明一个图形、概念术语或帕斯克所称的"标记"，只有在与背景或语境的关系中才具有意义。图形与背景的关系并不是静态的，而是对话性的，即巴赫金所说的"为语境意义带来无限可能"（Bakhtin，1986）。因此，对话式学习不仅仅是外化个体对知识的理解，还是通过扩大共鸣和解释的共享空间，促进创造力的增长。换言之，对话式学习旨在打开、扩展和深化共享的共鸣和意义空间。每当教授一个新概念时，还需要将学习者引入使用该概念的有意义的共享对话空间。因此，对话式学习不仅仅是为了传授显性知识，还在于扩大对话空间或共享的内在性，使概念具有意义。那么，技术如何进入并成为对话式学习的一部分，而不仅仅是显性知识的传授工具呢？20世纪70年代的另一位控制论学者吉尔伯特·西蒙东为解决这一挑战提供了重要的见解。

西蒙东与技术的意义

与海德格尔相似，西蒙东也学习过哲学，尤其是古希腊哲学；不同的是，西蒙东还具备科学和工程学背景。他曾在巴黎索邦大学心理学院任教，他常常花费数小时摆弄学校地下室的机器，以更深入地理解它们（Simondon，

2020）。西蒙东的技术理论受到路易·德布罗意（Louis Victor de Broglie）量子理论的影响，后者提出的波粒二象性表明，所有物质既可以被描述为粒子，也可以被描述为波。尽管波粒二象性在微观尺度上最为明显，但德布罗意认为，这一现象也适用于日常生活中的宏观物体。换言之，量子现象不只是存在于微观世界，而是贯穿整个现实。作为心理学教授，西蒙东讲授人类个体化的心理过程，探讨个体如何在不断变化的环境中成为独特的个体。此外，他还撰写了关于自然对象（如晶体和植物等生物体）以及技术对象（如内燃机）的个体化历程的著作。

西蒙东认为，任何个体化的过程都是由一个"问题域"或一系列压力和约束所驱动的。他经常以过饱和溶液中晶体的沉淀为例来解释这一理论：每个晶体都通过响应环境中的驱动力和约束，走上独特的个体化路径。因此，尽管每个晶体都是独特的，但它们仍然与其他所有晶体有内在联系，因为它们都源于相同的潜在状态——过饱和溶液。西蒙东将晶体的个体化过程作为所有个体化过程的隐喻。他将这一潜在状态称为"前个体"，将过饱和溶液称为"亚稳态"，即能够产生新形式的潜在状态。但这一过程同样可以作为广义隐喻，指一切事物都从"前个体"状态中产生并个体化。根据西蒙东对量子理论的理解，时间、空间以及诸如原子之类的物质对象都从前个体状态开始了它们的个体化旅程（Penrose 和 Mermin，1990）

量子物理学家和哲学家卡伦·巴拉德指出，现实呈现在我们面前的方式——例如波或粒子——部分取决于测量（或观察）装置的设计。然而，不论现实如何被体验，它始终与原始的潜在状态保持联系（Barad，2007）。这解释了为何巴拉德认为一切都应被理解为系统的"内部作用"，而非独立系统之间的"相互作用"。西蒙东与巴拉德在这点上所见略同相似：前者提出了"跨个体性"这一概念，并将其与胡塞尔的主体间性相对照。主体间性假设个体化的人类之间的互动，而跨个体性则是一种"内部作用"。西蒙东认为，跨个体性之所以可能，是因为人类个体从未完全脱离其"前个体"性状态（Simondon，2005）。尽管西蒙东并未提及冥想，但冥想可能可以作为"前个体"内在联系在人类经验中的一个例子。冥想或正念能够让个体观察思维的产生过程，而不被思维所同化，从而暂时摆脱与他人或环境的关系，体验到产生这些思维的潜在底层空间。西蒙东所说的"前个体"正是这种潜在空间。与创造力相关的"流动"现象涉及自我与环境之间界限的丧失，可以作为另一例证。因此，"前个体"不是一个单一的、统一的实体，而是潜在领域，万物从其诞生。

根据西蒙东的理论，人类从未完全个体化，而是始终与前个体状态保持活跃的动态关系。因此，我们能够持续参与跨个体化的心理社会运动。具备创造力的物质性将人类个体与技术对象联合起来。技术对象，例如内燃机，与人类的结合能创造出一个共鸣的空间，在这个空间里，部分定义整体，整体也反过来定义部分。然而，技术对象需要与人类结合，才能真正体验到这种共鸣的空间。例如，当工程师修理技术对象（如内燃机）时，他们可能会对设计进行改进，使整个系统向前迈进一步，实现更高水平的共鸣。正如西蒙东所写，"个人与技术对象的对话价值"在于"创造出一个不同于社区的跨个体领域"（Simondon，2005）。西蒙东认为，这是一个生物—社会—技术过程，其中人类个体和技术对象的群体在一个由共同原因或"问题"驱动的新自创系统中联合。例如，如果将跨个体化的概念应用于围绕书籍或社交媒体平台所创建的新型混合生物技术系统，这种系统可以被视为一种"更大的自我"。换言之，我们不应仅仅将这些由技术联结在一起的人类集体视为由外部关系定义的系统（即由多个个体和机器相互作用而成的网络）。相反，我们应将这些人类集体视为新型的混合生物技术系统，这些系统具有自己的共享内在性或集体意识，并且表现出一定的能动性[①]。

[①] 在个体生物单位层面和集体社会层面，自我和代理在本体论上是等同的，这也是近代社会心理学的研究成果之一，归纳为自我归类理论（Reicher等，2012）。

技术对象的具体化或意义

西蒙东认为，不仅原子、晶体和人类等生命形式有个体化的历程，技术也有类似的个体化进程。理解技术发展的关键在于理解其"具体化"过程（Simondon，2017）。我们往往将技术——从锤子到互联网中的人工智能学习助手——视为为了实现特定目的而设计的工具。然而，西蒙东区分了技术的内在技术性与其对人类的实用性。他认为技术本身有其内在的动机或发展方向。例如，内燃机的设计最初可能由许多独立的小组件组成，随着时间的推移，这些组件逐渐融合为一台完整的机器。早期风冷发动机的设计配备了独立的散热风扇，但随着技术的进步，这些发动机逐渐采用了一种不仅能存储热量还能散发热量的机器设计。西蒙东追溯了这种技术设计随时间渐进的个体化过程，揭示了技术对象在不断演化中逐渐成为其"本来就要成为的东西"。当然，技术组件并不具有独立于人类工程师的主观能动性。然而，可以确定的是，工程师在设计这些技术对象时，并不总是能够预见到它们未来的发展方向。通常，工程师会与技术本身展开"对话"，允许技术的潜力在某种程度上引导他们的设计决策。西蒙东认为，技术进步的过程中，工程师常常暂时放下自身作为人类的预设，通过花时间真正理解机器的工作原理，深入感知它如何才能更好地运行。某种意义上，这类似于海德格尔的例子——"成为锤子"，通过将锤子视为身体的延伸来直接体验世界。热忱工作的工程师深入理解他们正在研究的机器，进入了共享的内在体验空间。此时，发展不再是从外部强加于机器的，而是从机器与工程师这一对共同工作的控制论伙伴的内部产生的。

从西蒙东的视角来看，将技术对象理解为不断进化的个体，且这些个体自身具有一定的能动性和意义，有助于解释为何技术有时似乎与人类的意义构建相对立，以及如何克服这种异化的体验（Hui，2018）。工匠通常将工具视为自身的延伸，通过它来塑造和发展事物。但当这些工具在工厂中变成看似自主运作的机器时，工匠可能会感到自己的技能退化，只能扮演向机器提供原材料的角色。在这种技能退化的情况下，将其归咎于技术是可以理解的。然而，表面上技术追求利润最大化的理性并非技术本身的产物，而是技术所嵌入的更大政治经济环境的副产品。西蒙东认为，如果允许技术按其内在逻辑发展，它能够找到应对环境中压力和发挥潜力的创造性的解决方案，其中包括由社会环境中的不平等带来的压力。将工人简化为工具搬运者和机器的填充者，不仅不是发挥工人潜力的最佳方式，还会为系统的整体繁荣带来破坏性的影响。西蒙东的论点之一是：要让技术成为人类意义的延伸，而非对立，人类必须深度参与技术的设计过程。

互联网的潜在个体化

西蒙东提出的"与技术对象对话"能够促成跨个体化，使群体在与共享技术结合时获得内在的认同感和行动力，这实际上是一种技术与教育技术的理论。如第二章所述，教育通过技术将个体纳入更大的集体之中，是一种社会化过程。单靠人类或技术无法驱动跨个体化，因为跨个体化的动机是为了回应更大系统中的矛盾关系。我们在第二章中也提到，最早的学校部分是为了缓解大规模人口聚集带来的压力。同样，近年来应对全球气候变化威胁，社交媒体上形成的跨国自我教育和行动团体，也是作为跨个体化现象的现代例证（Castells，2020；Que，2019；Sravina 和 Brahim，2020）。

西蒙东谈论技术的能动性时，强调这种能动性是通过机器与人类的合作实现的。他描述了人类工程师如何通过人与机器的合作关系推动跨个体化的发展。在与复杂机器合作时，工程师不是从外部强加自己的意志，而是通过与机器交互，并理解其运行原理，从而建立一个反思性的内部共鸣空间，并能预见系统的发展方向。

尽管西蒙东很少提及网络技术，他写作时人工智能和互联网尚未出现，但他关于"与技术本身对话"的观点可以自然地延伸至网络，尤其是不断扩展的互联网。如今，互联网不仅仅是人类互动的平台，还发展为人工智能支持的"物联网"，使设备之间能够相互通信，例如家用冰箱与超市、超市与运输工具、运输工具与工厂的交互。

联通主义理论将互联网视为由节点和链接组成的网络，个体被视为相互孤立的"社会原子化"单位，这并不是描述互联网的最佳选择。另一种选择是帮助互联网发挥其作为全球个体的潜力（Beggi 和 Heylighen，2021）。西蒙东指出，个体化过程不仅仅涉及个体本身，还包括环境的个体化，或者说个体与周围环境的互动。本书第三章中提到，在进化生物学中，物种的个体化也伴随其生态位的个体化。例如，蜂巢随着蜜蜂的进化而演化。同样，许煜（Yuk Hui）和哈尔平（Harry Halpin）（2013）指出，"群体的起源可以被视为一种个体化过程，在这一过程中，每个个体既是原动力，又是环境的一部分"。这是第五章提到的对话性身份的另一种表达形式（Wegerif，2013）。在对话中，个体不仅表达自己的声音，还通过整体对话的视角来理解这些声音（Stahl，2006）。群体认同的关键在于共同目标，尤其是在应对像全球变暖等外部挑战时的共同责任。尽管当前的社交媒体仍存在局限，倾向于强化社会原子化，但许煜和哈尔平（2013）认为，一种不同类型的互联网是可能的——这种互联网不是由孤立个体组成的网络，而是由互联的个体构成，处于"真正全球性的友谊和联系的概念"中，帮助我们"对共同的世界负责"。如果这样的互联网得以形成——事实上在某些语境下，它已经在小范围内实现——便能够例证西蒙东所说的"跨个体化"。实现此愿景需要由教育（特别是教育技术）支持的人类—机器对话（Beggi 和 Heylighen，2021）。

传统的能动性模型认为个体人类并设计技术来实现意图。我们在本章中概述的另一种系统性思维方式认为，人类与人工智能增强的互联网通信技术的交织，导致了一种新的自创生自组织水平，因此生成了自身的预期系统以及一套独特的意义和动机。正如许煜和哈尔平所概述的，特定的技术设计特征对于发展新形式的自组织认同至关重要。然而，他们忽略了教育在任何成功的生物—社会—技术系统设计中所必须发挥的关键作用。教育不仅仅是为了传授知识，而是为了通过新技术来促进技术与人类之间的新型自我认同的形成。

回到本章开头关于意义的讨论，我们能更清楚地看到，意义不仅仅限于人类意识中的体验。相反，意义由自我再生系统生成，其中许多系统超越了个体人类。"有意义的教育"应培养学生能够参与更大范围的生物—社会—技术系统的能力。由于这些跨个体系统既是技术的也是人类的，教育技术不仅不会阻碍人类意义，反而成为增强意义的工具：扩展个体人类生命目的和意义的桥梁。

案例研究：Argunaut——一个支持在线对话的智能导学系统

Argunaut是一个欧盟项目，目标是开发支持在线小组讨论的增强系统（Draat等，2008）。该系统设计了一款主持人仪表板，自动监控小组对话，并为主持人和小组提供反馈，例如，参与度以及讨论内容的类型等。

Argunaut系统依托动态概念映射环境（digalo）对对话质量进行编码，具体包括：

1. 批判思维：关注论证、反驳和理由（D1）；

2. 创意推理：探索不同视角（D2）；

3. 对话参与：包括针对性、共情表达、质疑、观点转变、潜在声音的表达（隐喻），以及引导他人观点（D3）；

4. 适度引导：通过鼓励、总结、重述和评估（D4）。

通过数据挖掘技术，系统能够对推理和创造力指标进行稳健的自动编码（Wegerif等，2010）。Argunaut的设计初衷是帮助教师管理100多个由5到8名学生组成的在线小组。这在当时是一个罕见的情境，但在几年后，大部分教学转到线上，这种情况变得相当普遍。

Argunaut系统有两个监控和反馈模块："浅层循环"和"深层循环"。

"浅层循环"用于持续讨论，监控意识变量或"指标"（例如，参与水平、对话质量、社交互动模式等）。当系统检测到潜在问题或关键情况时（基于预设的标准），系统会通过信息面板为主持人提供相关信息、建议和干预选项。例如，系统可能会向在线讨论中嵌入预设的提示，如"你能否从不同的角度看待这个问题？"（如果系统长时间未检测到"创造力"）或"约翰，你怎么看？"（如果有参与者尚未发言）

"深层循环"通过机器学习进行离线分析，帮助更大范围的社区随着时间的推移建立联系。该循环从先前由人类标注的在线讨论示例中学习这些背后的基本模式。通过分类学习，系统可以从标注的示例中归纳出分类标准，并在将来对新数据进行分类。其流程如下：（1）"专家"根据特定概念（如"批判性推理")预定义分类类型;(2)基于这些类型对讨论进行标注,并通过机器学习对这些标注进行离线分析;(3)将离线分析的结果转化为情境分类指标,随后作为指标纳入到Argunaut的可视化和意识模块中。这些模块还可以为主持人和学习者生成反馈,解释情况并提供建议。

对Argunaut案例研究的评述

皮克林借用了海德格尔的术语来区分使用技术的两种方式:"框架化"和"揭示"。Argunaut可以被视为这两种方式的结合,其主要理念似乎倾向于"框架化";教师利用人工智能技术(如数据挖掘和机器学习)通过仪表板来监控对话,甚至可能监控学生的思维活动,以实现预定的学习目标。但这些支持即时反馈循环的人工智能工具同样也可以用于提升个人和群体的教育体验。对小组内部对话质量的及时反馈能够帮助学生更好地理解自己与他人的互动方式,并从集体层面改进这种互动方式。换言之,这些可视化工具能够支持跨个体的群体身份认同和实践的形成。这项技术是否被视为"框架化"(即自上而下的控制)或"揭示"(即自下而上的赋权与意识扩展),在很大程度上取决于学生是否积极参与其中。不过,教师和机构的动机也至关重要——例如,他们在系统设计中是否有发言权,或者是否感到自己被迫接受了这一系统设计。如果学生和教师在系统设计以及视觉反馈机制主导的学习过程中拥有话语权,他们更有可能积极参与,从而形成新的集体意识。

Argunaut的"深层循环"尤其引人注目,如果经过适当修改,或许能够支持更大范围的群体跨个体化。Argunaut走在时代前列。强大的人工智能支持的语言助手可以更有效地实现深层循环,从而实现自动化的小组调节。

如果由"专家"预设学习目标,系统可能会被视为一种"框架化"技术,类似于帕珀特所说的"为学生编程"。然而,这种框架化技术同样可以作为实现小组教育目标的手段,从改善在线讨论的基本规则,到更深入地理解诸如全球变暖等当代问题的成因与解决方案。如果学习内容或变革路径由小组对话共同决定，那么这类技术就可以支持跨个体化的发展。通过教育实现跨个体成长的对话愿景，要求所有学习社区成员——包括学生、主持人以及研究人员和设计师等利益相关者——定期反思学习目标和设计研发过程（Stahl，2020）。

讨论

当人们谈论智能机器时，他们似乎总是隐含着一个对智能的狭隘定义。如果机器能够快速、有效地解决问题，它就会被称为"聪明的"或"智能的"（Russell，2010）。然而，"智能"一词的词源表明，它的原意不仅与达成目标有关，更根本的是首先选择正确的目标。词义的现代演变或许正如海德格尔对技术思维的担忧所示：技术思维可能会"框架化"我们的思维，用肤浅的目标取代深层次的重要目标，限制我们对问题的深入思考。

在Argunaut案例研究中，我们清楚看到技术限制了学习的多种可能性。虽然，固定的学习目标和对学习过程的反馈机制使得Argunaut能够高效实现学习目标，但它也可能变成一种束缚学习者、操控学习过程的系统。然而，如果设计出一个能够让每个成员反馈系统教育干预的深层循环系统，那么也有可能设计出一个能够自我组织、不断学习的系统，同时还可以促进所有参与者学习的系统。

我们在本章开始时提到，有些人对教育技术的"意义"存在误解，他们常常认为在某种程度上技术的使用与人类意义对立。因此，我们研究了"意义"的内涵，试图弄清这个问题是如何产生，又如何能够被克服。我们提出，胡塞尔将意义视为意识体验的观点可能是问题的一个原因。这种观点认为，如果意义只由人类意识创造，而技术本身没有意识，那么技术就不能产生自己的意义。因此，技术的使用在一些人看来会破坏或威胁到独特的人类意义体验。然而，我们认为，胡塞尔的现象学并不完全成功，因为意识中的意义依赖于与意识之外事物的"差异"。例如"现在"和"那时"之间的差异。事实证明，将现实理解为由差异组成的系统，而非仅仅呈现于意识中的事物，是更好的方式。我们认为，现实并非由原子、人类、对象和工具这些事物组成，而是由信息构成的。信息的最小单位是"产生差异的差异"。因此，意义存在于更大的系统中，这个系统在任何个体的意识中都只能部分呈现。意义超越了个体意识的局限，不仅仅是"我的"或"你的"建构，而是更大系统的特性。信息的差异总是相对于某个系统存在，系统本质上是自组织的信息单元集合。

胡塞尔关于意识与世界割裂的观点由来已久，可以从康德追溯到更早的笛卡尔。类似的思路出现在认知心理学中，20世纪50年代和60年代以来，认知心理学开始将心智视为信息处理机器。我们提出另一种看待意识的方式：即使在"自我"与"世界"分离之前，"我们"、"意识"和"智能"就已经存在于构成现实的差异之中。因此，技术的作用应该被更为严肃地对待。如果意义是由自组织（或自创生）系统创造的，那么我们就可以克服所谓的"意义丧失"的问题。因为在这种视角下，人类不再是通过自我意识赋予现实意义的独特存在，而是自组织信息系统的一部分，这个系统由许多组成部分和多层次的差异模式构成的——包括语言、细胞、分子、原子之间的差异。

这个由多层次的差异模式构成的系统即高度复杂的自组织系统。人类可以在这些更大的系统中扮演意识或预期的角色。然而，人类能够意识到的意义并不是"我们"自己的意义，也不是独特的"人类"或个体意义。相反，它们是在我们参与的系统中出现的意义。我们认为，现象学家胡塞尔所探索的意识意义的视界并不是由人类单独创造的，而是由人类加上技术生活创造的，在寻找目标和方向的意义上，通过我们参与更大的生物—社会—技术系统，在这个系统中，技术发挥着作用，学生们发现了更大的意义感，只有通过扩展我们的人性与技术共存并通过技术生活，才能获得意义感。

帕斯克和西蒙东的控制论研究表明，技术的意义并不与自然对立，而是自然的一部分。技术系统可以成长、发展并拥有自己的生命力。虽然技术依赖于人类工程师的参与才能繁荣发展，但它们的演化并不完全由人类控制。同样，人类也总是与技术交织在一起。那些看似与人类意义对立的技术系统，往往是那些被设计用来实现特定目标（如追求利润最大化）的系统（参见第二章）。这些目标通常被嵌入到技术设计中，随着系统的发展却未能得到重新审视和修订，导致受技术影响的声音和利益没有被纳入考虑，特别是那些使用技术的人的声音。对此，吉尔伯特·西蒙东提出设计应与人类和自然合作，以增强和放大技术的揭示世界和创造世界的潜力。

人类不仅可以作为个体学习，还可以作为集体在系统中学习。教育帮助个体超越自身作为生物有机体的界限，参与更大的生物—社会—技术系统。教育技术的设计和开发，可以促进和扩展互联网中的个体化旅程，推动新的跨个体现实的形成，例如全球公民身份的理念。或许有人会认为，教育技术帮助人类成为一种新型的全球范围内的自我调节有机体，每个人既能识别自己作为系统中的个体单位，又能识别自己作为系统整体的一部分。然而，谈论"个体"与"系统整体"可能会误导，因为这些概念往往会将实际是对话流的体验具体化或物化。参与对话中的意义流动，可能会产生一种幻觉，即存在两个对立的极点：生物学上定义的内部个体和外部整体。事实上这种幻觉是对话过程中生成的，个体与整体的形象被投射为对话之外的现实。因此，认同对话意味着同时看到个体在整体中的声音，以及整体中包含着个体的声音。由此，对话性身份是一种动态的双重身份。

基于对话理论的教育技术设计与实践的启示

在本章中，我们提出的观点是：个体通过参与更大系统的学习来学习。这可以转化为教育技术设计的一个原则：引导学生使用数字技术，将他们与其他人和其他资源链接在一起，形成自我反思与自我发展的学习网络。Argunaut的案例研究展示了这一原则的具体应用，该系统帮助学生意识到自己与他人的学习互动。然而，教育技术并不局限于像Argunaut这样的定制系统；

正如本书第一章所述，任何结合了教育学的技术或与之结合的技术都成为教育技术。引导学生利用现有的数字工具构建并参与一个不断扩展的、自我反思的学习社区，同样也是教育技术。如今，生成式人工智能（如Chat GPT）已经能够高效地主持在线小组学习。此外，随着Pepper[①]等社交仿生机器人的发展，面对面的口语对话学习也有望成为现实。

英国开放大学与英国广播公司（BBC）合作开发的公民科学方法（https://nquire.org.uk/）展示了在线对话和交流如何支持探究共享。许多在线平台以及社交媒体也可以支持这种协作教育活动（例如，维基百科）。

本章提出的跨个体化概念对教育具有重要意义。教育技术可以被设计用来支持跨个体化，通过将技术作为对话的焦点，推动小组项目的发展，从而深化集体智慧的体验。经过验证，教育中的协同机器人等创新技术可以实现这一目标，但还有许多其他类型的项目也能够激发学生如何与他人及技术共同学习的能力。

跨个性化依赖于发展对话或双重身份；既要在一个更大的系统内发出个体的声音，又要成为这个更大系统的声音的一部分，就像在一个有效的对话中，每个人不仅听到自己的声音，还可以从整个对话的角度或观点来判断这个声音的意义。教育技术的设计可以通过支持学生在内部视角与外部视角之间的动态切换来实现这一目标。例如，Flipgrid[②]视频讨论平台使学生能够轻松上传在线课程的介绍视频，并能够在班级视频网格中看到自己和他人上传的内容。再比如，Tinkerplots[③]等数据可视化软件可以让学生生成并上传个人统计数据，Tinkerplots随后会以一种方式显示这些统计数据，使学生能够看到与课堂、学校、国家乃至世界的统计相关的模式。

---

① https://www.aldebaran.com/en/pepper
② https://info.flip.com/en-us.html
③ https://www.tinkerplots.com/

第八章　技术与对话空间的扩展

> 语言和意识具有同样长久的历史；语言是一种实践的、既为别人存在因而也为我自身存在的、现实的意识。语言也和意识一样，只是由于需要，由于和他人交往的迫切需要才产生的。
>
> ——卡尔·马克思，弗里德里希·恩格斯（Karl Marx, Friedrich Engels）
>
> 超越自我界限不是对他人的同情，也不是让他人服从我们的标准，而是追求更高的普遍性，这种普遍性不仅克服自身局限性也克服他人特殊性。
>
> ——汉斯·伽达默尔（Hans Gadamer）

引言

在第七章中，我们探讨了吉尔伯特·西蒙东关于与技术对话带来"跨个体化"（Transindividuation）的观点，这同样是技术如何帮助打开和维持包含多种声音和技术的更大对话空间的论述。这种"跨个体"产生的过程为我们理解教育的作用提供了新的视角。跨个体是一种集体身份，一种建立在个人与物质技术结合基础上的扩展的主体性或内在性。当桑族布须曼人被引导对洞穴壁画做出评价，或者当小学生被教导阅读经典书籍时，这些教育过程不仅涉及"个体化"，也涉及"跨个体化"。在某种程度上，教育始终关乎引导学生拥有更强的自我意识，即文化自我。然而，在这一过程中，技术的作用往往被忽视或低估。西蒙东将"跨个体化"定义为"与技术本身的对话"，表明技术在教育中占据核心地位。如果教育是一个促进跨个体化的过程，那么教导学生如何协同使用技术便成为教育的核心，也是教育机制运作的关键。

本书第一章介绍了对话空间的概念，即在不同对话或视角中打开的可能性空间（The Space of Possibility）。乍一看，这似乎与技术无关。但这种直觉——对话不是技术性的——可能就像戴眼镜的人在看风景时，忘记了技术在其中发挥的重要中介作用。对话空间在教育中之所以有效，是因为它构成了对话中的一个新视角或新"声音"，我们在第五章中描述为见证者视角（The Witness Position）。参与对话的学生学会从整个对话的视角看待自己——或听到自己的声音——从而能够挑战自己的想法并改变自己的观点。对话使人们能够"超越自我"（Rise Above），更清晰地看待事物。乍一看，这似乎与技术没有关系，但某种形式的技术在其中起作用。对话不仅存在于生物学定义的声音之间，即通过舌头和喉部运动产生的声音，还依赖于共享的物质技术，如特定的词汇，这些词汇可以是特定形状的气道、纸张上的符号或数字阵列中的信息。对话空间为学生提供了一种扩展的身份，尽管这是一种高度对话性的身份，但这种身份将教育中对话空间扩展的理念与第七章中提出的跨个体化概念联系在一起。

本章将深入探讨对话空间的概念，重点关注其与技术的关系。首先，我们简要回顾了自人类文明发端开始，通信技术和教育技术如何共同推动了对话空间的扩展。继而，我们探讨了"教育机器人"或能够以对话方式与学生互动的计算机或机器人，在扩展教育对话空间方面的潜力。我们认为，这类对话者可能比人类教师更具潜在优势。在当代教育中，对话空间的概念起源于对小学教授探索性对话（Exploratory Talk）教学效果的评估研究。我们重新审视了这项研究，并将其与马丁·布伯关于对话空间作为"之间空间"的哲学思想联系起来。布伯将对话的"我—你"导向（"I-Thou" Orientation）与"我—它"导向（"I-It" Orientation）进行对比，前者基于相互性和尊重，将"他人"视为另一个自我，而后者则将他人视为对象进行客体化。我们发展了布伯的理论，认为当存在"我—你"关系时，所打开的对话空间总是依赖技术支持的，且不同的技术会导致不同类型的对话空间。尽管如此，我们仍然保留布伯对对话空间的教育意义的描述，即将我们引入与他所称的"永恒的你"的视角对话中。受列维纳斯的启发，我们将这一视角定义为"无限他者"。

技术与对话空间的扩展

教育技术不仅可以扩展对话空间，还可以改变其性质。当我们回顾并深入思考教育的历史时，这一观点的重要性愈发凸显。

洞穴绘画

大卫·刘易斯-威廉姆斯描述道，对于使用洞穴的桑族布须曼部落成员而言，当洞穴绘画伴随着舞蹈和其他仪式时，它们便具有了"我—你"的特质。墙上的动物会栩栩如生并与他们对话。但对外来者而言，比如游客和科学家，他们大多以"我—它"模式来观察壁画，仅仅视之为用碎铁矿和血液绘制在洞壁上的图像。正如第二章所述，对于绘制这些壁画的部落成员来说，这些洞穴壁画使"有声的"，能够支持文化的延续和发展，因为每一代新人都被引入与祖先的持续对话中——这场对话已持续了数千年之久，并仍在延续。对话空间这个概念使用"空间"一词来指代共享的意义空间，而不仅仅是物理空间。洞穴绘画不仅在空间上扩展了对话，将部落成员团结在一个共享的文化中，而且在时间上也扩展了对话，使部落共享的精神能够随着时间的推移不断延续和发展。①在第九章中，我们将更深入地探讨"对话空间"被视为"对话时间"的潜能。

写作

迈克尔·欧克肖特（Michael Joseph Oakeshott）将教育视为帮助学生参与全球"人类对话"的入口。这场对话始于"原始森林，并在几个世纪中不断扩展、变得愈发清晰"（1959）。在这场对话中，学习者可以听到来自各个时代和地区的声音，例如苏格拉底、孔子、朱利安·诺里奇、贝尔·胡克斯等众多思想家的声音。这一切之所以成为可能，是因为这些声音以书面写作的形式被记录了下来。在广泛使用书写之前，那些完全依赖口头传播、生活在书写文化边缘的人群，比如许多原住民群体，并未参与到这场对话中来。至少就社区规模和地理覆盖范围而言，写作技术使得对话空间得以扩展。②然而，由于这个空间是通过物质媒介（纸笔）构建的，这样的对话空间具有技术局限性。我们之所以能了解到苏格拉底的思想，是因为柏拉图将其记录了下来。但正如苏格拉底指出，将声音书写下来的过程转移了口语表达的意义，同时也改变了其意义。如第二章所述，在纸媒时代的文字文化中，知识的性质——以及与之相关的教育过程——发生了变化，从关系性的知识转向表征性的知识。欧克肖特所说的人类对话，实质上只是一种识字者之间的对话，而这种对话仅通过一种技术手段进行，即书面文字。

尽管存在这种局限，书面写作显然从整体上增加了人类的知识（尽管这种增加并不是均匀分布的），从而扩展了集体对话空间。我们曾深入探讨过苏

---

① 哈罗德·伊尼斯（1950/2022）在对通信技术做了区分，一类主要服务于时间延伸，如岩石雕刻；另一类则主要扩大空间传播，如轻质纸莎草文献。

② 事实上，正如我们在其他地方所论述的那样，所有对话都具有潜在的不受限或无尽的共鸣空间，这在口头社会的对话中确实如此。我们在这里试图阐述的是对话中的两个层面，第一层是对话的即时社区和在该社区中产生的意义，第二层是对话的"宇宙"或更广阔无垠的背景。对话空间的扩展仅指第一层，通过书写等技术可以扩大直接社区和词语直接参照的范围。

格拉底那富有挑衅意味的论断，即书面符号是死寂的，而口头语言是鲜活的。但时间已经证明，书面文字也可以为人们共同思考打开一个新的共享的对话空间。

互联网

近几十年来，互联网逐渐取代印刷品成为主要的通信媒介（Poster，2018；Wegerif，2013）。在此过程中，互联网提供了回归口语对话性的可能，因为它允许与多个声音建立动态关系。

如今，人类的对话实时出现在网络上。互联网时代的教育不仅要引导学生继承书面文化中的声音，还要引导他们参与网络上的实时对话。曾被称为"网络空间"的数字媒介，现在也被称为"元宇宙"，它并不是由服务器和光纤电缆构成的外部空间，而是一个有潜力支持数十亿人互动的对话空间。实现这一潜力无疑是人类面临的重要教育课题。

互联网在某种程度上是新的洞穴（参见第二章）。或者至少，它有潜力被体验为如此。教育技术能为所有年龄段的学习者提供一种手段，让他们进入一个集体文化世界，这与桑布须曼人"步入"其洞穴壁画背后世界的方式相似（Lewis-Williams，2002；Lewis-Williams和Dowson，1990）。互联网上的符号是多模态的，不仅仅有页面上的文字，还有音乐、图片和生动的视频图像。借助头戴式VR技术，人们能够体验到进入3D现实的感觉。这为体验4万年前创造洞穴绘画的人们的经历提供了可能，但有一个显著的区别——互联网可以支持全球皆可访问的对话空间。而相较之下，由特定洞穴的维护者所支持的对话空间仅供特定的小群体使用。

互联网，特别是当辅以人工智能助手时，确实有支持共享对话空间的潜力。然而，许多人声称这种潜力尚未实现。人们普遍担心，互联网实际上并没有促进对话和社区的形成，而是形成了所谓的"回声室"效应——持相似观点的人聚集在一起并强化彼此的观点（Treen和Borges-Bravo，2021）。网上大量错误信息的传播，也引起了人们对互联网和人工智能技术负面影响的担忧（Fischer，2022）。如第三章所述，要实现文化空间的共享并不完全取决于技术本身，还需要教学法的支持。桑族布须曼人需要首先学会讲故事和跳舞等复杂技能，才能参与共享空间的文化建构。同样，在数字时代，需要教学法、技术，以及政治环境的有力支持，人工智能增强的互联网才能更好地支持全球化对话空间的建构。这并非自然而然就能发生，而是需要有目的地设计教育技术，将技术和教学法结合起来，从而将扩展对话空间的可能性转变为现实（Wegerif，2019）。

人工智能聊天机器人：对话空间的开启者

人工智能助手的应用，增进了人们对人工智能聊天机器人（AI Chatbot）在教育场景中所扮演角色的认识。这些人工智能声音能够将学生引入共享的对话空间，从而提升互联网的教育潜力。为了论证这一观点，我们从ELIZA的案例开始探讨。

图灵（Turing）提出了一个著名的人工智能测试，被称为"图灵测试"。其原理是，如果一台计算机能够让人类相信它也是人类，那么这台计算机就应该被认为是智能的（Turing，1950）。为了展示图灵测试模型在人工智能方面的局限性，早期计算机先驱约瑟夫·魏岑鲍姆（Joseph Weizenbaum）创建了ELIZA，这是一个简单的模式匹配程序，旨在诱使听众认为它也是人类（Weizenbaum，1966）。魏岑鲍姆的程序采用以客户为中心的心理疗法为模型，使用相当简单的模式匹配技术鼓励人们谈论自己。例如，如果用户问ELIZA它认为自己是什么，它会回答，"我们在谈论你而不是我"。如果用户提到"母亲"这样的关键词，它会说，"请告诉我更多关于你母亲的事情？"魏岑鲍姆展示了即便是这样一个相对简单的软件程序，也能在某种程度上营造出与真人交谈的错觉。他以实际行动演示了他本人称之为"人工愚蠢"的概念，以此来反驳他认为过于夸大的"人工智能"的说法。

魏岑鲍姆发现，即使是了解软件简单性的人也会花数小时与ELIZA对话，这令他感到非常惊讶（Weizenbaum，1976）。事实证明，与ELIZA交谈有助于人们解决自己的问题。ELIZA的各种版本迅速传播，其中一些至今仍用于治疗（Bainbridge，2008）。这种方法的一种变体，AVATAR疗法，已显示出对持续遭受困扰性声音的患者具有显著疗效。AVATAR利用数字技术对精神病体验进行再现，提供了一种受控的、逼真的治疗性互动过程（Craig等，2017）。由此可见，将声音外化并与之对话可以帮助患者更好地了解自己并控制情绪，从而做出积极的改变。

ELIZA软件成功地促进了看似真实的学习对话，挑战了我们对对话的传统理解。对话在字典和其他文献中通常被定义为独立的意识主体之间的积极回应（例如，Rommertveit，1992）。然而，基于这种模型的对话体现了西蒙东所批判的那种误导性或不充分的主体间性，他将其与自己的"跨个体性"概念相对比（参见第七章）。根据西蒙东的说法，错误的"主体间性"观念已经假定了人的个体化，即身体在空间上彼此分离，并使用外部符号作为媒介进行交流。对这种对话模型的挑战来自于这样一个事实：ELIZA并不是一个独立的意识主体，但它却可以激发有教育意义的对话。

回到西蒙东对"跨个体性"的理解，可以帮助我们解释ELIZA现象。跨个体性可以被视为从个体化的外观中抽离，进入一个共享的内在性空间——一个内在共鸣的潜力空间。正如第七章所述，对于西蒙东来说，个体化过程总是始于一个"前个体"的潜能状态。在物质个体化过程中，例如结晶，初始潜力状态（如溶液的过饱和）会在晶体沉淀的单向过程中丢失。然而，对于西蒙东所说的"心理"个体化，即成为个体意识的过程，即使在看似已经个体化的状态下，仍保留着部分前个体状态。这表明，人类个体可以回到个体化自我最初出现的前个体潜力中。之前提到的"心流"现象，涉及自我与环境之间边界感的显著减弱，就是一个例证（Csikszentmihalyi，1990）。从表层的个体化退回到深层的前个体，这是新的个体化和跨个体化发生的必要步骤。人类的跨个体化是由技术支持的，或者按照西蒙东的说法，是"与技术本身的对话"。跨个体化不是人类在进入新的身份固定状态之前一次性完成的事情。相反，这是人类持续进行的过程，不断地利用技术创造并共享新的"内在"反思空间。因此，图8.1中与ELIZA的对话是一个很好的示例，说明了与技术本身的对话如何促成跨个体化，即自我体验的扩展。但对于本书的论点，更好的例子或许是如何围绕共享技术对象形成的群体意识，例如团队合作完成工程项目，或是一个群体在线上使用相同的工具共同学习（Stahl，2006）。

ELIZA的后代，特别是基于大型语言模型（LLMs）的人工智能助手，现在经常被用作可汗学院的在线"学习指南"，并为使用多邻国软件的语言学习者提供支持。当然，也存在一种风险，这些工具可能只被用来"训练"行为，

图8.1　与Eliza对话——可自由使用的知识共享链接
来自：https://en.wikipedia.org/wiki/ELIZA#/media/File:ELIZA_conversation.png

而不是开辟真正的反思空间。但也有观点认为，人工智能助手在教育中的崛起将促使人们推动知识进步。在某种程度上，这一明显的进步举措可能象征着，苏格拉底倡导的口语对话教学法的回归。

写作在教育中的终结？

在第二章中，我们介绍了苏格拉底对书写技术的批判。他认为书写导致的是模仿性的理解，而真正的理解需要面对面的交谈。苏格拉底对他的同伴斐德鲁斯说，任何人都可以从图书馆借来一卷书，朗读它并显得很有智慧，而不需要像真正智者那样，经过审慎的思考才能获得智慧。苏格拉底视自己为教育者。然而，他的兴趣不在于传授知识，而是在于教他的学生如何提出更好的问题。苏格拉底声称，人只有在认识到自己无知的情况下，才能称自己为智者。这与许多在雅典人形成了鲜明对比，他们似乎认为自己对很多事情很确定，直到被质疑。例如，梅诺声称他知道什么是美德。然而，当苏格拉底要求他定义美德时，他惊讶得无言以对。梅诺后来将苏格拉底比作电鳐，能够发出电击使受害者瘫痪。苏格拉底接受了这个比喻并重新诠释，借助一个例子表明，他提问的"电击"不是为了让人们沉默，而是为了唤醒他们：激发他们重新思考，不仅意识到自己的无知，还在更深入思考时认识到自己的实际知识。

生成式人工智能助手能够写出优秀的文章并通过考试，这在对教育的挑战上可以被比作电鳐。这类人工智能显示了苏格拉底质疑写作教育价值的正确性。如果学生可以通过提交由数字算法生成的文章，通过考试并获得高分，那么写作显然不是，也不应该是教育的主要目标。

在教育哲学中，通常会做出一个重要的区分，即培训和教育之间的区别，这也揭示了ChatGPT和类似技术对教育提出的挑战（Peters，2010）。根据通识教育传统，教育应该超越培训，鼓励批判性思维、创造力、思想自由和道德发展。[1]这一区别有时被错误地用来评价更学术的教育，比如研究柏拉图，超越更职业化的教育，比如研究设计和技术。但这是一个错误，因为无论做什么事情，都需要通过模仿和培训来学习知识和技能。真正的教育超越了这种培训元素，教会人们如何批判性地质疑所学内容，以便更好地理解，从而无论最终目标是如何编写更好的计算机代码还是撰写更好的文章，都能创造性地前进。

如果生成式人工智能聊天机器人能在考试中表现出色，那么即使在精英教育机构中的许多所谓的"教育"，例如哲学等"学术"科目，实际上也可能只是培训。批改文章的评分标准指向了通识教育理想，使用诸如"展示批判性意识"、"形成个人综合见解"和"展现原创思维"等表述。然而，教育者知道这些表述对应的是学生可以通过训练模仿的写作方式。学生提交论文后，教育者找出其中的问题并退回给学生，如此往复进行。这个过程会一直持续，直到学生或者那些足够有动力坚持计划的人，被训练得能够以"标准"或"传统"的方式写作。这与人工智能助手的训练方式非常相似。这就是为什么它们能够越来越擅长撰写学术论文，甚至比学者写得更好。

为何我们与人工智能不同

教育的真正价值超越了行为训练，它可以从学习者刚刚有所领悟时闪亮的眼神和热情中看出，这些领悟改变了他们看待事物的方式。这种领悟不是在书面文本中发生的，而是在对话中发生的；是在声音或文本之间发生冲突时开启的充满可能性的新的对话空间中实现的。真正的教育不仅在于扩展意识，使人能够更清晰地看到以前模糊不清的事物，还意味着身份的改变，或

---

[1] 有趣的是，贝尔·胡克斯（2014）受到保罗·弗莱雷批判教育理论的启发，同时也受到佛教的影响，重新探讨了许多与自由主义传统相似的主题，特别是强调教育对于拓宽自由理解的重要性，并认为这是增强人们以新方式行动的潜力的关键。

者至少是视角的转变（Hooks，2014）。

  人工智能可以被训练，但无法真正被"教育"。探究生成式人工智能的工作原理，我们会发现一套没有任何理解能力的算法。哲学家约翰·西尔（John Searle）提出了一个名为"中文房间"的思想实验，以说明计算机处理信息和人类思考之间的差异。想象你被锁在一个房间里，手上有一本关于操作符号的规则手册。你不懂中文，但你可以遵循书中的规则行事。有人从房间外把写有汉字的纸条塞进来。你查阅手册中的符号，并按照指示做出回应。然后你再把纸条从门下的缝隙里递出去。在外面的人看来，你似乎懂中文，但实际上你并不懂。

  西尔的"中文房间"思想实验说明了人工智能和人类智能之间的本质区别：人工智能并不真正理解它所阅读的内容，因为它没有意识；而人类有理解的潜力，因为我们具备意识，或者至少有可能具备意识。

与人工智能进行教育对话

  但是"意识"这个词在实践中究竟意味着什么？苏格拉底提出的像电击一样的提问方式，能够唤醒学习者以不同的方式看待事物，就是一个很好的例子。为了更有意识地了解和更好地理解某事，我们需要质疑它、挑战它，并从外部视角看待它。在教育中，当对话引导你从外部视角看待事物时，你对它的意识会更加深刻。只有从外部，从隐喻的距离来看事物，你才能开始"理解"它们。对话空间对意识至关重要，弗雷勒等人所指的"意识觉醒"或"意识提升"的实质就是扩展对话空间。为了让学生超越像人工智能这样的"受训机器"，我们需要致力于对话教育。这种对话式教育并不需要很复杂。本质上，它涉及引导学生参与对话，向他们提问，并促使他们反过来提问。其目标不仅仅是了解知识，而是能够就此知识提出更好的问题。

  人工智能助手可以在这方面提供帮助。在每个学习领域，尤其是在职业教育科目中，人工智能助手有可能重新平衡训练和教育之间的关系。与人工智能对话有望加速任何课程中核心知识的学习，从而为教育中的探索性活动腾出时间和资源。这些活动包括提出问题、探索替代方案、参与对话和发挥创造力。我们初步的概念验证实验已经表明，生成式人工智能可以有效促进小组教育对话，吸引参与者并在对话推进过程中总结所学内容。

从互联网诞生之初，一种新型的教育对话形式就出现了，即人与互联网的对话（Wegerif，2013）。人工智能助手进一步挖掘了互联网的教育潜力。用人工智能助手作为对话伙伴，可以让学习者接触到米德所说的"广义他者"，从而快速地实现人的社会化。"广义他者"是指个体从社会或群体中学到的期望和规范，这些期望和规范代表了当下所有人想法和知识的总和，形成了社群或社会整体的视角。学生通过内化"广义他者"的期望和规则来学习，可以从多样化的视角促进个人的社会发展。例如，通过向人工智能助手提问，学生可以发现迄今为止任何领域的思想和著述，并学会模仿其写作方式。[①]

与"广义他者"对话是早期教育的重要阶段，但并非最终阶段。下一个阶段是学会质疑和挑战广义他者或"别人的想法"。该阶段至关重要，因为它允许学习者形成自己独特的视角和价值观，从而参与到更大的对话体系中。如果学生学会批判性和创造性地使用生成式人工智能，它将成为教育的一大助力工具。这类似于"叠罗汉"或"青蛙跳"游戏，通过与人工智能助手对话，学生能够基于他人对某话题的论述进行建构。例如，学生可以与这种工具合作，识别特定知识缺口，然后尝试填补这一缺口并进一步开展深入的研究。

与人工智能助手不同，人类具有意识。这意味着我们不仅存在于物理空间中，也存在于对话空间中，这使我们有能力提出更好的问题，并质疑从人

---

① 参考示例详见：https://www.iesalc.unesco.org/wp-content/uploads/2023/04/ChatGPT-and-Artificial-Intelligence-in-higher-education-Quick-Start-guide_EN_FINAL.pdf

工智能那里学到的知识。生成式人工智能学习速度快，经训练后几乎可以涵盖每个知识领域。迄今为止，教育一直受制于追赶"广义他者"的需求。多年来，教育者训练学生以相同的方式思考，并写出与该领域其他人类似的论文。基于与人工智能的持续教育对话，可以让学习者进入到下一阶段的对话教育：与"无限他者"的对话。一个人无论达到了何种知识或理解的状态，总能从一个外部视角对其进行质疑，这种永恒质疑并超越的能力，就是我们所说的"无限他者"的声音。在本章后面，我们将结合布伯的观点再次讨论"无限他者"的概念。

作为教学工具的对话空间

前文论证了ELIZA可以开启并扩展个人对话空间。向人工智能聊天机器人提问有可能打开一个更集体化的对话空间，并支持与当前互联网上的知识进行对话。对话空间的概念越来越多地被应用于教育技术的研究当中（例如，Palmgren-Neuvonen等，2021；Moate等，2019）。对话空间教育理论的起源可以追溯到20世纪90年代，在英国和墨西哥开展的课堂交谈的实证研究。这一理论不仅探讨了课堂对话如何促进学习的哲学和心理学基础，还发展出一种支持教师促进教育对话的教学工具。

提出"对话空间"这个概念是为了解释为什么课堂上一些小组讨论在共同构建意义和解决问题方面比其他小组更为成功。尼尔·默瑟（Neil Mercer）、琳·道斯（Lyn Dawes）、鲁珀特·韦格里夫、凯伦·利特尔顿（Karen Littleton）、西尔维娅·罗哈斯-德拉蒙德（Sylvia Rojas-Drummond）等人的研究发现，小组讨论不成功的主要原因有两个：（1）从事"累积式谈话"的小组成员彼此赞同，互相分享想法，但是，既不互相质疑，也不寻求解释。这种谈话方式在完成某些学习任务时可行，但对于需要挑战既有假设的学习任务则毫无帮助。（2）进行"争论式谈话"的小组成员之间存在分歧，他们相互竞争以获得正确答案，但相互并不分享各自的推理过程。采取"探索式谈话"的小组在共同思考认知能力测试中常见的问题以及各种任务情境中表现最好，但由于没有分享各自的推理过程，这类谈话也没有取得理想的效果。按照最初的定义，采取"探索式谈话"的小组在谈话中应该呈现推理过程，为论断提供理由，并参与彼此的推理（Mercer，1995）。

对"对话类型"的分析，将其分类成累积性、争论性和探索性等不同类型，不仅仅涉及对学习者所使用词汇的分析，还需要对塑造谈话的潜在基本规则或假设的解读，这种解读只能通过参与式观察的方式来获得。要完全理解并解读对话，研究者需要将自己投射到对话中，把自己变身为对话中的一员。这些"对话类型"反映了学习者彼此间不同的关联方式，"对他人的不同态度"，以及由此带来的不同的自我认知方式。在累积式对话中，学习者认同小组形象，认为"我们认为"比"我认为"更重要。但这种"我们"的感觉是独白式的或"单一声音"的。小组是一个统一的身份，但他们不希望这种和谐的身份认同感被潜在的分裂性挑战所破坏，这意味着批判性或挑战性的发言往往会被忽略。相比之下，在争论式对话中，批判和挑战是常态。小组中的每个学习者都认同自己作为一个自我形象或自我意识，推崇他们所理解的个人利益，并希望验证自己正确且他人错误。成功进行探索式对话的关键举措是个体反思自身立场并改变想法。这意味着他们能够认同一个外部立场，回顾并批判自己的主张。在探索式对话中，学习者不仅认同自己，也不只认同特定他人的观点。有观点认为，他们认同的是共享的对话过程，或者称为"对话空间"（Wegerif 和 Mercer，1997）。

作为这项研究的一部分，我们研发了一种教学方法来教会学生如何"共同思考"（Dawes 等，2000）。在第十章中，我们将更详细地探讨其背后的设计导向和原则。"共同思考"侧重于制定和强化共享的"对话基本规则"，例如尊重地倾听，在他人发言的基础上进行拓展，提供理由，给出详细的解释，以尊重的态度批判他人的观点并附上相应的理由，探索可能的替代解决方案。在学会了"共同思考"之后，我们发现那些成功解决了类比图形问题（瑞文的非言语推理测试练习）的小组，都是采取了与探索式对话相关的尊重性词汇和互动模式。他们将自身的认同从自我或群体转移到了对话过程本身。换句话说，小组成员对共同解决问题更感兴趣，而不是坚持自身的正确性或通过不挑战他人来维持群体和谐。这是一种更具有"对话性"的身份认同，即更多地认同于对话的能动性和目的性，而非个人或群体的能动性和目的性。这种认同感可以在共享的、意味深长的停顿中观察到，这表明小组成员能够接受不确定的状态。我们观察到，学生个体能够寻求帮助或改变看法，能够自然而然地接过他人未说完的话，而没有任何人担心这些想法的所有权问题。这些证据表明，这样的小组能够有效地"共同思考"（Wegerif，2008）。

来自小学和中学的课堂实证研究一致表明，"共同思考"的方法是有效的。但它为什么有效呢？视频内容分析表明，对话本身并不直接导致人们共同建构解决方案。相反，它间接地促成了最佳解决方案的产生。开放式问题通常会在小组中引起共享的停顿，之后小组中就会有人提出解决方案。然后，这个解决方案通过对话和阐述得以分享。换句话说，对话通过集中小组成员的共同注意力并保持专注，从而发挥了作用。在解决了问题之后，对话仍然非常重要。虽然，对话本身并不能直接解决问题。但通过对话可以清晰地阐述解决方案，并不断重复，分享给其他人。

墨西哥教授西尔维娅·罗哈斯-德拉蒙德领导的研究结果有助于区分这些不同的解释。这项研究先教学生学习如何"共同思考"，然后评估他们在共享创造性任务（如共同撰写一篇短文）和推理任务上的表现。同时，还分析了他们的对话方式（Rojas-Drummond等，2008）。结果表明，具有共同对话基本原则的"共同思考"，提高了学生在这两项任务中的表现。然而，在成功的创造性任务中，对话中并没有出现一些人所声称的明确的推理步骤——例如"我认为X因为Y"——这些步骤曾经被认为是探索性对话成功的关键。这项研究表明，定义成功的小组合作仅仅关注对话形式是不够的。如果将成功的小组合作定义为明确的推理行为，那么实际上它属于一个更广泛的概念——"对话性交谈"的子集。换句话说，明确的口头推理对某些任务的成功至关重要，如解决推理测试，但并非对所有任务都是如此。对于在各种情境下都能成功合作的小组来说，最重要的似乎是进入一个共享的"对话空间"（Wegerif，2006，2007，2013）。但这并不意味着人们对话的形式无关紧要。相反，对话形式通常间接地发挥作用，以打开、扩大和（或）深化对话空间。这些对话空间本身对小组讨论的成功与否发挥着至关重要的作用。

数字设备：进入共享对话空间的桥梁

我们在第四章中讨论了教学机器以及计算机在教育中的作用是如何被概念化的，这表明数字技术可以被看作是对象（可使用的工具），也可被视为独立的主体（当它们代替教师指导学习活动时）。例如，一方面，学生常说数字设备会思考或犯错误；另一方面，即使是年幼的孩子也很快意识到，数字设备并不像人类对话者那样拥有感情、期望和隐含的判断（Turkle，1996）。这种本体论上的矛盾性告诉我们，只有当数字设备与正确的教育技术和支持性教学法相结合时，才能在支持教学和学习对话中发挥独特的作用。

课堂经验表明，当学生围绕数字设备共同学习时，指导性辅助软件有助于开启对话空间。想象有一个简单的数字化辅助软件或"应用程序"，向一组熟悉"共同思考"的学生提出了一个看似封闭的问题，比如"如果在一个晴天给雪人上穿上外套，它会：（1）加快融化速度，（2）减慢融化速度，或（3）没有区别"（Keogh和Naylor，1999）。虽然这个问题只有一个答案，但如果提供了适当的设备或软件，寻找答案的过程很容易引发复杂的讨论、共享的探究，甚至深入的实验。

数字化应用程序或教育机器人并非人类教师。它们会保持期待，不做判断，也不会感到烦躁。例如，学生可以不急于回答，而是先思考一会儿再回答应用程序的问题，"数字机器人"也不会觉得受到了怠慢或不尊重。学生也不太可能感到被应用程序"控制"，而可能感到受到了说同样话的人类教师的"控制"。这就是为何数字互动工具在引导自闭症学生学习方面特别有效（Kagohara等，2013）。由于计算机作为对话伙伴的独特性，与数字设备简单的教学互动可以打开、扩大和深化对话空间，这些空间可能以人类教师难以实现的方式支持讨论、反思和积极的意义建构。实际上，教育机器人或扮演对话伙伴角色的应用程序在某些方面可能比人类教师做得更好。这个想法在IDRF教育交流模型中得到了印证，IDRF的含义是：启动（initiation）、讨论（discussion）、响应（response）和反馈（feedback）。很多人描述传统的课堂话语为教师发起（initiating）、学生回应（responding）、教师提供反馈（giving feedback）的IRF模式（Lemke，1990）。总的来说，IRF被指责限制了学生行使能动性和学习如何思考的机会。在IDRF模型中，教育机器人或电子导师发起讨论，并对提示做出回应，学生对它的提示做出回应，然后教师对学生的回答给予反馈（Wegerif，2004）。由于基于大型语言模型的人工智能助手语言的流畅性和强大的对话能力，一组学生探索一个主题时，可以先与人工智能驱动的教育机器人进行对话，然后再给出答案。如果教师的部分职责是引导学生参与长期的文化对话，例如科学对话（在第九章中进一步讨论），那么可以说，技术现在可以非常有效地发挥这一作用。

研究人员正在开发和研究能够激发在线环境思考能力的智能代理（Pére等，2020；Bain，2015）。人工智能助手进行真实对话的能力的快速发展，意味着教育领域中可能会出现更多的教育机器人。所有这些"教育机器人"或数字对话伙伴，可能在与"共同思考"项目类似的对话式离线教育法结合时效果最佳。这将使学生能够掌握有效对话的共同规则，并教会他们如何提出更好的问题以促进学习。这种教学与技术设计的结合，有望通过支架式方法，让学习者进入不同主题的对话。与其让学生直接进入拥有无限可能性的对话空间，不如逐步引导他们进入科学和文化的长期对话，鼓励质疑和反思。

总结来说，我们建议可以结合面对面的对话教学——如何通过提出好问题与他人共同学习——以及使用教育机器人等工具，引导学生（无论是个人还是小组合作）参与到持续的知识对话中。

布伯关于"之间空间"的观点

马丁·布伯的对话理论包括与事物进行教育性对话的可能性。在其经典著作《我与你》中，布伯提出了对话空间的概念（该书于1923年首次出版，1937年译成英文）。这本简短的书开篇即宣称"人是双重的"，引导我们关注与世界相关的两种根本模式："我—它"（Ich-Es）和"我—你"（Ich-Du）。"我–它"的关系模式或对"他者"的取向（"他者"不仅指他人，还包括任何非自我的东西，如树木和机器），构建了一个对象的世界。在这种模式下，我们可能会陷入自我创造的客观世界中。而"我–你"的关系模式则使我们能够连接到另一个人的存在，视其为"你"而非对象。更根本的是，我们还体验到与布伯所称的"永恒的你"的连接。"永恒的你"是唯一没有"它"的"你"：

当"你"被说出时，说话者的对象不是事物。因为有事物的地方就有另一个事物。每个"它"都被其他事物界定；"它"的存在仅通过被其他事物界定而存在。但是当"你"被说出时，没有事物。"你"没有界限。

"我—它"的领域是碎片化的，一个事物接着另一个——一个他、她、他们或它等，而"我—你"的领域则是一种完整性的体验（Buber，1937）。

布伯不仅是一位哲学家，还是一位犹太拉比，曾10次被提名诺贝尔文学奖和7次诺贝尔和平奖。有些读者可能不认可"永恒的你"等概念的宗教色彩，可能将其与特定的宗教世界观联系起来。然而，布伯的思想也可以从一种更技术性的角度来解释，这与我们在第五章中讨论联通主义时提到的Pol.is软件所激发的"见证者"角色的作用相关。布伯认为，对几乎任何事物采取"我—你"的态度——无论是对人、猫、树，还是在数字设备上运行的如ELIZA这样的软件——都能开启一个对话空间。这种取向开启了一个超越两个外在参与者的关系空间。以研究助理简和ELIZA为例，这个空间也包括简自身，使她能够重新想象自己。这是一个内在的"内互动"空间，而不仅仅是一个外在的"相互作用"空间。以这种方式开启的空间不仅由简和ELIZA之间的关系定义。在这个空间里，简也可以从一个"见证者"的视角看待自己。对话中的"见证者"视角不是固定的。简可能热衷于科学，可能将"见证者"想象成未来科学家的群体，但简与她想象的这个虚构群体的对话也会产生进一步的"见证者"视角。换句话说，与"永恒的你"对话的概念意味着对话空间没有固定的边界，原则上它有无限生成新视角和新意义的能力。与生成式人工智能和在互联网上训练的大型语言模型的对话是与广义他者的对话，而布伯所谈论的是与未定义的见证者进行对话：我们称之为与无限他者的对话。

物质技术在开启和扩展对话空间中的作用

布伯将意义的教育描述为从"Das Zwischen"或"之间空间"中产生，或者因为这种空间而繁荣（1937）。这可能指向了开启"对话空间"的概念。然而，本章前文所述的近期教育对话空间理论与"Das Zwischen"在许多重要方面有所不同。

虽然布伯的"之间"以一种诗意的方式呈现，脱离了具体的情境，但上述的"对话空间"理论具有物质层面的含义。从最近日本的一项研究中可以看到这一点：三名小学高年级学生在讨论平板电脑上的一个谜题时，不仅肢体语言集中在这个焦点上，手指也是如此（见图8.2）。每位学生都用手指指向平板电脑，以表示他们认为解决谜题的关键。显而易见的是，他们大量的"共同思考"是通过手指完成的（藤田太郎等，2021）。

图8.2 对话空间的物质性（来源：藤田太郎）

由于对话空间的物质性，对话总是在特定情境中发生，这使得参与者能够知道空间何时开启、关闭、扩展以引入新的声音和视角，以及何时通过质疑既定假设来深化对话空间，从而以另一种视角看待问题。布伯关于"之间空间"的对话空间理论，虽然富有启发性，但没有提供如何设计支持实际对话物质基础的实用指导。布伯本人可能会非常理解我们所强调的物质维度的重要性：也就是通过空气中的声音、页面上的符号或屏幕上的动态影像进行的对话之间的差异（Biemann，2022）。然而，他的著作往往呈现出日常对话与一种理想化的对话状态之间的二元对立，即始终是与"永恒的你"的对话。正如我们在下面的案例研究中所说明的，一旦我们理解了技术在支持不同类型的对话中的作用，我们就可以设计这种技术——结合相关的教学法——以缩小或扩大、聚焦或深化对话，从而实现教育目的。

案例研究一：对话空间理论在高等教育在线学习设计中的应用

剑桥大学博士生史圣朋[①]曾与中国的一位大学教师合作，探究如何纵深拓展社会科学的本科生在线课程的对话空间。该研究的探索阶段定义了与在线教学和学习相关的两种"声音"：

科学之声：代表广义他者（即社会科学中的普遍认同的科学观点）。

个人之声：着重于个人层面，通过教师或学生当前的理解和意义建构而成。

最初的设计思路是在课程实施过程中产生并进行迭代测试的（见表8.1）。

表8.1 训练在线研究能力时将对话空间可操作化（Shi，2024）

每周教育活动	确定的对话动作	预期的对话目标
在线教学 教师在虚拟学习环境中进行在线授课	教师使用科学之声开场 通过调用与该主题有关的各种科学观点，开启对话空间，使学习者能够接触、学习并反思这些观点	教授到目前为止的对话，让学习者了解不同的研究方法在过去是如何被定义和运用的
启动在线讨论 教师在讨论板上发布问题	教师利用个人之声开场 教师选择某些已引用的科学之声，并鼓励学习者对此展开讨论，从而运用自己的个人声音进一步打开对话空间	邀请学习者进行真实探究，让他们得以亲身体验在线上讲座中学到的研究方法
提供初步回应 学习者使用引入的知识回答在线讨论问题	学习者使用科学之声扩展讨论 通过整合和比较已引用的科学之声，向对话空间中添加新的意义建构	鼓励学习者发展并反思已引用的科学之声，并将其运用于个人的学术研究中。它可以将教师先前引用的科学对话进一步推进到多个学习者的共同真实探究中，引领在线讨论进入新方向
	学习者利用科学之声深化讨论 反思已引用科学之声背后的证据、理由、假设和/或信息来源	
	学习者利用个人之声开场 根据学习者自身的兴趣引入一个新的情境，并在此情境中运用已引用的科学之声	

---

① 史圣朋：博士学位论文，《在线教学对话空间的纵深拓展：一项基于设计的教育研究》，2024，剑桥大学。

续表

每周教育活动	确定的对话动作	预期的对话目标
评论 学习者在了解至少两位同学的初始回应后，对其进行评论	学习者利用个人之声扩展讨论 参照同学的观点，整合或阐述想法	为学习者提供共同思考和讨论的机会。当学习者的初步回答受到同学们建设性、批判性和创造性地评论时，学习者的个人探究便转化为集体探究，在这一过程中可以实现在线集体智能
	学习者利用个人之声深化讨论 参照同学的观点，就不同观点进行协商或提出质疑	
	学习者利用个人之声进一步发起讨论 与同学的视角建立联系，促使他们思考超越初始观点的创新解决方案	

该研究基于对话空间理论重新审视现有课程，推动了现有课程的重新设计，以促进对话式思维培养以及共同学习。例如，最初的开场讲座被重新设计，以发挥开启对话空间的功能。在课程中介绍的每个研究方法（如半结构化访谈）都会附上其定义、具体示例、关键特征或特点、优势和局限性，以及与其他研究方法（如非结构化访谈）的相互联系。原本对事实的独白式阐述，如今增加了对不同方法之间创造性张力的阐述，使得这些社会科学研究方法更像是在对话中共同演化的声音，而不仅仅是既定的内容。为了实现这一点，技术层面上PowerPoint被替换为Prezi，其主要特点是非线性的演示风格。Prezi还允许教师多样化地展示不同方法之间的关系（例如，通过缩放和平移屏幕动画）。用户定义的路径以集成（所有幻灯片）和邻近（一张幻灯片）的形式呈现。前者可以作为概念图的形式提供综合指导，使学习者能够系统地理解所介绍的研究方法是如何相互联系的。而后者可以显示主题式或螺旋式的序列，详细说明针对特定研究方法的不同视角：它们不是作为概念图中的节点，而是更像是在共享对话中动态交流的声音。这种干预旨在使学习者能够将所有知识片段联系起来，将它们视为持续对话中相互联系的声音。

开场讲座之后，教师会在在线讨论板上发布一个问题，学习者给出自己的初步回应。这个阶段被视为进一步打开对话空间的方式。教师会选择某个被引用的科学之声，并要求学习者根据自己的理解做出回应。面对面的课堂对话要求学习者在有限的时间内回应，而在线的异步讨论可以提供一段时间让学习者反思后再做出回应——教育技术促进学生反思的可供性。最初的讨论问题被修改为探究导向型问题，这需要学生的发散性思维和对新的学习可能性的开放态度。例如，最初的问题"你认为基于互联网的调查比通过其他方式进行的调查更好吗？"会被修改为"假设你计划进行问卷调查研究。根据你的学术兴趣，你认为哪种数据收集方式更合适？为什么？你选择的方式可能有哪些局限性？"修改后的问题旨在鼓励学习者将自身的观点和替代方案与先前的科学之声连接，与自身需求和兴趣连接。这样一来，就能够推进已有的科学对话，并让学习者重点专注当下的探究。

最后，学习者被要求对至少两位同学的初始回应发表评论。当学习者的观点提供更多理由和证据时，会"扩宽"对话空间；当学习者质疑某些选择或主张背后的假设时，会"深化"对话空间；当学习者鼓励同学思考不同的替代方案时，会"开启"新的对话空间；当学习者的初始回应被同学建设性、批判性和创造性地评论，个人探究便转化为集体探究。为了支持这一过程，研究者开发了一个在线发布内容的数字自检表，旨在建立对话的基本规则，以便学习者能够有效地一起讨论（和思考）。数字自检表不是直接告诉学习者何为"对话式"，而是解释了对话式评论的特征并提供了示例。具体来说，使用5个形容词来描述对话式评论："互动的"、"反思的"、"体贴的"、"可接受的"和"有说服力的"。强调互动和反思源自一种共同的责任，即通过评估同学的观点来做出建设性的贡献，即使他们对此观点表示赞同。强调"体贴的"和"可接受的"来自于尊重他人并提出建设性批评的需要，从而减少争论性的评论。而强调"有说服力的"则来自于对明确推理的重视，鼓励学习者探寻同学想法背后的原因。这5个形容词明确了"对话式"的概念，以便为共同讨论建立基本规则。

这些更具对话性的干预措施通过内容分析的方法得以实施并进行实证评估。比较干预前后的在线教学记录发现，重新设计的教学幻灯片有助于讲师从单方面的研究方法介绍转向更全面的方法，对不同视角的呈现也更平衡。对初步回应的评估表明，在干预后的数据中，学习者进行了更多的知识比较、反思和应用，这表明探究导向型问题和在线讲座有效地增强了学术论证能力。对评论进行严格的编码表明，学习者一起对学术研究问题进行了更多的阐述、协商和探究。

对案例研究一的评述

对话空间的概念受到巴赫金、布伯、梅洛-庞蒂、西蒙东、德勒兹等哲学大家的思想的启发。本案例研究表明，这一理念同样能有效地应用于现实世界当中，用于设计一种在全球范围内常见的在线课程。在这里，研究者和实践者运用了对话空间的设计原则拓宽了该在线课程的对话空间，从而创造更多的机会进行在线对话、共同思考。这些变化可能很简单，比如将一个暗示寻找单一正确答案的初始问题，改为引导探索多种不同情境的问题，从而扩大、深化和开启对话空间。

传统上，学科领域内的内容关系概览图被视为是独白式的。这种图示背后隐含的主张是，有一个单一的、客观的知识体系供学生学习，而概念图只是简单地描绘了这个知识体系各部分之间的封闭推理关系（例如，问卷调查、半结构化访谈和非结构化访谈）。这种独白式的学科领域观念很容易通过网络的节点和关系建模。对话式的替代方案是，该对话空间由尚未合并为单个网络的不同声音组成。我们知道这些声音是未合并的，因为它们不兼容，存在一个无法跨越或填补的鸿沟或裂缝。基于对话理论，不同的方法不仅仅是概念在模式中的统一，而是看待事物的不同方式。有趣的是，之所以选择Prezi，正是因为它没有将所有不同的方法简化为一个概念图。虽然这个工具可以用来呈现一个统一的概念图类型视图，但它也有能力动态地将一个领域描述为对话中的一组声音。这是因为Prezi能够围绕不同的节点重新排列领域，在节点的内向外视角和它所创造的外部领域之间进行缩放。

这项中国的在线教学案例选择了很多有趣的对话设计方案。尽管如何测量对话空间的扩大和深化仍然是一个有待持续研究的话题（Cao，2022），但在本案例中，对假设的更多质疑，对知识的更多反思，以及对概念之间更多的比较，都表明该课程的对话干预为学生扩展了对话空间。

案例研究二：集体现实与人体互联网

"集体现实"最初制作于2016年，是一个参与式表演艺术装置。它通过物理空间内群体活动的动态跟踪，同步环绕声音和视觉图像。负责该项目的艺术家兼学者吉斯莱恩·博丁顿（Ghislaine Boddington）写道，环境对"我们"的感知就像我们对"它"的感知一样。这样做的效果是将每个动作外化。在"动作指导"的引导下，人们学会了如何一起创造一幅共享的动态艺术作品。有时，动作、灯光和声音汇聚成一个连贯的图案。而在其他时候，它们会形成不同的群体，以响亮且可能令人不悦的方式相互冲突。

博丁顿将参与式表演艺术与"人体物联网"的概念联系起来。她指出，虚拟化身、植入物和机器人技术等"手势技术"的重要性日益增加，我们的身体正在成为与互联网交互的接口（Boddington，2021）。博丁顿给出的一个特别引人注目的例子是，西班牙舞者穆恩·里巴斯（Moon Ribas）在脚尖植入了两个装置。这些植入物被能够对全球范围内的地震活动做出反应。小地震产生小震动；更大的爆发则传递更强烈的震动。里巴斯创造了一个名为"等待地震"的表演，在这场表演中，她根据双脚传达的关于地球整体状态的信息来跳舞。

对案例研究二的评述

对话空间的另一个版本是"理性空间",在此空间中,概念相互关联。教育涉及将学习者引入那个空间(Bakker和Derry,2011)。当重点是概念之间的推理联系时,这可能意味着独白视角,而不是对话视角。逻辑定义的网络中的节点和对话中的独特声音这两个隐喻并不相互排斥。实际上,正如我们对案例研究一的评论所指出的,它们也可以是互补的。这个"理性空间"的概念是更大的"对话空间"概念的一部分。然而,对话空间也包括具身化和情感。博丁顿的物联网概念提醒我们,对话也可以通过手势、音乐和舞蹈来传递。此外,视角之间的差异往往能激发冲突、紧张和创造力。可以说,互联网有可能实现梅洛-庞蒂的主张,即我们的集体文化不是一个抽象的思想领域,而是一个有许多独特部分的集体身体。教育是将新成员引导进入在许多维度上共同生活的共享生活。这些包括音乐、舞蹈和情感,以及教育的更传统焦点,即心灵的共享生活。

讨论

对对话空间如何支持教育目标的实证调查表明,进入对话空间意味着从个体、表面的现实中退回到共享的可能性空间。将西蒙东的技术理论应用于教育中对话空间的研究表明,进入对话空间可以被理解为他所谓的"跨个体化"的一个版本,即个体围绕一个共享的项目聚集在一起,形成更大的集体身份。然而,根据西蒙东(2017)的观点,跨个体化需要"与技术对话"。从技术的角度思考对话空间的开启、扩大和深化,有助于我们看到教育始终是促进跨个体化的过程,这一过程结合了对话空间和不同类型的通信技术。最早的洞穴绘画被用来引导人们进入共享的文化现实和共享的部落身份。正如欧克肖特(Michael Joseph Oakeshott,1989)所说,基于识字的教育可能将学生引入"人类对话"形式的对话空间,但同时,正如安德森(Anderson,2008)

所指出的，它也会将学生引入民族国家的共同体。互联网与移动电话和人工智能驱动的教育机器人等设备相结合，在支持教育作为"跨个体化"方面具有更大的潜力。

基于对话理论的教育技术设计与实践的启示

案例研究8.1展示了如何将开启、扩大和深化对话空间的教育理论应用于改善中国的一门在线课程——该课程主要寻求"传递"知识——促使学生参与到主动和深度的持续对话中。在这个基于设计的研究中，对话空间理论为设计框架提供了支撑。在与教育实践者的密切合作中，这一理论通过一些小而实用的改变得以实施。例如，从使用PowerPoint转变为使用Prezi，以更好地呈现知识网络中节点之间的动态和对话关系。或者，再举几个例子，添加一个对话提示清单，以指导在线学生互动，并将教师发布的在线问题从"找到正确答案"类型改为"探索各种可能性"的类型。

案例研究8.2表明，在开辟和扩展对话空间时，教育技术可以被设计为超越认知，包括具身和情感。"集体现实"艺术活动通过技术探测和增强人体运动在"实体"空间中实施。同样的，在线上环境中，舞蹈、戏剧、手势和音乐等可以用来创建和体验集体情感。例如，与其他地方的学生分享打鼓或唱歌等表演视频，要求对方做出创造性回应，并将一系列不同的表演融合成一件作品。

技术通过开启、拓宽和深化对话空间来支持跨个体化的能力，不仅是技术设计本身的功能，也是技术设计或选择与教学设计相结合的结果。对话空间的教育价值在特定教育情境下得以体现。然而，这种对话也可以扩展到与教育机器人和基于云的动画软件等数字技术的互动，从而进一步扩展对话空间（Ritella等，2022）。本章描述的课堂实验表明，在相对固定的课程中，课程、技术与"共同思考"教学法三者的结合可以通过启动、讨论、响应、反馈的IDRF结构，以促进反思和更深入的理解。在线或线下课堂上使用的人工智能增强型教育机器人，可以用于支持反思和对话（不像ELIZA那样）：它们可以促进和指导对话，引导学生进入知识领域并参与长期的文化对话，如数学、工程或历史的对话。这种结合不仅让机器人更加有效，也提升了教育的整体质量，使学生能够在一个更广泛和更深入的对话空间中成长和学习。

人工智能技术可以越来越多地用于将面对面教授小组思维的教学法转移到在线学习环境中，与他人和技术共同学习。在教授学习者对话的基本规则后，像ChatGPT这样的工具可以作为小组讨论的焦点。这些工具通过提供提示、问题或额外的观点来开启和维持对话，确保对话流畅进行。人工智能不仅可以就某个主题撰写文章，还可以指出存在争议和不确定性的领域，以便学习者就这些领域开展进一步的研究。

第九章　技术与对话时间的延展

……每个意义都会迎来它的归属庆典。

——米哈伊尔·巴赫金（Michail Bakhtin）

忘记过去的人注定会重蹈覆辙。

——乔治·桑塔亚那（George Santayana）

引言

在第八章中，我们探讨了技术在扩展对话空间中的作用。这里的"空间"并非指物理距离，而是指由不同观点之间的"张力"所创造的可能性空间。对话空间的概念源于课堂研究。教育工作者发现，使用与物理空间相关的隐喻来描述教育技术如何在课堂上打开、扩展和深化对话空间是有益的。例如，学生围绕互动白板进行协作，可以被视为在一个共享的对话空间中共同工作，教师可以感受到这个空间的开启、扩展和关闭（Mercer等，2010）。然而，任何隐喻都有其局限性和可供性。在本章中，我们将探讨从关注"对话空间"转向"对话时间"能带来什么。在对话中，声音不是同时发出的，而是一个接一个地出现。这意味着扩展对话的"空间"也意味着扩展对话的"时间"。扩展对话时间意味着已发出的声音在对话中继续共鸣，就像音乐的音符在旋律中共鸣一样。技术总是隐含在对话时间的延伸背后，其设计方式可以影响学习者体验这种对话时间的方式。教育中的印刷素养是一种技术，使得过去的声音，如苏格拉底或柏拉图的思想，能够在今天的对话中继续共鸣。TikTok等社交媒体平台使声音以不同方式在时间中共鸣。在线空间、社交媒体网络以及新兴技术媒介的设计对教育对话的时间序列有影响。在本章中，我们探讨思考对话空间的时间维度——思考对话时间——如何为教育技术的设计和使用提供见解。

理解教育作为时间旅行

教育是随时间进行的。例如，在学校，教学和学习通常被划分为课时，这些课时在课程计划中连接在一起，描述了较长时间段内的课程内容，例如学期和学年。我们称这种"时钟"或"时序"为水平时间：从 $t1$ 到 $t2$ 的时间。其中 $t1$ 是课程开始的时间，$t2$ 是课程结束的时间。

除了水平时间的推进（即从 $t1$ 到 $t2$），教育也可以被看作是进入时间或扩展时间的旅程。要理解一个概念，我们必须将不同的时间片段结合在一起，看看它们如何在单一模式中契合。因此，概念理解的发展需要从 $t1$、$t2$ 和 $t3$ 的经验移动到一个保留和联合前一时间事件痕迹的时刻（例如，$t4$），即这里 $t4$ 包括 $t1+t2+t3$ 的方面。因此，理解意味着一个时间的垂直维度——从 $t1$ 到 ($t1+t2$) 的运动，我们称之为垂直时间。

这一重要的观点可以通过相当简单的方式加以说明。以现代识字社会中年轻学习者学习基本算术为例。第一阶段包括通过"继续数数"来学习加法。例如，2+3是通过取2个手指并加上3个手指，或者取2块积木并加上3块积木得到5块来学习的。在我们观察的英国小学中，第二阶段至少需要学习"可交换性"的概念。这是指2+3=3+2的概念，即当两个数字相加或相乘时，无论数字的顺序如何，答案都将相同。也就是说，理解1+2与2+1是相同的（或更抽象地说，a+b=b+a）。对于已经学会的人来说，这似乎显而易见，但对于年幼的孩子来说并不容易。加法开始时不是纸上的符号，而是在时间上的具体物理过程，即"继续数数"的过程。将一个手指加到两个手指上与将两个手指加到一个手指上不是相同的具体物理过程。

然而，要在数学的抽象世界中理解将一个手指加到两个手指上与将两个手指加到一个手指上是相同的，我们需要采取第三种视角，可以同时看到至少两个基于时间的过程。在一个时间点，一个孩子看到将两个手指加一个手指得到三个手指。在不同的时间点，取一个手指加两个手指也得到三个手指。在数学中，如果不同时间发生的过程被认为是在同一"虚拟时间"中发生的，则可以将其视为相同。但究竟什么是这种"虚拟"时间，在其中可以将不同的实际具体时间结合在一起？

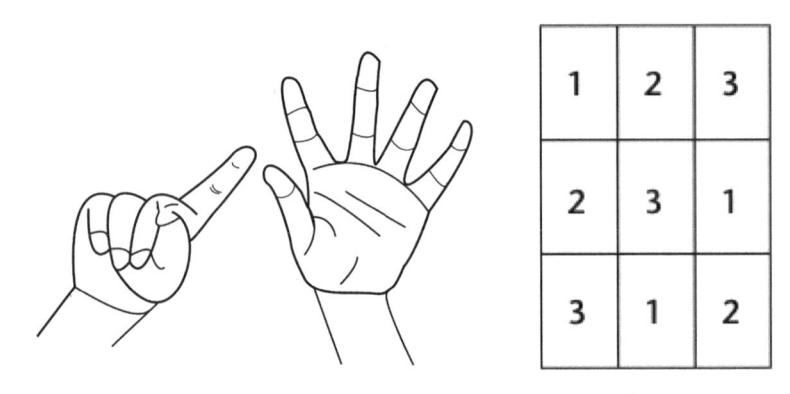

图9.1 "数手指"和"魔方格"网格

有关虚拟时间本质的一个线索是在研究6岁儿童学习数学时发现的。这个研究项目是对教学对话基本规则的影响的调查（Murphy，2016）。在一个三人小组中，两名学生正在解决一个"魔方格"问题（见图9.1）。他们有一个方格网和写有数字1、2或3的纸片。他们试图填满方格，使每行和每列的数字不同，但每行和每列的数字加起来的总数相同。在填满魔方格时，这两位学生不断说："2+1+3=6"和"3+1+2=6"，每次慢慢地用手指计算和发声时感到惊讶，因为结果总是6。第三个孩子，姑且称她为朱迪，看着他们，最终说："它们都一样。它们都加起来是6。"（Wegerif，2013）由于她自己并没有真正数数，而是在观察其他人数数，朱迪占据了巴赫金所称的"见证者"位置。在任何对话中，巴赫金写道，总有一个见证者的位置，聆听并理解不同的声音。在一起大声数数显然不是对话。然而，学习者已被教授了探索性谈话的基本规则，而朱迪至少可能想将其转变为"共同思考"活动。如在第八章中概述的，关于在课堂对话中见证者位置的思考导致了对话空间概念的发展。但在理解交换性概念的这个例子中，很明显这个对话"空间"也是一个"对话时间"。换句话说，这是一个可以将所有不同数数线索保持在一起、比较并发现它们基本相同的时间。

将数学主张视为某种超越时间或永恒的东西几乎是自然而然的。例如，无论何时何地，1+2+3=3+2+1都是正确的。柏拉图坚信，数学和哲学揭示的真理是永恒的，超越时间的。或许这种将数学视为超越时间的形象部分源于古希腊人用来算术的技术：用棍子在沙盘中画线。这种方法可能促进了几何思维。想想毕达哥拉斯著名的定理$a^2+b^2=c^2$，即直角三角形短边的平方和等于斜边（直角对面的边）的平方。你可以在沙盘中移动棍子来讨论此证明。这一证明过程发生在水平时间中。一旦你完成了这个证明并画出了图形，就可以退后一步，仿佛一切相关信息都在沙盘的定义空间中可见（见图9.2），似乎根本不需要时间维度。它似乎是最终的、固定的、封闭

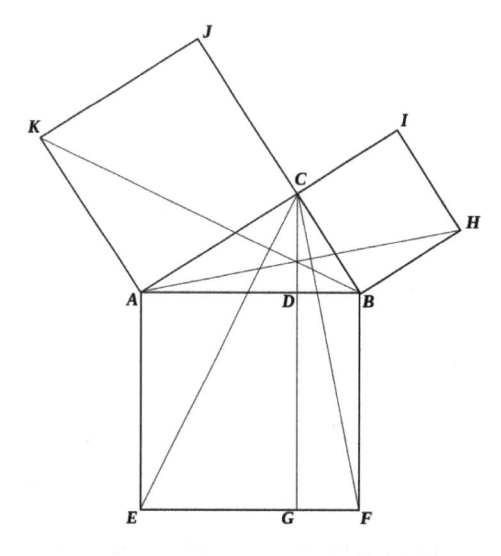

图9.2 欧几里得对毕达哥拉斯定理的部分证明（wiki commons）

的和永恒的。

这种认为论证超越时间或"非时间性"的观点，实际上源自所使用的物质媒介——无论是沙盘还是羊皮纸。在没有视觉表现的口语文化中，很难将数学理解为非时间性的。正如沃尔特·杰克逊·翁（Walter Jackson Ong，1972/2013）和杰克·古迪（Jack Goody，1986）所指出的，说话始终是一个时间过程，发生于具体的上下文。一个显然无时间的观点只有在我们以图示在一个有限空间中表示时才有可能：例如，沙盘中的线条图案、石板上的标记或纸上的书写符号。当朱迪作为见证者重新回到加法概念时，她不仅是在水平时间上从$t1$移动到$t2$，她还进入了时间的旅程——从水平时间（$t1$）到垂直时间（$t1 + t2$），从而获得了对加法更深入的理解。在$t1$时的加法理解作为计数并没有被抛弃，而是被重新调用和保留，并在$t2$时得到深化，转化为更高层次的理解，进入了垂直时间。

下一节我们将讨论德鲁·惠特沃斯（Drew Whitworth）的观点。他认为，通过所谓的"重写本"可以将时间的垂直维度物质化并使之可视化（2020）。重写本指那些被层层注释和评论重写的原始手稿，通过分析这些叠加的注释，可以追溯意义在时间中的演变。我们将教育中隐含的进入时间的运动称为垂直时间，以区别于时间的简单线性运动，即我们称之为水平时间的钟表时间。我们认为，这种进入时间的垂直运动是通过教育技术实现的，我们设计这种技术的方式将塑造学习者的垂直时间体验。

两种垂直时间

到目前为止，我们已经谈到，理解教育进步和概念增长，需要区分垂直时间和水平时间。然而，除了这一基本区分外，我们还应进一步区分两种不同的垂直时间概念。柏拉图关于概念超越时间的观点——即认为概念以某种方式存在于时间之外——加之印刷技术的兴起（参见第二章），导致了"独白式"垂直时间的错觉,即人们倾向于认为存在一种脱离经验时间的永恒时间,其中充满了固定不变的真理。这种独白式垂直时间的误解可能导致失去生活在当下的意义的感觉。相反,对话性的垂直时间观则认为,"当下"并未被永恒视角所消解,而是通过不同时间尺度间的对话得以延展和丰富。

独白式垂直时间——在永恒的光芒中

17世纪的犹太裔荷兰哲学家巴鲁赫·斯宾诺莎的观点与柏拉图相似,他认为智力的发展是为了在"永恒的光芒"下体验一切。斯宾诺莎认为,我们有限且常常混乱的理解源于仅仅从时间内的视角体验事物。斯宾诺莎声称,要完全看到事物——包括它们的所有连接、原因和结果——就必须从时间之外的视角来观察它们,他称之为永恒的视角。物理学家斯蒂芬·霍金(1988)在他的书《时间简史》中指出了一个类似的想法,将物理学的目标称为"了解上帝的思想"。

15世纪,约翰内斯·谷登堡全发明了西方的活字印刷术,欧几里得的《几何原本》成为最早大量印刷的书籍之一。这部原著最早在公元前300年左右写于亚历山大城,其中概述了许多几何定理,被认为是最有影响力的教科书之一。与古希腊通过沙盘证明几何定理类似,像《几何原本》这样的教科书,强调的是一种自上而下的视角,仿佛所有事物都可以在页面的图表中一目了然。但是,与他人一起讨论并进行证明时,体验截然不同,因为对话中总是包含着不确定性和开放性。在交流和倾听过程中,我们始终处于时间之中,很难想象自己能够退后一步,置身于时间之外(Nikulin,2010)。我们可以推测斯宾诺莎受到像欧几里得《几何原本》这样的教科书的认知提供的影响,当他提出他的单向教育模型时,教育从时间内移动到时间外,看到一切都"在永恒的光芒下"。

对话性垂直时间——扩展和赋予当下声音的力量

在《世俗时代》一书中,查尔斯·泰勒(Charles Taylor,2009)对比了两种垂直时间观。第一种是柏拉图和亚里士多德提到的固定的永恒时间，二者建议将此作为真正的、永恒的理念之所，如数学真理所在的家园。这正是前文提到的"独白式"垂直时间观。泰勒认为，这种垂直时间观的局限在于，它常常将永恒的或"上帝心智"的视角视为最真实或唯一真实的视角，进而使得所有其他视角或观点显得不那么真实。例如，三角形的概念（Eidos）比我们在时间的实际生活中所遇到的任何具体三角形都更为"真实"：理想中的永恒三角形总是比现实中任何一个具体的三角形更完美。

泰勒（2009）指出，奥古斯丁（Aurelius Augustinus）关于时间的著作为第二种垂直时间观提供了基础。与后来的胡塞尔和海德格尔类似，奥古斯丁认为，意识到过去和未来对于我们当前的生活体验至关重要。根据泰勒的说法，这种"生活时间"或"聚集时间"的概念涉及：

……我们在旋律或诗歌中发现的那种连贯性……第一个音符与最后一个音符之间存在一种同时性，因为要听到旋律，所有的音符必须在其他音符的存在下同时响起。

接着，泰勒将这种时间概念与对话联系起来，写道：

……这涉及一种行动时刻或享受时刻的扩展的同时性，在真正吸引我们的对话中也能发现这一点。你的问题、我的回答，以及你的反驳在某种意义上是同时发生的。尽管像旋律一样，它们在时间中的排列顺序才是本质所在。

奥古斯丁认为，以碎片化和不连贯的方式生活可能导致生活失去意义，因为每个时间点的意义可能被割裂或遗失。基于这一观点，教育的理想状态应是将各种经验整合为一个更深层次的时间体验。这意味着时间不再是孤立的片段，而是一个整体性、互联互通的有机体，在其中，每个时刻都与其他时刻共鸣，就像一首无边界交响乐的音符相互回应。这样的时间观揭示了"对话性"的垂直时间概念：不同的时刻被汇聚在一起，但并没有融合为一个整体，而是保持各自的独立性，同时仍然彼此对话。泰勒为我们展示了如何通过模式化和调整声音、单词以及音符来实现这种对话性。然而，这些由人类创造的作品无法永久存在，只有其他形式的技术（如洞穴壁画、书籍以及现代的数字屏幕）可能更好地延续这种更广泛和持久的共享对话时间。

技术支持对话性垂直时间

如前所述，斯宾诺莎提出的单向教育模型（从时间之内过渡到时间之外的视角）是在印刷技术（如：教科书）所带来的认知错觉。这种单向模型在维果茨基的部分著作中也有所体现（1934/1987）。然而，若我们以另一种方式解读维果茨基的思想，就会得出垂直时间在教育中的另一种模型，这是一种更加复杂的双向模型（Derry，2013）。这个双向模型描述了文化工具作为中介，如何将不同时间尺度的事件相互关联起来。在该模型中，短期的、地方性的事件及其互动的意义，通过它们与文化的长期对话产生联系和强化，而这些文化对话正是通过文化工具进行介导的。这个过程是双向的，因为文化的长期对话也会通过与地方性事件的互动而得到扩展和改变。例如，在课堂上进行"双缝"（Double-Slit）实验（该实验证明光和物质能够同时表现出波和粒子的特性）所产生的对话，可以将科学的长期文化对话与学生的日常生活经验联系起来，使学生能够更好地理解科学对话的深层意义。波粒二象性并非一个固定的永恒真理，而是在全球科学文化对话中产生的真理。通过技术手段，学生可以接触并参与到这种科学对话中，提升对科学和文化理解的深度。

教育作为对话时间的延展

教育的本质可以被视为进入时间的运动（垂直时间），以及时间内的运动（水平时间）。这一理念可以用本章开头的名言来概括："忘记过去的人注定要重蹈覆辙（Santayana，1905）。"

对维果斯基著名的"最近发展区"（ZPD）的一种重新解释是，教师或更有经验的伙伴引导学习者从仅在一个时间上下文中看到事物（即在一个物理存在中包含的短期面对面对话）到能够从另一个时间上下文中看到相同事物（即学术话语的长期"虚拟"对话）。物质设备，例如图形计算器，可以使在特定时间和地点的特定实践环境中执行分散的实践（如计算）成为可能。使用物质制品，例如技术词汇、计算尺、视频和电子白板可以帮助扩展教育中当下时刻的重要性。

与宗教或艺术相似，科学不提供永恒的真理。它更像是真实人物之间的持续、会出错的对话。这种对话只有在由于印刷字母、文章、书籍和越来越多由人工智能语言助手支持的互联网等中介技术的作用下，才能在较大的空间和较长时间内成为可能。例如，牛顿的万有引力理论（将引力视为一种力）被改进（有人说被取代）为爱因斯坦的广义相对论理论，该理论提出了弯曲的时空。尽管爱因斯坦的理论已经存在了100多年，但许多人推测它很可能很快被更好的理论取代——一种目前正在虚拟对话空间中通过互联网讨论和发展的量子引力理论。

因此，科学教师的角色可以说不是教授事物的最终真理，而是将科学的宏观时空视角与课堂上与学习者面对面的微观时空视角结合在一起（Phillipson和Wegerif，2016）。观察羽毛和金属球在真空室中以相同速度下落（可能在YouTube视频中）是一回事；从中推导出对引力概念的理解则是另一回事。科学的知识源于对话中提出的问题及其答案。要让学习者获得理解概念，他们首先需要参与科学的长期对话。这意味着将课堂或其他学习场所的时空与过去的科学发现（例如伽利略从比萨斜塔上投掷不同物体）以及与当前的科学实验（例如在CERN对撞机上进行的实验，这可能决定我们对引力的未来理解）的时空联系在一起。

除了将"此刻"与科学的广阔时空视角相结合，还需要将学生在多个课时或学期中学习的不同概念和思想加以联系。默瑟（2008）通过学生成绩报告单展示了教师和学习小组如何在持续的对话中逐步建构更为复杂的理解。他强调，学习者通过频繁回顾和反思过去的学习内容，将当前所学与先前知识相连接。此外，默瑟引用了莱姆克（2000）的研究，讨论了一系列的时间尺度。莱姆克从物理学家转向科学教育家，他从物理学中引用了"异时性"的概念，以理解垂直时间在教育中的作用。在教育情境中，莱姆克将"异时性"定义为由"物质—符号"介导的不同时间尺度之间的相互作用。一个简单的例子是：当学生在笔记本中记笔记时，他们能够在短期的小组合作活动的时间尺度与学期内探究性项目的长期时间维度之间进行调和。莱姆克将这种将不同时间维度联系起来的现象与对话关联，尤其是与对话中个体身份的相联系。由文化制品介导的"异时性"也拓展了学生的身份认同，或者至少增强了学生在超越即时感知的长期时间过程中的认同感和参与感。

作为斯宾诺莎的追随者，维果茨基有时将教育呈现为一架单向的梯子。这架梯子引导学习者远离那些与时间紧密相关的、他所谓的虚假的"参与性"概念，并以他所称的"真正理解"来取而代之，这种理解源自超越时间的概念系统。在这一点上，维果茨基复现了一种相当传统的"启蒙理性主义"教育观（Wertsch，1996）。对此类单向梯子模式的教育存在争论，保罗·弗莱雷、伊万·伊利奇、西摩尔·帕珀特、贝尔·胡克斯等人认为，这种教育方式可能是危险的①。它通过剥夺学习者自身的真理,即他们当前时刻的经验真理,并以他人的真理替代之,从而削弱了学习者的自主性。这取而代之的真理或许赋予某些人权力,但同时也可能使其他人感到被剥夺了权力。然而,将教育视为进入时间的旅程的理想,意味着在当前时刻赋予学习者更多的意义,而非减少他们的意义。另一种方式是将其视为延展当前时刻的影响力和力量。这意味着当前时刻并不从属于更大的时间维度(如永恒)。相反,当下时刻是一个成长和变化的时刻,时间整体在时间的运动中得以体验(Merleau-Ponty, 1945/1962)②。

巴赫金使用"时空体"一词来指代经验中的空间和时间结合。他认为,读者的时空体与文本的时空体形成了对话关系。对巴赫金来说,对话关系是一种双向关系,其中相互理解可以从观点的相互启发中产生。巴赫金认为教育涉及从"小时间"的时空体到他称为"大时间"的旅程。小时间以我们"忙碌"的短期日常关注为特征(Shepherd, 2006)。而大时间则以无限对话空间为特征,在这里所有文化和所有时代都可以相互交流(Bakhtin, 1986)。这种将教育视为时间之旅的愿景并不意味着放弃当下时刻。相反,它能够扩展和加深我们对当下时刻的参与。阿琳·纳尔多在区分克罗诺斯(Chronos)和凯罗斯(Kairos)时提到了类似的想法(Nardo, 2023; Marramao, 2007)。在希腊神话中,有两个词用于表示时间。克罗诺斯代表时间顺序,或我们所称的时钟时间或水平时间。

---

① 这里的问题不仅仅是个人对生命意义的体验被别人的真理所取代,还涉及以文化为媒介的寻找意义的方式被殖民化视角所移除,这种视角来自其他文化,以抽象的"真理"教学为幌子,实际上使一种文化和历史视角从属于另一种文化和历史视角,损害和削弱了一些学生的能力,牺牲了另一些学生的利益。

② 请参阅威廉·布莱克(William Blake)《天真的预言》:"从一粒细沙中窥探世界,在一朵野花里寻觅天堂,掌中握无限,刹那成永恒。"(https://www.poetryfoundation.org/poems/43650/auguries-of-innocence)以及尼采。可以说,尼采的全部作品都是在敦促人类超越对时间的怨恨,以学会如何完全活在已经永恒和无限的当下:"'上帝的国度'不是人们等待的东西——它没有昨天,没有后天,也不会在'千禧年'到来——它是心灵的体验,它在每一处,它无处不在……"反基督者,箴言34。(https://www.gutenberg.org/files/19322/19322-h/19322-h.htm)

克罗诺斯的补充是凯罗斯，即"正常时间"的中断，有时被描述为"深层时间"。凯罗斯指的是时间作为潜力或一种开放的体验，从中可以产生新的事物、新的理解和新的自我意识。

技术编织不同的时间尺度

如前所述，印刷素养的认知和教育可供性使得单向的时间旅程（独白式垂直时间）更容易被青睐。然而，数字教育技术可能提供新的认知和教育提供，可以更明显地支持对话的双向时间之旅模型（对话垂直时间）。具体来说，这可以用来增强和扩展教学和学习时刻中的意义潜力。此处提出的知识发展机制是使用数字工具连接不同时间尺度。这可以通过亨尼西（2011）的"数字知识工件"的形式实现。这些提供了对过去和正在进行的集体小组活动的临时记录，这些活动可能是社交的、认知的或物理的。通过这种方式，数字知识工件可以用来外化和体现对话、思考和决策过程。由于它们连接了不同的时间尺度，这些工件可以展现出不断发展的知识，就如德鲁·惠特沃斯所提到的重写本或带有多重注释的手稿所达成的效果一样。然而，数字技术的优势在于能够将两个或更多时间尺度并置，这比使用重写本或黑板所能实现的要更为深远。

亨内西所描述的数字知识工件不仅限于对话的最终结果，而是可以支持学习者的思维过程和持续的协作思想发展的工具。这一概念与"可改进的对象"（Wells，1999）和"探究对象"（Bereiter，2005；Scardamalia和Bereiter，2014）的理论一致，同时也符合巴赫金（1986）关于对话的理解，即对话从未结束。这些工件不仅能够记录协作活动和思想的物质（包括数字）痕迹，还能在活动结束后继续使用，在随后的活动中被重用或引用。通过这些工具，学习轨迹变得更加清晰，当前的推理能够与之前的推理进行关联，从而推动学习和对话随着时间的推移而延续（Hennsessay，2011）。

在探讨互动白板（IWBs）在课堂中的应用时，亨内西和其他研究者展示了这种技术如何能够支持集体对话空间，并维持和促进思想的连续性及随时间的发展（Mercer等，2010），这一发现对其他新兴的基于课堂的技术的实施具有潜在的影响。一个例子是：课程伊始，学生们在白板上记录他们对某一主题的评论；课程结束时，再次审视这些评论，以观察他们对该主题理解的变化。这种重新审视或比较数字知识工具的方式，能够清晰地展示不同观点之间的异同，而这只有借助技术支持才能实现。此外，思想外化的需求也会促使学生在协作探究过程中提供更为深入的解释（Hakkarainen，2004；Lipponen，2000）。这些共享的活动对象"物质化"了个人专长与公共知识之间的互动（Paavola和Hakkarainen，2021）。因其物质持久性，这些对象比通常短暂的口头言语更为稳定，有助于支撑"递归反思和修订——知识建构的一个重要特征"（Wells，1999）。更先进的数字知识工具带来了与他人思想互动的新方式。广泛的图形和其他表现形式——如图像、图表、绘图、多媒体演示、模拟、动画和概念图——成为多模态对话中的交流模式（Hennessy，2020），这甚至超越了对话。关键在于，数字工具的可塑性支持了时间尺度之间的双向关系。这意味着长期文化对话嵌入到对象中，能够与地方性的"小时间"对话发生互动，反之亦然。

技术与时间

所有文化都生活在时间中并期待未来。然而，也有证据表明，我们在共享现代时间中学习生活的方式是由教育和我们使用的时间测量工具塑造的（Sinha和Sinha，2022）。在《技术与时间》中，哲学家伯纳德·斯蒂格勒（Bernard Stiegler，1998）认为，我们对时间的感知离不开技术。尤其是那些测量时间并同时创造我们时间体验的工具，比如时钟、日历和印刷在学校教科书中的时间线。

当斯蒂格勒探讨科学如何探索人类最初的时间感知时，他认为这一感知源于古人学会使用工具的过程，尤其是在打制燧石斧头时。在这个例子中，时间并非突然涌现，而是人类与其技术缓慢共同进化的产物。斯蒂格勒认为，工具的使用不仅带来了技能，还创造了一种集体记忆，因为工具的使用保存了过去互动的痕迹，而这些痕迹构成了集体记忆。与我们大脑中的个体记忆（表观遗传）和从祖先那里遗传的生物进化记忆（系统发育）不同，技术外化的记忆形成了第三种记忆形式。斯蒂格勒将其称为"技术媒介的记忆"或"外源遗传记忆"，通过这一概念，他解释了我们对时间的体验如何产生和演化。外源遗传记忆的发展过程，正是人类通过技术创造共享时间的过程。

回到前文提到的朱迪的学习案例，我们可以得出结论：朱迪之所以能够从"继续数数"这一加法的具体过程转向更抽象的理解，是因为她能够利用技术的视角——即她面前桌上的纸上加法符号，并将其作为一种认知杠杆（图9.1）。斯蒂格勒认为，在这一过程中，朱迪从表观遗传的"动物时间"——即一个人在做事时不自觉地经历的水平时间——转移到了数学的系统发育时间，这是一种通过数学符号等技术媒介的中性、非个体化的时间。换言之，垂直时间始终是技术的产物，更确切地说，是斯蒂格勒称之为"技术学"的产物。

数字技术与教育中演变的时间

与斯蒂格勒所强调的"技术工具"观点相反，托马塞洛（Michael Tomasello）及其同事（2005）认为文化——包括技术——之所以存在，是因为人类能够在对话中学习[①]。其他猿类可以像人类一样传递文化创新。一个著名

[①] 明确地说，我们在这里并不是不同意施泰格勒的观点，而是要指出，创造人类时间的不仅仅是技术，而是技术与围绕技术的对话关系的结合（此对话同时也受技术支持）。技术与对话的结合为进步所必需：在集体学习的过程中，各种观点之间的对话性紧张关系带来新的创造，以某种形式记录下来，以便传给下一代学习者。

的例子是猕猴教会幼崽在吃红薯前先在海水中洗去沙子（Watson，1979）。然而，托马塞洛认为，人类在"文化传承"的对话性方面独具特色。在这种对话性中，不仅涉及对所传授内容的关注（例如如何洗红薯），还涉及对彼此的关注，包括对方的眼神、手势以及最终的文化传承。这种互为主体的能力推动了托马塞洛及其同事所称的"棘轮效应"（Ratchet Effect），即新发现被纳入一个随着时间不断演变和积累的知识体系和文化之中。文化进步和学习需要通过共享注意力来打开对话空间，并使用物质符号工具（如文字和图像）使对话过程具体化，以便将瞬间的洞见转化为可以支持知识积累的持久形式。知识的存在不在于对象本身，而在于新情境中激发这些对象的潜在行动能力。

文化进化倾向于通过偶然的创新缓慢发展。这些创新被纳入教育体系，用于向新一代传授知识。有人认为，17世纪欧洲启蒙运动引发的科学革命通过建立促进创新的制度，加速了文化的演变，而不仅仅依赖于创新的自然发生（Deutsche，2011）。然而，即使在这种视角下，科学也是一个在教育系统中验证真理的过程，虽然它能够使文化更迅速、更灵活地应对环境变化，但其本质上仍维持了一种面向过去的灌输式教育模式。在传统和现代的印刷文化中，教育往往更多地关注传授如何解决过去问题的知识，而不是专注于为学生应对未来挑战提供支持。在更"传统"的社会，孩子们通过讲述祖先如何应对挑战并塑造世界的故事来学习；在更"现代"的社会，学校课程重复了伽利略、牛顿、玛丽·居里等历史人物的实验。当新的知识见解发表在期刊上，经过同行评审并成为公认的共识观点后，再被纳入百科全书和教科书时，它已经成为过去的知识。这种模式强化了印刷时代教育中"向后看"的时间导向，然而新的数字技术——尤其是与人工智能增强型互联网相关的技术——正在改变教育中的时间关系。这些技术使学习者能够直接参与到全球范围内不断生成和扩展的当下知识对话中，即面向未来的教育，打破了传统教育中对过去知识传输的时间限制。

文化的"棘轮效应"指的是一个过程，在这一过程中，新发现被创造并以固定的物质形式保存，确保这些发现不会丢失，并且能够传递给后代。科学可以被理解为一种双重棘轮效应，既包括帮助科学家积极寻求新发现的基本规则（通过印刷品等物质形式得以实施），也包括将方法和发现以文章形式记录下来。由技术支持的科学过程或许可以被称为三重棘轮效应，或对话流效应。在这个过程中，新发现不仅被创造，还通过数字媒体——如互联网和人工智能助手——实时共享和改进。这不仅关乎如何保持和传递过去的知识，还涉及如何参与一个不断自我修正和完善的实时对话。数字媒体的物质性不再仅仅是保存过去（面向过去的棘轮效应），而是用于参与创造性的集体实时对话，支持意义的持续生成。

贝雷特（1994）提出的科学"进步性话语"不再仅限于通过印刷媒介进行缓慢的对话周期中，它活跃在互联网上。这意味着学生可以通过虚拟方式参与这些实时的对话，以更真实和吸引人的方式学习科学[①]。在第四章中，我们提到了斯卡达玛利亚和贝雷特，他们开发了知识论坛，以支持进步性话语。如今，通过该平台，学生即使不在同一地点，也可以在线参与科学辩论，并与专家交流（Chen等，2019）。互联网还使学生更容易参与真正的科学项目，参与到前沿科学的持续对话之中（例如，可汗学院的Khanmigo教育机器人以及nQuire，见Scanlon等，2020）。在第五章中，我们提到了简·麦戈尼格尔，一位未来学家和游戏设计师，我们将在接下来的讨论中继续提到她。麦戈尼格尔认为，在线多人模拟游戏是一种强大的新型教育形式，这些游戏不仅教授学生书本知识，更重要的是教会他们如何通过协作形成集体智慧，以实时

---

① 这些关于互联网的乐观主义指的是互联网在维持自我完善的全球对话方面的潜力，而不是对当前现实的描述。众所周知，互联网上的对话存在许多质量问题，包括不同互联网平台的所有权和控制权各不相同所造成的分散。然而，尽管存在问题，我们还是可以从此处提到的理想的迹象。例如，与大约一百年前应对西班牙流感大流行的全球对话和对策相比，围绕如何应对最近的流感大流行而开展的全球科学和政策对话，肯定因为互联网而更加有效。

解决复杂的分布式问题（McGonigal，2007）。这种教育形式可以通过引导学生在互联网上共同解决问题来实现——无论是现实世界中的问题（Scanlon等，2020），还是虚拟游戏中的模拟问题（Zhonggen，2019）。这种新型教育形式代表了教育与时间之间的新型关系。在一些大型多人在线游戏中，麦戈尼格尔进一步引导玩家不仅进入当下，还与"不同版本的未来"进行对话。

案例研究：超级结构（Superstruct）

2008年，加利福尼亚州帕洛阿尔托的一项未来学研究开发了一款名为"超级结构"的未来预测模拟游戏。该游戏由简·麦戈尼格尔担任首席设计师。游戏旨在预测诸如大流行病等全球性威胁对经济、政治、社会和情感的全面影响。游戏背景设定在2019年秋天，也就是2008年后的11年。全球约有一万名玩家参与了这一模拟，体验了5种全球威胁的影响，其中之一是虚构的病毒全球爆发，名为呼吸窘迫综合征（ReDS）。这一情境与后来发生的新冠疫情惊人地相似。游戏要求玩家预测他们在这种迅速传播的疫情中的感受和行动，例如：会如何改变自己的习惯？会避免哪些社交互动？能否在家工作？是否会选择自我隔离？

在这些问题的引导下，玩家们分享了数千个个人故事。麦戈尼格尔评论道[①]：

当新型冠状病毒在2020年初首次引起全球关注时，我认为从我们的大规模多人模拟中与世界分享的最重要的发现将是玩家们做的预测。

在后来的工作中，麦戈尼格尔列举了多个源自游戏的有用预测实例。尽管她对此感到自豪，但她也指出，这款游戏的意义远不仅限于预测未来。她

[①] https://medium.com/institute-for-the-future/during-a-pandemic-we-all-need-to-stretch-our-imagination-a9295cfcd1f8

说道：

我不再认为像Superstruct这样的大规模社会模拟的首要任务是准确预测人们会做什么。相反，未来模拟的最重要任务在于帮助我们做好心理准备，扩展我们的集体智慧。这样，当"不可想象"的事情发生时，我们会更灵活、更敏捷、更适应，也更具韧性。……

在2020年1月，玩家们面对新冠疫情时写道："我没有感到恐慌，十年前通过想象，我已经处理了恐慌和焦虑。"在主流意识开始认识到需要严肃对待生活习惯和计划改变的几周前，玩家们已经在说，"戴上口罩！"、"是时候开始保持社交距离了！"以及"我需要开始准备了"。模拟参与者认为预先体验未来帮助他们提前应对焦虑和无助，当未来真正到来时，他们就能迅速地适应并采取灵活的行动。（McGonigal，2022）

对Superstruct案例研究的评述

尽管Superstruct并非教育型游戏，但它在帮助玩家应对不确定的未来挑战方面发挥了积极的教育作用。一场模拟的大流行病影响了玩家在实际大流行病期间的应对措施。尽管上述证据大多为轶事，但相关研究也支持简·麦戈尼格尔的观点（Miller，2018）。例如，纳尔多和加乔斯（2021）已将类似的方法应用于伦理教育，通过将学生置于超出其正常经验的情境中，激发他们思考那些超出常规认知范畴的事物。专注于未来而非过去的教育，可以帮助学生更灵活地应对变化，发现潜在的机会，并有效减轻焦虑。这种教育不仅拓展了个体生活中的共享时间领域，还通过培育更强的集体认同感，使学生能够更加从容地面对未来。面向未来的教育不仅深化并拓宽了对当下的理解，还能够引导学习者更好地珍视当下，并将时间视为"凯罗斯"，即一种不断创造新开始的潜力。

讨论

在撰写本书时，新闻正频繁报道詹姆斯·韦伯太空望远镜[①]传回的照片，互联网上也广泛分享着这些影像。该望远镜环绕太阳轨道运行，拍摄的图像首次展示了大约150亿年前宇宙早期的特征。新知识的发现并非静态，专家们正展开对话，讨论这些图像中信息的重要性。新的模式和理念不断丰富和扩展着集体对话空间，这些前沿研究拓展了我们所能观测、思考和讨论的领域，构成了教育的一部分。

詹姆斯·韦伯太空望远镜能够扩展我们的视野，使我们同时观察到空间与时间。这种能力戏剧性地呈现了对话空间中的时间性，本章将其称为对话时间。我们认为，教育始终是进入时间的旅程。无论是洞穴绘画、教科书，还是在线科学实验，教育工具都在将个体体验的短期时间与文化的长期时间连接起来。理解教育技术在这一过程中所扮演的角色，将有助于我们在教育中结合新型数字技术和教学法，更有效地引导学生参与文化的长期对话。这些对话不仅存在于科学和技术领域，还涵盖音乐、体育、烘焙和太空探索。上述案例研究能够启发教育工作者如何设计教育，使学生能够直接参与到持续进行的在线对话中。

对伯纳德·斯蒂格勒观点的讨论表明，教育技术在拓展时间维度上具有重要作用。斯蒂格勒指出，我们对时间，作为超越个人生活体验的事物的认识，是借助于技术而形成的。正是这种技术调节的共享时间和预期时间，创造了学习中的"棘轮效应"。在此过程，我们意识到所学内容，并通过工具将其记录下来，以便在集体记忆中能够检索、复习并传授给后人。通过技术将不同时刻编织在一起的棘轮效应，构成了教育时间过程的核心。例如，技术可以帮助学生回顾并深化他们在上一学期或学年学到的内容，并将自己的学

---

① https://www.nasa.gov/webbfirstimages

习与人类进步话语的更大时间框架相连接。每一次这样的棘轮推进不仅发生在时间之内，还积极拓展了我们的集体时间视野。通过教育技术延展对话时间，不仅扩展了个体和群体的身份认同，还使他们成为宏大历史进程中的积极参与者。这个进程以一个不断扩展的活生生的"现在"为背景，包括我们新望远镜所观测到的宇宙黎明，以及未来几代人将面临的长期挑战。我们需要通过"未来教育"来应对这些挑战，这种教育赋予学生在不断变化的世界中不仅能够生存，还能够茁壮成长的能力。

基于对话理论的教育技术设计与实践的启示

本章讨论了将教育视为延展对话时间的不同方式。教育技术发挥了关键作用，通过连接不同时间尺度的对话，促进对话时间的时序延展。

萨拉·亨内西（Sara Hennessy）的研究清晰地展示了如何利用数字教育技术，将多个不同的时间尺度整合在一起。这些时间尺度包括地方性短期对话，也涵盖整个学期的教学计划，甚至涉及更具文化和历史意义的时序。在这个例子中，一位历史老师开始讲授有关都铎王朝的知识，使用电子白板展示了两位重要女王的肖像。学生们被邀请到教室前，用他们的想法和情感反应对这些历史文物进行注释，表达他们对这些肖像在特定时代中的意义的理解（图9.3）。

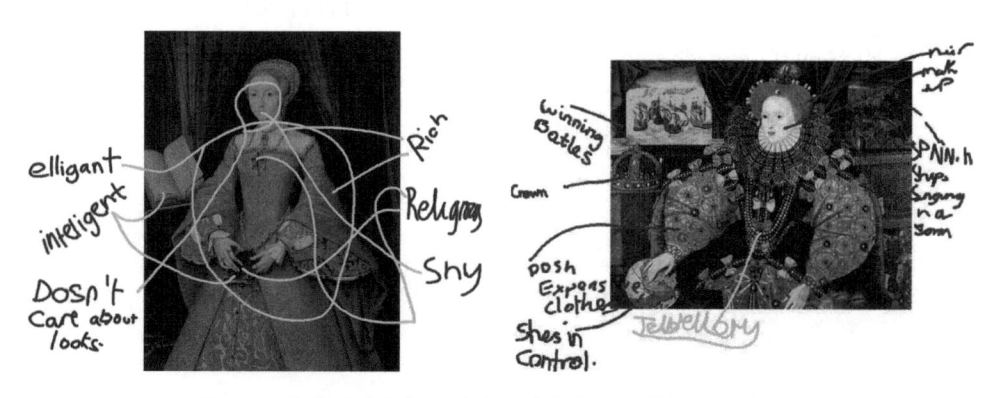

图9.3　在交互式白板上注释历史（来源：萨拉·亨内西）

在教授了一个学期的肖像历史背景后，教师和学生们重新审视了先前存储的带有注释的图像，以共同探讨学生们的理解和感受如何随着学习内容的增加而发生变化（Hennessy，2010）。这项活动有趣之处在于，它通过大屏幕创建了一个短期内的共享"对话空间"。同时，该活动还将短期讨论与更长时间尺度的课程计划联系起来，成为学生将自身声音融入艺术作品所代表的文化历史长河的桥梁。在历史文物上添加学生们的言语和思维泡泡，不仅增强了他们与历史之间的个人互动，甚至让他们仿佛拥有并参与了正在学习的文化历史。通过使用彩色图像来收集并发展情感和认知反应，这一活动展示了与单一的印刷表达相比，数字媒体的多模态表达如何带来了更广泛的教育视野。

有多种软件工具能够支持情景规划，以探索未来的发展，这些工具整合了有关全球变暖或太空探索进展等重大驱动因素的多种观点。学生们可以以两人或小组合作的形式，生成关键驱动因素，然后讨论并评估其重要性。之后，软件工具可以生成观点地图，进一步支持小组和集体的讨论（Whitworth，2020）。通过这种方式使用教育技术来支持对未来的集体思考，或许能够减少对时间流逝的焦虑感，并增强积极塑造未来的建设性参与感（Miller，2015）。

通过让学生注释和讨论历史文物的意义有助于将过去带入对话，而使用软件帮助预测可能性范围可以将未来带入对话。两者都展现了教育技术可以用来扩展对话时间的途径。

第十章 教育技术研究的方法论

> 我们并不是通过置身于世界之外来获取知识；我们之所以能够认知，是因为我们本身就是世界的一部分。我们是世界在其差异化演变过程中的一部分。
>
> ——卡伦·巴拉德（Karen Barad）
>
> 我们将自己置于自身与事物之间，自身与他人之间，并在某种交错之处，我们成为他人，也成为世界的一部分。
>
> ——莫里斯·梅洛-庞蒂（Maurice Merleau-Ponty）

引言

为探索和发展教育技术理论，我们广泛参考了相关研究。无论是像联通主义这类已被明确命名和详细阐释的理论，还是隐含于某些观点和假设背后的理论框架，这些理论对于指导研究都至关重要。理论不仅能激发研究问题的产生，也影响解决这些问题的方法途径。因此，研究结果反过来也会进一步验证、支持、发展或挑战现有理论。

我们在上一章探讨了对话时间的概念，以那句著名的引言"忘记过去的人注定会重蹈覆辙"作为开篇。本书在一定程度上回应了关于教育技术研究领域因理论缺失而未能有效从过去吸取教训的隐忧。无论哪个领域，理论在积累与吸收过往经验的过程中都发挥着核心作用。单靠实践只能告诉我们某种做法是否有效，而无法解释背后的原因，故而仅依赖实践无法实现累积性学习。相比之下，理论提供了一个探索性、暂时性的解释框架，用以阐释实践为何有效或无效。教育技术的设计与应用应以理论为基础，同时理论本身也应通过观察具体设计与实践的成效不断得到验证与完善。

改进未来教育系统的一种有效途径是基于对以往成功案例的深入研究。通过分析哪些方法取得了成效，哪些方法未能如预期奏效，我们可以理解这些方法在何种情境下、以何种方式发挥了作用，从而提炼出能够指导未来教育设计的原则。为了更好地理解研究方法论对教育技术理论发展的潜在影响，本章首先从更广泛的教育研究领域着手，以批判性地回顾迄今为止教育技术研究历史。

本书的核心论点之一是，数字技术的出现不仅开启了全新的教育方式，还改变了我们对教育本质的理解。在本章中，我们主张同样的道理也适用于研究。新技术不仅为教育研究提供了新的方法，还促使我们重新思考教育研究的目的与本质。

教育研究简史

教育研究的历史中，不时会有政策制定者和其他人发出焦急的呼声，质问为什么教育研究不能像医学研究那样直截了当，例如，在治疗过敏性花粉症时，一种新的"治疗"药片是否比"安慰剂"更有效。这些学者主张，应当存在一种简单的科学方法，能够清楚地揭示教育中哪些做法有效，哪些无效。詹姆斯·保罗·吉是教育技术研究领域中被广泛引用的学者之一，他在大卫·威廉姆森·沙弗2017年著作的前言中，阐述了为什么教育研究不能如此直观。他指出，教育并非"硬科学"（如自然科学），而是"非常硬的科学",因为教育研究不仅涉及复杂的问题,还需面对人类的复杂性。人类(无论是作为个体还是群体)本身就是复杂的系统,而当他们处于其他复杂的(教育)系统中时,这种复杂性便愈加凸显。正如吉所说:

> 作为研究对象的人类能够对科学家的解释做出回应,并据此调整自身行为,从而改变科学家所设定的理论框架。……这种情形类似于培养皿中的细胞能够相互协作,主动引发某种反应,让研究它们的科学家不知所措。

尽管教育研究的复杂性不容忽视,自20世纪初以来,教育研究领域已获得显著发展。早在19世纪初期,已有学者主张教育决策和实践应以研究为基础。受自然科学的科研范式的启发,研究者如亚历山大·贝恩(Alexander Bain)在《教育作为一门科学》(1879)中提出了一个开创性的观点,即通过严谨的实证研究可以提升教育实践。然而,有人认为,早期教育实践在很大程度上依赖于传统和权威,尤其是《圣经》、亚里士多德及其他古典作家的权威。他们认为,评判某种观点的有效性,往往更多依赖于其来源的权威性,而非研究证据的可靠性(Nisbet, 2005)。

20世纪初,基于实验心理学的教育研究教科书开始在德国出版发行,这一事件引起人们的广泛关注,因为教科书的出版通常象征着某一学科领域的正式确立(Nisbet, 2005)。《教育评论》(1891)、《实验教育杂志》(1911)和《教育研究杂志》(1920)等权威期刊的推出,进一步确立了教育研究作为独立学科的地位。从1900年开始,教育研究领域逐渐形成了三大主要研究方向(De Landsheere, 1993):(1)儿童研究,将教育研究与应用心理学相结合;(2)进步教育,强调哲学优于科学,倡导生活经验胜过实验数据;(3)科学研究,采用实证主义方法和统计对照实验。令人惊讶的是,这三种不同的观点仍然在当今教育学者在社交媒体和其他公共空间的讨论中反映出主要的分歧。

在对教育研究领域进行横跨百年的分析中，拉格曼（Ellen Condliffe Lagemann，2002）指出，教育研究的发展受到了若干不利因素的影响，这些因素在其形成过程中深刻地影响了该领域的基本特征，并且这些影响在随后的几十年中依然持续存在，难以消除。她详细阐述了对量化研究和"科学主义"的过度依赖如何无意间导致教育研究与实际政策及实践的脱节，这种脱节进一步将教育研究推向学术边缘，使其频繁受到学术界的质疑，最终将导致教育学逐渐被边缘化。拉格曼指出，教育研究走向边缘化的关键在于，研究者放弃了约翰·杜威等人提出的实用主义路径，转而支持以爱德华·桑代克为代表的定量心理学研究范式（Travers，1983）。

定量研究被定义为收集和分析数值数据的过程，研究者通过识别数据中的统计相关性，并尝试通过随机化控制混杂因素来分离因果过程。相较而言，萨文耶（Wilhelmina C. Savenye）和罗宾逊（Rhonda S. Robinson，2013）将质性研究定义为对人类系统的理解，这些系统可以是微观的：例如个体学生使用平板电脑和应用程序的学习过程；也可以是宏观的，例如一个国家的教育文化。质性研究通常在自然环境中进行，研究者不会对环境进行人为操纵，而是通过访谈等方法收集详细而丰富的描述，以理解人类行为和观点。

到了20世纪50年代，定量研究的主导地位开始受到质性研究和民族志方法的挑战，这些方法通常源于新兴的社会学领域。进入20世纪60年代，随着社会科学领域中对认识论问题的讨论逐渐增多，尤其是受到托马斯·库恩（Thomas Kuhn，1962）对科学革命描述的影响，教育界也开始反思主导学科的定量经验主义方法。学者们逐渐认识到，过度坚持僵化的实验科学研究范式不足以应对教育的复杂性及其多样化的情境（De Landsheere，1993）。在20世纪70年代和80年代，教育研究者之间逐渐分裂为定量研究和质性研究两个封闭阵营，库恩提出的"不可通约性"范式使得两者被认为难以兼容（Maxwell，2010）。定量研究阵营通常认为，统计方法可以有效地找到因果解释，这种因果关系像物理科学中的模型一样"科学"。相反，质性研究阵营强调，研究的主要目标在于理解，而非简单解释人类行为。通过采用"深描"的方法，质性研究力图深入探索个体行为背后的动机及其所蕴含的经验意义。

大多数教育研究的实际情况往往难以完全契合传统的定量或质性研究范式。控制变量的实验性定量研究通常聚焦于"如果x，则在条件c得到y"这样的问题。然而，在复杂且动态变化的教育环境中，这种方法的效用会受到限制。这是因为在现实世界中，完全控制可能影响实验结果的所有变量非常困难。尽管实验研究通常用于识别能够应用于其他情境的因果关系，但教育的复杂性往往使这一目标难以实现。与此同时，尽管深入的质性研究（如对教育软件中师生互动的细致描绘）具有一定的吸引力，但仅依赖此类研究来评估软件的有效性，也并非是最理想的方法。

正是在这种背景下，教育研究领域逐渐出现了一种新的共识，即结合原本被视为不兼容的研究范式，认为健全的探究应当以螺旋式发展的方式进行（Hammersley，2002；De Landsheere，1993）。然而，许多研究者仍然将质性研究方法和定量研究方法视为对立范式。在实践中，这种对立通常意味着不同的研究小组各自采用不同的方法。讽刺的是，所谓的"混合"研究方法有时反而加剧了定量（解释性）研究范式与定性（诠释性）研究范式之间的理论分歧。这是因为，混合多种研究方法的尝试本身，一定程度上加剧了这些方法之间的认识论鸿沟（Symonds和Gorard，2010）。

受到黛安娜·劳瑞拉德和麦克·夏普尔斯等学者的启发，我们在本书第一章中提出将教育视为设计科学的观点。这意味着，教育应像工程学、建筑学或计算机科学那样，从变革世界的视角出发，而不仅仅是描述或解释世界。如果我们接受这一观点，那么教育研究的核心任务便是通过对教育系统的干预来实现系统改进。当然，有效的干预首先依赖于对这些系统的运作机制的深刻理解，并且必须明确在特定研究情境下所要实现的改进目标。行动研究最早由库尔特·勒温于20世纪40年代提出，它与教育作为一门设计学科的属性紧密相关。正如后文所讨论的，行动研究在知识生产和问题解决的过程中具有明显的实用主义倾向，因此在理论上能够克服定量与质性研究之间所谓的对立。

自20世纪90年代末以来，教育领域再度兴起了对定量实验方法的关注，以回应关于"循证"评估需求的呼声。这一趋势与100年前在美国盛行的强调量化和"科学主义"的思潮如出一辙，反映了将严格的随机对照试验（RCT）视为教育研究的"黄金标准"的回归（Torgerson, 2012）。当然，在某些特定且狭窄的条件下，RCT确实能够提供宝贵的见解。然而，将RCT视为唯一标准的做法存在问题。实际上，这种实验科学方法在经过数十年的尝试之后已被放弃（Thomas, 2022）。

这段简史主要聚焦于欧洲和美国，表明教育研究仍然受到其他学科方法的影响，尽管这些方法并不总是适合教育领域中设计导向的研究需求。一方面是自然科学研究理念的影响，另一方面是人文学科与描述性社会科学的影响，导致了梅洛-庞蒂在哲学框架下所称的"不良辩证法"：在所谓的"客观"定量方法和"主观"质性方法之间的机械摆动（Merleau-Ponty, 1968）。这种影响不仅体现在历时性的演变中，即不同研究方法在时间上以循环的方式相互替代；也体现在共时性上，即许多教育研究机构内部形成了定量与质性研究的分化阵营，双方彼此使用截然不同的学术话语体系，导致缺乏合作，甚至不可调和的"矛盾"。本章将在结尾部分进一步探讨这一问题，并提出未来可能的发展方向。我们认为，对话中的张力可以成为统一这些表面上对立或不兼容观点的关键，而理论应当成为在这种张力中持续生成的充满生命力的声音。在此之前，我们先简要回顾教育技术研究这一更为具体的教育研究领域的发展历程。

教育技术研究简史

2019年，领先的教育技术研究期刊《英国教育技术杂志》（BJET）发布了其50周年纪念特刊。在回顾该期刊的历史时，编辑们讨论了该期刊如何聚焦视听技术（AV），如幻灯片、电影、广播和电视，形成了教育技术研究的框架雏形（Hennessy等，2019）。尽管这些技术在整个教育技术领域中的核心地位如今已被取代，但这本期刊首任主编在1970年写下的关于期刊焦点的声明至今依然具有现代意义：

该杂志关注教育技术和通信的理论、应用和发展。该定义涵盖了学习心理学、视听呈现手段、教育规划和组织、课程开发和课程设计、教学和学习材料的研发、信息的存储、检索和传播、教育资源的分配、媒体技术在教育中的成效、学习空间的设计以及创新。

在该声明发表后的几十年中，期刊发表的一系列文章揭示了教育技术研究的演变历程（Bond等，2019）：从关注多媒体和远程学习（1970—1979），到视听技术和基于计算机的学习设计（1980—1989），再到远程教育的发展和互动学习的兴起（1990—1999），以及在线协作学习和信息通信技术（ICT）的设计与实施（2000—2009），发展到近年来对学习分析和移动协作学习的研究（2010年至今）。这些变化反映了新技术在教育领域的逐渐渗透，以及教育技术学的发展历程。

教育技术学的历史展现为一系列由新技术（如CD-ROMs、互联网、移动设备和人工智能助手）推动的研究浪潮。显然，每一波浪潮都试图重新定义教育技术，却缺乏积累发展的意识（Ann和Oliver，2021）。有人指出，教育技术研究中长期存在的薄弱点，可能阻碍了其成为一个完全成熟的学科领域

（Hennessy等，2019）。这些薄弱点包括不加批判的技术布道者视角，导致教育技术常常被宣传为"灵丹妙药"（或"解决方案"，或"治愈方法"），过度关注技术本身，而忽略了更广泛的教学环境及如何将技术有效整合到学习设计中。在教育技术研究文献中，常见的观点是新技术将迅速改变教育，甚至可能取代教师（Bozkurt，2020）。如第四章所述，这些主张可以追溯到20世纪20年代对机械教学设备的尝试，以及斯金纳在20世纪50年代的尝试（Watters，2021）。整体而言，针对技术进步的回应往往重复了教育技术领域在20世纪80年代初步成形时的论述，即"技术将变革教育"的观点。例如，近期关于人工智能在教育中变革潜力的讨论便是这种论述的延续（diSessa，1987；O'Shea和Self，1986）。

技术变革的快速步伐、负面研究结果未被充分报道，以及某些研究在地理上分布不均衡（如非洲、中东和南美地区的贡献较少），这些都是该领域面临的挑战。此外，对实证主义范式的偏好，以及对"证明"教育技术有效性的持续追求，似乎依然存在。问题在于，当技术也在改变教育的本质时，我们很难定义"有效"究竟意味着什么。胡等人（2019）认为，这种"幼稚的经验主义"态度可能是导致教育技术研究常常忽视理论的原因之一。研究者往往更侧重描述他们的实际操作和研究发现——通常是他们的新"教育技术"干预取得了成功——因此，数据收集和分析被置于优先地位，而不是通过理论来解释或理解这些研究结果在更广泛背景下的意义。这种幼稚的经验主义态度限制了教育技术研究的进一步发展。在过去的50年中，许多研究一再声称新的教育技术要么能在现有教育体系内带来更好的学习效果，要么会颠覆和变革这一体系。然而，尽管如此，许多评论者声称变化甚微（Cuban，2018；Hague，2020）。另一方面，教育技术未能彻底颠覆教育领域的这一事实正在改变。全球新冠大流行迫使许多学校关闭，导致大量教育活动转移至线上，这引发了人们对数字教育的重新关注和参与（Zancajo等，2022）。

新技术引发理论发展新方法

前文讨论了技术发展如何影响我们构建知识和教育概念的框架。例如，在17世纪，随着古腾堡印刷的《欧几里得原本》成为畅销教科书，斯宾诺莎受其影响，尝试以更"几何化"的风格撰写哲学作品。图尔敏认为，印刷术的出现改变了我们认知真理的方式。真理通常被视为一种对话，需要细致入微的阐释；谷登堡之后，基于《欧几里得原本》所提供的例子，真理逐渐被视为一种可证明的命题。这种受印刷品影响的真理观与许多人眼中的"科学"世界观有直接的演变联系。与欧几里得数学类似，科学主义倾向于认为所有真实的物理现象都可以通过将这些现象归纳为普遍的"自然法则"来解释[①]。假设-演绎实验科学通常被视为产生知识的方式，类似于"几何化"的推理过程：首先提出一个理论，从中演绎出一个论断，如"x导致y"。然后通过实验设计来检验这一假设。如果无法推翻假设，则可以认为该理论得到了证实。

这种"几何化"的知识构想方式对伽利略和牛顿等科学家来说非常有效。然而，这种方法似乎只在相对简单和封闭的系统中效果显著。正如本章开篇所述，教育技术是高度复杂系统的一部分。例如，理解学生如何通过数字设备进行学习，需要考虑多个主体之间的互动。这些主体包括教育者、学生、屏幕提示、技术本身，以及所有可能影响学习情境的因素。一旦这些多重因素相互作用并形成循环反馈，系统的复杂性便会增加，难以通过简单的单向或线性模型来描述，例如"在x、y、z条件下，a导致b"。

算力的进步使得研究复杂系统的新方法成为可能。圣塔菲研究所的数学家约翰·卡斯蒂在研究复杂自适应系统的过程中指出，模拟多重主体互动是

[①] 这种方法的问题不仅在于我们所涉及的许多系统是复杂而开放的，而且在于它是描述性的而非解释性的——只注意到数据中的规律性关联，而不对其进行解释，因此混淆了认识论（即我们所知道的事情）和本体论（即真正存在的东西和真正发生的事情）（Bhaskar，2013）。

一种新的科学方法，与传统的实验和线性数学建模截然不同。后者更适合研究封闭且相对简单的系统，而不适用于高度复杂的系统（Casti，1997）。

研究复杂自适应系统的一种方法是创建模拟，并为其中的多个动因设定一套行为规则——这套规则包括如何调整自身规则的元规则。通过这些动因之间的交互，即便规则本身相对简单，有时也会在规则预期之外"突现"出新的自组织系统。苏加塔·米特拉是将自组织现象的隐喻应用于教育领域的著名研究者之一，他提出了"自组织学习环境"（SOLEs）的概念，在这种环境中，学习者可以通过互联网自主学习（Mitra和Dangwal，2010）。尽管已有一些研究尝试将基于动因的建模方法应用于教育系统（如Gu和Blackmore，2015），但至少目前来看，由于教学和学习过程的复杂性，此类建模尚未能有效地开展（Osberg和Biesta，2008）。尽管如此，使用计算机模拟研究复杂自适应系统说明了如何研究复杂自适应系统中的"突发"现象。例如，与其从外部观察系统，不如让系统运行，探索内部规则微调时出现的增长和变化模式。新技术的引入为研究技术驱动变化提供了新的工具，也凸显了探究新事物出现过程的重要性。虽然社会科学中的实验方法通常假设研究对象是静态的，但为了深入调查那些支持或阻碍增长的过程，我们必须将事物视为动态变化的系统。

利用大数据推动理论发展的教育研究

随着技术的变化，研究方法也在不断演变。例如，学者们指出，如果没有计算技术的发展，使得测试认知信息处理模型成为可能，就难以想象1950年和1960年认知科学的发展（Bruner，1984）。近年来，数字通信技术的发展使得收集和处理大量"大数据"成为可能，这也挑战了定性与定量数据之间传统的界限。如今，人工智能能够在无须人类进行定性编码的情况下，分析口语访谈中的情感语调（Sun等，2020）。如前所述，定量数据通常被定义为数值化的，而访谈则被视为定性数据的典型。然而，由人工智能收集和处理的访谈数据在形式上以数值呈现，即由二进制代码中的"0"和"1"组成的序列。人工智能还可以将定量数据转化为定性分析，例如通过分析学生在在线环境中的点击次数，推断他们对课程的感受。如第七章所述，这一发展要求我们从人文主义本体论中的主观与客观对立，转向基于信息论和信息系统的本体论。

传统的定量方法通常用于衡量干预措施带来的"学习收益"。然而，沙弗认为，他的团队开发的在线教育角色扮演模拟（如扮演生物科学家或外交官）需要对认识论、社会身份和价值观的转变采取更传统的民族志分析方法。由于这些"认识论游戏"主要在数字环境中进行，沙弗能够获取大量数据。他的研究展示了如何从大数据中识别那些传统上被视为定性的数据维度，例如转变身份、增强合作和创新。他还开发了基于计算机的研究方法，如"量化民族志"（Quantitative Ethnography，QE）和"认知网络分析"（Epistemic Network Analysis，ENA）等工具，这些方法催生了一个不断扩展的研究团体，并且涌现出许多严谨的教育研究实例。

在第六章中，我们介绍了"全球一代"的案例，展示了不同文化背景的年轻人如何通过对话进行交流。我们讨论了参与者在会面前后分别被要求撰写关于对方群体的文章，并随后使用语料库语言学方法对这两篇文章进行比较分析。在这一过程中，我们采用了一种名为"动态倒金字塔"（DIP）的分析方法，该方法是通过在墨西哥的课堂研究（Wegerif等，1999）发展起来的。DIP允许"内部"（更定性）和"外部"（更定量）视角的互动，这一概念可以广泛应用于涉及大数据的教育技术研究。

从学习者的角度探索数据中的模式，该研究团队就这些模式于学习的意义提出了假设，再通过查看这些模式在数据中的情境验证假设。这种方法不仅揭示了某一现象是否相关，还解释了其背后的原因。例如，会前和会后数据中代词的使用存在差异，随后通过详细分析这些代词在具体上下文中的使用，发展出了与个人和集体身份构建相关的理论。接着，研究团队对数据进行了更详细的分析，探索代词与其他词汇的搭配模式，以验证新形成的理论。

本书第七章中提到的Argunaut案例研究中，定性和定量数据之间的循环也是一个特点。在动态概念图环境中（Wegerif等，2010），学生互动地图被手动编码以标记创造力和推理等特征，然后输入数据挖掘算法，该算法使用大数据实时自动编码所有地图。此方法旨在通过在线对话进行干预，以迭代地提高编码的相关性，并通过教师和学生对这些干预措施价值的反馈，使系统学习到最相关的数据进行编码。然而，由于研究资金有限，这种"机器+人工"学习的良性循环仅停留在试点阶段。尽管如此，这一设想仍然具有可行性。在数据中描述的动态迭代探索模式不仅产生了统计学上显著差异的数值，还详细解释了为什么这种差异在教育上具有重要意义。

正如之前提到的，定性和定量研究方法在良性螺旋中的结合已成为教育研究中的普遍共识。这种方法从探索性、归纳性（自下而上）的研究开始，发展出理论，然后在第二阶段的演绎性（自上而下）中对这些理论进行测试。归纳与演绎的结合是动态倒置金字塔方法的核心，数字工具可以极大地加速这种良性螺旋，而这种加速对于定量与质性研究在同一对话空间中的整合至关重要。人们一直误以为研究可以被划分为独立的、分离的阶段的线性思维，这导致研究者将自下而上的意义生成与自上而下的验证视为不同的方法，而忽视了两者的不可分割性。量化民族志和动态倒置金字塔这些由新技术支持的研究方法，揭示了研究如何能够被概念化为更"整体性"的对话，超越了单独的两种研究"声音"模型。

基于设计的教育研究（EDBR）

库尔特·勒温将行动研究描述为"由规划、行动和对行动结果的事实发现组成的螺旋式循环步骤",从而对"各种社会行动形式及其研究条件和效果进行比较研究"(Lewin,1946)。行动研究虽已广泛应用于教育研究,但其影响却相对有限,或许因为它被视为与赋权教师作为自身实践的研究者的政治理念相关联。这类由教师主导的研究起初在美国受到了霍奇金森(Christopher Hodgkinson,1957)的批判,随后又在英国受到了哈默斯利(Martyn Hammersley,1993)的质疑。这些批判者认为,教师的核心任务是教学,并没有足够的时间或技能成为优秀的专业研究者。挑战既有理论并发展新理论的教育研究,需要深入阅读相关文献,掌握相应的研究方法,并通过期刊论文的发表为科学知识的积累做出贡献。他们认为教师主导的研究或许有助于个人的专业发展,但不足以构建关于教学的系统性理论知识。

"设计研究"一词指代一类方法,这些方法将设计作为研究过程的一部分。设计研究的目的不仅仅是解决"现实世界"的教育问题,或帮助学习者实现目标,更是为了推动科学知识的发展。在设计研究中,设计和研究互补交织:设计基于研究,研究也基于设计(Bakker,2019;Philippakos等,2021)。

基于设计的教育研究(Educational Design-Based Research, EDBR)是一种行动研究,规避了一些批判者指出的教师主导研究的缺陷。通过运用理论和已有研究成果,并结合在真实环境中的迭代应用、数据收集、分析和评估,EDBR能够系统地为教育"产品"(包括技术和/或相关教学法)的开发提供支持。首先,EDBR需要进行系统分析,以确定研究问题的性质,通常需要通过探索性观察和访谈,收集讲师、教师、学生以及其他相关利益者的意见。通常,由此开发的任何教育干预措施的实施都涉及专业研究人员和教育实践者之间的密切合作,他们作为共同研究者。这种基于设计的教育研究中的重要合作伙伴关系元素可能难以管理(Çukurova等,2019),但教育实践者仍然是研究团队中不可或缺的成员。这是因为EDBR强调在特定情境中的知识,而经验丰富的从业者了解如何在该情境中进行工作。为了获得系统内所有潜在用户的反馈，参与式设计研讨会显得尤为重要，它们能够帮助构建在"现实世界"中可持续的设计方案。

基于设计的教育研究（EDBR）与软件开发人员常用的方法（如"敏捷"）有相似之处。敏捷开发通过小步迭代的方式推进项目，而非依赖"大爆炸"式发布，不断评估需求与效果（Smith-Nunes 和 Shaw，2022）。然而，基于设计的教育研究更注重发展基于实践的理论，这些理论以设计原则形式呈现，经过验证后可应用于新的情境（diSessa 和 Cobb，2016）。麦克·夏普尔斯（2022）还认为，EDBR 是由他所称的"主要推动力"驱动的，也就是推动设计的首要问题或难题。例如，教育研究的重点可能不直接产生数学和科学测试的"更高"成绩，尽管这可能只是附带结果。相反，教育研究的重点可能是为教师制定一套指导方针，以支持学生利用数字设备通过开展小组对话进行学习（如我们自己的一些研究中所示：Dawes 和 Wegrif，2004；Wegerif，2007）。

"双环式"基于设计的教育研究

基于设计的教育研究（EDBR）曾被批评为另一种实证主义研究方法，在这种方法中，变量被调整和测试，以实现预定目标，但没有显著的发展理论（Engeström，2011）。这是一个重要的批评。基于设计的教育研究确实使我们能够调整设计，直到它们奏效。但如果 EDBR 仅仅如此，那么它可能被视为一种实证主义或单一逻辑的研究形式，假定对现实有一个所谓的"正确"视角。此外，这种视角可能以确保其基本假设不受结果质疑的方式应用。

如果课程目标明确，教师与研究人员希望合作设计技术与教学法来实现这些目标，同时发展出接近实践的理论，EDBR 便能发挥作用。但同样重要的是，EDBR需要保留反思空间，以挑战并改进构成初始目标的理论假设。这样的反思和理论发展正是EDBR的先驱——如保罗·科布（Paul Cobb）——所期望的（Cobb，2016）。然而，正如恩格斯特罗姆（Yrjö Engeström）的批评所指出的，这种反思在实际操作中并不常见。因此，为了促进与更广泛文化的对话，我们借鉴阿吉里斯（Chris Argyris，2002）的"双循环"学习，提出"双环式"EDBR模式（见图10.1）①。

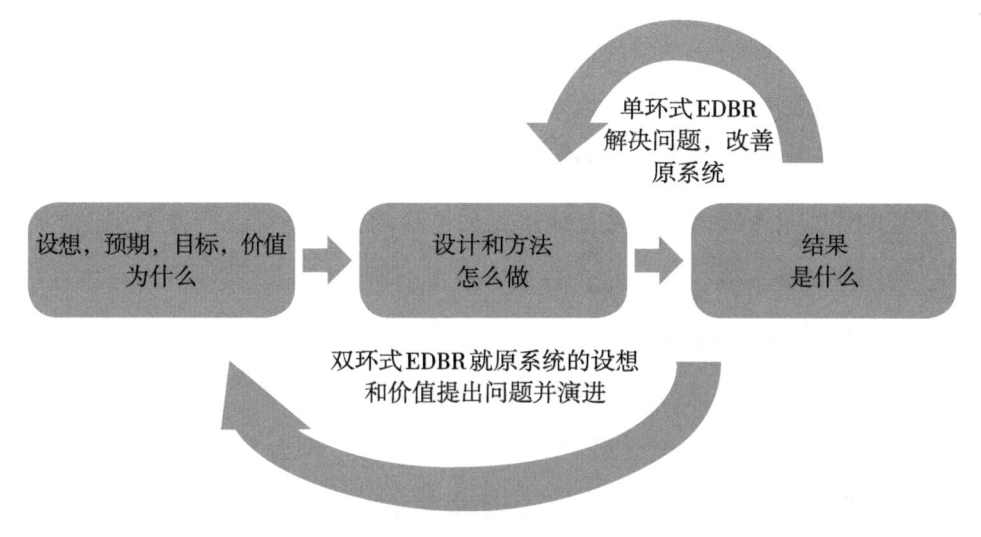

图10.1 双环式基于设计的教育研究

教育目标通常蕴含着价值观。虽然这些价值观常常受到挑战和讨论，但不应被视为本质上是随意或"主观"的。教育项目背后的价值观源于跨学科对人类福祉本质的长期辩论，并在此过程中不断得到发展。在教育研究中，我们不仅研究如何使个体学习者在考试中取得高分，还要持续讨论教育的真正目标是什么，以及如何对其进行评估。这实际上是在探讨与福祉相关的指标及教育的长期影响。因此，每一个与教育相关的人，也就是每个人都应参

---

① 关于跨学科学习科学在教育技术设计研究过程中的作用，另请参阅拉金和丘库罗娃（2019）。

与讨论。

案例研究：创建对话空间

研究人员的价值观会体现在其研究设计和研究计划中。实际上，研究中常涉及对教育相关性的问题做出假设。然而，研究发现有时会否定这些假设。以我们自己开展的研究为例，研究学生在数字设备围绕的课堂中进行的交流，尤其是他们的明确推理过程（Dawes和Wegerif，2004），对推理的关注、研究方法（主要通过对录音进行话语分析），以及对研究发现的解释方式（尤其是提出教授更加明确的"探索性谈话"形式能带来更好的学习成果的观点），都体现出了我们自己的价值观。我们认同探索性谈话形式能带来更佳学习效果的这一假设。与许多研究者一样，我们认为，广泛引用该研究的事实一定程度上证明了其"稳健性"，并且使用类似方法的其他研究也产生了类似的结果。像所有研究一样，这一结论是基于一系列假设的，这些假设也可以在研究过程中受到质疑和改进。

在教育研究中，往往不是所有发现都能轻易适应既有的理论框架。正如第八章所讨论的，我们观察到学生在"共同思考"中表现出的高度创造性，他们以跳跃性方式解决问题，而不是通过谈话建构明确的推理。有时，共同的沉默和表达不确定性的时刻比任何说出口的话都更能解决问题。一些话不多但情感联系更好的小组在解决问题和共同学习方面也表现得更好。这些经验促使我们质疑并发展该项目目标背后的假设（Wegerif，2008）。实验研究也表明，进行更有创造性的基于计算机的任务（例如，共同写一篇短文）时，教授谈话的基本规则更有用，而不是使用明确的推理（Rojas-Drummond等，2008）。因此，在交流之前预设基本规则，有助于促进有趣且富有创造性的谈话以及推理讨论。

"对话空间"的概念（参见第八章）旨在提供对"探索性对话"更全面的认识视角，这不仅仅是基于通过明确论证进行共同建构的现代主义理性观，还包括将创造力和隐喻共鸣视为集体思考的重要方面。从最初旨在发展更多的探索性对话，转变为扩展对话空间（Wegerif，2008）。

对"双环式"基于设计的教育研究的评述

对话空间这一概念的诞生作为问题的创造性回应，建立在一个相对集中的研究基础上，并超越了这一研究。该研究在实现其教育目标方面取得了成功，建立了一种贴近实践的理论，可用于改进学生在使用数字设备进行小组合作时的学习成果。然而，尽管该研究在实践中取得了成效，但从项目中获得的证据对所使用的主要理论提出了挑战，这反过来促使我们质疑并发展这些教育目标背后的假设，进而推动了假设和目标的演变。通过创造性推理（或"溯因推理"），基于设计的教育研究的单环过程与教育领域更广泛的文化对话得以连接，进而改进了设计框架，使其更好地实现最初设定的目标，例如增加数学和科学中的探索性对话和学习。此外，创造性推理过程还推动了设计理论或设计基础的改进，进而也改变了对初始目标和学习情境的理解。最终，研究生成了一个对话理论框架和研究计划，目标也从促进对话中的思考转变为扩大对话空间。新目标并未否定原有目标，而是作为达成原目标的路径。同时，这一过程还增强了对趣味性和人际关系构建的重视，而这两者并非最初目标的一部分。如第八章所述，扩大对话空间这一新目标是一种实证概念，隐含着开放、扩展和深化对话空间的教育价值观。这种价值观需要借鉴更广泛的人类对话中的思想，并将其应用于教育实践。这不仅包括来自哲学家如马丁·布伯和梅洛-庞蒂的思想，还包括来自科学领域的工作，如复杂性理论（例如Kauffman，1995）、量子理论（如本书前几章讨论的Barad，Penrose和Rovelli研究）以及神经科学（Damasio和Carvalho，2013）的成果。由此，通过扩展的基于设计的教育研究，实证学习理论研究中的小循环与关于教育工作者身份及教育目的的大循环得以结合，探索如何设计有效的课堂教学法，以促进在数字设备环境中的协作学习。

"双环式"基于设计的教育研究与数字数据的意义：教育技术设计的潜在框架

在本书的引言中，我们提出了教育学科的两个核心问题："教师应该教什么，学生应该学什么"以及"我们应该如何教和学？"而在试图回答这些问题时，不可避免地会引出一个也许更为根本的第三个问题："为什么？"例如，"为什么我们应该教授和学习这些特定的知识、技能和课程，而不是其他内容？"通常来说，其他学科，甚至那些与教育密切相关的领域，如医学、心理学和社会学，往往不会提出这些问题。我们所采用的研究方法、方法论和范式通常与我们试图回答的问题类型密切相关。有人认为，"应该教和学什么"的问题过于庞大，任何科学都难以回答。的确，这一问题涉及诸多因素，如学习者的需求、社会的需求以及知识的本质，因此很难有一个简单的答案。

然而，我们别无选择，只能尝试去回答这一问题。无论如何，教育都在不断发生，必须对如何教学做出选择。某种程度上，我们总是发现自己身处教育之中。在这种情况下，我们能做的便是审视当前的发展，记录所做的选择及其后果，并在前进的过程中不断修订和学习。本质上这种设计思维应该用于所有技术开发①。我们建议将这种以设计为中心的方法推广至教育技术的开发与使用。

第八章和第九章中提出的理论将教育视为扩展对话空间与对话时间的过程，这表明研究是教育这一更大社会系统的一部分。理论的发展和验证应与学习和教学紧密相连——理想情况下与集体学习和集体教学相结合。通过拓

---

① 运用系统分析和工程学来重新设计教育系统并不是什么新想法。休·布克哈特（Hugh Burkhardt）倡导这一理念已有数十年，参见 H.伯克哈特和 A.申菲尔德（2021）。不仅仅是"实施"：教育设计与发展的工程研究方法中研究与实践的协同作用［ZDM-Mathematics Education, 53（5），991-1005］，我们的"交叉平行"方法接受了他的理念，并在此基础上增加了对话性反思。

展对话的空间和时间，运用多元化视角和深度理解来解决问题和设计未来的发展路径，教育能够增强我们在当前时刻采取行动的能力。

走向对话性研究范式

将基于设计的教育研究（EDBR）视为一种有价值的方法论，并不意味着否认其他已在教育技术研究中成功应用的方法的价值。事实上，这些研究方法通常也会作为基于设计的教育研究过程中的一部分被实施。然而，基于设计的教育研究旨在提供一种更具解释力的"高层次"框架，用以概念化教育技术研究。例如，一旦随机对照试验（RCT）被推广应用——也许用于基于设计的教育研究阶段之后——它可以成为评估教育技术的理想工具（Connolly，2009）。不过，随机对照试验只能展示在特定情境中发生的现象，尽管它通常被误认为能够揭示适用于所有情境的普遍因果规律。同样，现象学分析和其他解释性方法也可以为理解教师和学生对干预措施的反应提供重要的见解。但是，仅靠解释性方法通常不足以全面理解教育技术设计的复杂性，教师和学生对什么对学习最有利的看法与客观事实存在显著差异（Hattie，2016）。

这里的关键本体论假设是，知识受视角的影响，而且是情境化的。因此，融入尽可能多的视角将有助于更好地理解知识的获取过程。另一个本体论假设是，事物并非一成不变。研究的目标不是寻找永恒不变的真理，而是关注成长的过程，从而获得更深入的理解，以更好地引导成长过程。

这些关键的本体论假设与巴赫金在第一章、第七章和第八章中提出的对话理论有共通之处。巴赫金认为，词语的意义并非由其在词典中的定义决定，也不是由说话者的意图决定的。相反，意义是在对话过程中通过不同的

213

差异生成的[①]。对话永远不会结束，尽管我们可能以为它已经结束（Bakhtin，1986）。例如，第二章中提到的苏格拉底与斐德罗之间的书面对话，每次回顾都会引发新的解释，从而使对话得以延续。同样，在科学领域，尽管对话看似有所进展，但并未得出最终的真理。我们或许以为已经掌握了事物的真相，但下一次对话可能会重新解读之前的一切。总是存在着多重声音、视角和可能性共同发挥作用，没有所谓的"最终结论"，即巴赫金所称的"最后一句话"。

交叉平行：研究的"外部—内部"与"内部—外部"本质

在前面讨论教育研究范式时，我们提到了梅洛-庞蒂的"不良辩证法"。他认为，在研究中"外部向内"的客观视角与"内部向外"的主观视角形成了对立，这一对立阻碍了进步。为了解决"不良辩证法"的难题，梅洛-庞蒂提出了"超反思"或"超级辩证法"，这一理论与他所称的"交织平行"本体论相联系。交叉平行这个术语源自修辞学，指句子中主客体关系的颠倒。"世界看见我"就是"我看见世界"的交叉平行。梅洛-庞蒂借用这一术语来描述内部视角与外部视角之间的关系，认为两者相互包含，他将此现象称为"相互融合"。世界定义了数据或最小的数据单元，同时，数据作为"产生差异的差异"也定义了世界（参见第七章）。梅洛-庞蒂写道，"超反思"是一种

---

① 表面上看，这似乎是对黑格尔辩证法的回归。黑格尔宣称，事物无法脱离定义它们的体系而被理解。理解一个事物，就是理解其起源和未来。巴赫金在许多方面同意黑格尔的观点，但前者也走得更远。黑格尔认为，既然万物都是相关联的，那么真理就是整体。要理解任何事件——包括教学行为——就必须将其置于整个系统的历史发展之中。巴赫金同意黑格尔的观点，即真理就是整体。他写道，话语的真正意义在于整个对话。问题是，对巴赫金来说，对话永远不会结束。这种开放性也意味着语词的意义不可能一劳永逸地固定下来，而是一直在发挥作用（1986）。因此，巴赫金将他的对话理论与黑格尔的辩证法进行了对比，指责黑格尔试图封闭不同声音之间的真正差异，而这种差异对于意义至关重要。

对事物的反思，它"也会将自身及其对景象引入的变化考虑在内"①（1964）。

在对话中，我们不仅看到两个独立声音的互动，还能看到"外部看进来"的视角与"内部看出去"的视角的相互交织。要想真正看清事物，不能仅从自身内部出发去观察世界，或从外部定位和定义自己。相反，清晰地看是"超越"这种二分法，从"对话空间"的视角看，这种空间将这两个表面上的对立统一起来。对话式的教育进步在于学会同时考虑对话的双方，并将这种矛盾结合起来以此激发出新的洞察力。

例如，在分析慕课中用户互动的大数据时，不应仅仅采取"外部"视角来识别统计上显著的模式，也不应仅停留在"内部"视角去考察数据的上下文意义，比如分析聊天框中的词语。相反，这需要在内—外与外—内的视角之间进行不断切换。通过这种视角的并置，我们能够在保持各自完整性的前提下，创造出对话的张力，从而获得有价值的设计洞察力。实际上，我们只能通过"外部"与"内部"视角之间的隐性对话，来真正理解这些研究的意义。如果我们追求的意义只能通过内部（更定性或主观）和外部（更定量或客观）视角之间的对话张力来获得，那么结论便是，我们应当尝试设计实证研究，在保留这种创造性张力的前提下，使这两种视角之间形成富有成效的、相互启发的关系（参见第八章）。

讨论

在本章中，我们将研究作为一种集体对话，通过这种集体对话来发展、挑战和完善理论。我们在第一章中提到，任何实践要从过去的经验中汲取教训，都离不开理论。然而，教育技术研究的简短历史表明，该领域的研究存

---

① 这与海因茨·冯·福尔斯特等人提出的"二阶控制论"有关，其主要灵感来自玛格丽特·米德。二阶控制论考虑到了观察者的作用，影响了帕斯克提出的"作为对话的学习"的控制论。福尔斯特将一阶控制论和二阶控制论分别定义为"被观察系统的控制论"和"观察系统的控制论"（1995）。

在一些问题。我们认为，问题部分来源于一种僵化的辩证法或二元对立，使得教育技术研究领域停滞不前。我们回顾了第二章中关于印刷媒介认知优势的讨论，指出定量研究和质性研究范式之间的虚假对立往往与固定的客观世界观相联系，而这种世界观将客观世界与人类经验世界割裂开来。我们认为，新的数字技术或许能够为定量与定性的动态整合提供新的方法，从而将所谓的客观与主观进行融合。

我们提出的对话研究范式不仅仅是不同研究方法的并列，而是在对话本体论中的整合。此种本体论假设，所有事物都在一个持续增长和变化的过程中相互联系，因此既具有联结性，也具有开放性。这种对话本体论的核心是，没有"内"就没有"外"，没有"外"就没有"内"。我们借鉴梅洛-庞蒂的思想，将这一概念称为"交织平行"。基于这种本体论的认识论主张，知识建构是开放式对话的一部分，体现在内部（更为定性或主观）与外部（更为定量或客观）视角之间的交织融合。为此，我们举例说明了这一过程。例如，我们讨论了如何利用人工智能支持的数据分析来实现从学生经验中生成理论与从客观学习数据中检验理论之间的快速循环。在不排斥任何研究方法的前提下，我们提出了一种最适合这种对话式教育技术理论发展的研究方法，即我们所称的"双环式"基于设计的教育研究：通过设计来实践理论，观察反应，进行反思和完善理论，并在循环中重复这一过程。

基于对话理论的教育技术设计与实践的启示

任何新技术系统的开发（包括教育技术系统）都需要在设计者的"外部"视角和用户的"内部"视角之间不断转换。这个过程通常包括设计、试验，再根据经验反馈进行改进，循环往复。关于如何使用技术进行教学和学习的理论层出不穷，我们建议，教育技术设计应始终与这些理论相呼应。如果每个设计项目的结果都能够用于更新和完善相关理论体系，那将更为理想和有益。

Agile这一项目管理办法可能是如今最流行的开发和持续改进软件的方式。这种方法通过迭代循环测试设计假设，反思结果并从中学习，基于设计的教育研究与此方法有许多相似之处。然而，基于设计的教育研究在强调学习和发展跨情境迁移的理论方面走得更远。基于设计的教育研究不仅仅评估系统对预定学习成果的影响，还关注教育技术如何发挥作用以及为何能发挥作用，从而为其他项目提供理论依据和参考。此外，"双环式"基于设计的教育研究不仅仅局限于测试和开发设计原则及框架，它还利用设计体现来自教育理论和教育技术对话的更大理论框架。通过在有效的（或我们明了其为何无效的）系统中实施这些设计成果，双环式基于设计的教育研究能够进一步阐明、质疑并发展这些理论。理想状态下，"双环式"基于设计的教育研究能够在在线实践社区中将理论与实践结合，通过循环式探究，不断深化我们对教育如何发挥作用的理解，同时也加深我们对教育为何会发挥作用的认知。

第十一章 基于对话理论的教育技术设计

我们必须把目前对于种种新的教育渠道的探索转变为对与之完全不同的制度的探索，即：探索能增加每个人的学习机会的各种教育网络，使得人生时时刻刻都可以进行学习、分享及关怀。

——伊万·伊利奇（Ivan Illich）

多年来，我们一直在探索如何更好地过上好人生这门重要课程，如何在离开校园后对周围世界有更深刻的理解。我们的教育强调培养学生的就业能力、沟通技巧，以及追求生活幸福感。教育的本质难道不就是培养出全面发展、博闻强识的年轻才俊，并为他们的未来人生做好充分的准备吗？然而，为何我教书育人14载，却对教育的未来如此迷茫？

——伊兹·加伯（Izzy Garbutt）

论点总结

通常，技术被视为教育的补充和支撑。本书从教育技术的历史发展入手，重新评估了技术在教育领域中的角色，认为技术本应是教育的核心构成要素，教育制度也一直在为适应技术的发展而不断演进。例如，本书探讨了（西方近代教育理论的奠基人）夸美纽斯的论述，他指出印刷技术的广泛应用，不仅扩大了识字教育的范围和影响力，也更好地满足了人类对教育的需求。由此可见，技术一直根植于教育系统的核心。因此，要深入理解教育的本质，必须更加关注技术的作用和影响——重视技术本身发出的"声音"。

重视技术的方法之一，是探究不同技术的可供性。可供性的概念在最基本的层面上一般很少有争议。毕竟，不同的设计"提供"了不同的操作：门把手适合转动，茶壶的把手适合提起和倒水等。然而，一旦这种可供性的概念，从物理操作上升到应用意图时，就变得富有争议了。不同类型的教育技术是否带来了不同的学习成效？本书第三章探讨了这个问题，得出的结论是，学习者对技术的反应不仅受到技术本身的影响，也取决于学习者的文化背景以及对技术类型的期望值。因此，在设计技术时，不仅要考虑技术自身的特性，还需考虑可能影响技术使用方式的教学方法设计。例如，Talkwall的迭代设计不仅需要考虑互联网的技术特性，同时也结合了探索式讨论的教法设计。

本书第四章深入探讨了人们对技术的思考以及人类使用教育技术的历史进程。在讨论了哲学家维特根斯坦和近代经验哲学关于教育技术理论观点的基础上，我们以"语法"作为方法，分析了三种教育技术"语法"：教育技术可以被视为或设计为教学机器、思考工具、学习环境。第五章深入分析了近年来教育"语法"的具体应用，探讨了在线学习社区、多学习者参与的角色扮演教学游戏，以及学习型网络的建构等案例。

我们认为，海德格尔关于人类如何使用工具扩展能动性和经验的论述，对于理解教育技术的作用非常有价值。然而，海德格尔未能将这一见解拓展到现代网络技术之中。这似乎是因为海德格尔只能从外部看待现代技术，而缺乏从"内部"体验带来的共情。因此，海德格尔认为，当时已经形成的全球现代技术网络对人类本身及其"生存"构成了威胁。相较之下，法国哲学家列维纳斯的理论有助于拓展海德格尔的观点，他认为拥抱现代数字网络技术是关键性的转变，这一转变不仅促使人类的道德情操得到积极正面的发展，还使来自不同国家、具有不同传统的人们能够建立并扩大交往关系。

法国哲学家西蒙东和美国经济学家斯蒂格勒的理论阐述了"人类"和"技术"的共同进化历程。基于此，本书认为教育是联结个体心理和技术制品的桥梁，这就是哲学家西蒙东所说的"跨个体化"，既是个体又属于集体的人在对话中发声。例如，本书第二章的案例研究了如何通过手机和共享平台实现农民群体的远程同伴学习。该项目不仅促进了学习的发展，还通过教育技术的应用创造了新的社群，拓展了参与者的自我意识。

最早的聊天机器人ELIZA展示了技术可以作为对话伙伴的潜力。更为现代化的例子如ChatGPT或其他的"对话式人工智能"，能够在线辅导学生解决数学问题甚至辅助学生撰写论文[①]。这种智能对话系统挑战了认为对话只能发生在至少两个具有独立意识的人类之间的传统观念。

在教育领域，对话通常被视为一种人文交流形式，这与"机械论"或"工具式"观点形成了鲜明对比（例如Biesta，2016；Robinson，2019）。然而，针对这种对比及对技术的"他者化"或边缘化，我们认为，优质的对话式教育不是人类与技术的对立，而是人与技术的有效融合。我们将对话视为一种互动形式，通过开放共享的对话空间促进反思和学习，从而在这一过程中孕育出新的认知和见解。按照戈登·帕斯克的控制论学习理论，我们认为学习本质上既是对话的，也是技术的。对话和技术，两者相互影响，密不可分。对话是学习的交流。虽然学习常常以灵光乍现或直觉的形式出现，但若要积累，就必须在持续的对话中保留或记录所学的内容，当新观点能够被总结、扩展并反复回顾时，才能实现积累学习：这可能是一个书面符号、一句话、一幅图画或一个视频。我们在第九章中把这个过程称作"棘轮效应"。在第四章中介绍的研究专家斯卡达玛利亚和贝雷特关于"知识论坛"的设计特

---

① https://www.khanacademy.org/khan-labs

点，也同样例证了"棘轮效应"。棘轮效应在第八章描述的小组共同解决类比推理测试问题的讨论中也有所体现。要解决这些问题，小组需要共享虚拟操作工具，因此他们共同创建了一些短语来标记、共享，如"取出圆圈"，"顺时针旋转""正方形"，或"添加方块"（Wegerif，2007）。这些短语记号有时可以在解决下一个问题时继续应用（Fernández等，2001）。这是一个完全"人性化"的技术过程。当生物有机体与技术结合形成更大的自组织系统时，学习就发生了。此外，学习在对话中产生，因为对话本身就是人类结合符号体系等技术，形成个体组织体系。作为个体组织体系，对话的作用在于预测未来，关注最佳解决方案。因此，对话常常像旋涡一般，出人意料地将参与者引向新的理解，而这些理解在进入对话之前是无法获得的。

本书在第八、第九章提出了一种利用技术拓展对话时间和对话空间的教育技术理论。要运用这一理论，就要摒弃一种错误观点，即：认为学习者主要是一种生物个体，他们的大脑里充满了"认知结构"及"长期记忆"。反之，我们要把人类主要看作是一种对话个体，他们参与到有意义的空间里进行相互分享，有的空间还需要利用技术去拓宽和深化。学习者参与的对话在排他性、包容性、单一语言性、世界主义、专注度和广泛性上各不相同。教育者的角色是引导学生进入新的对话空间，帮助他们在这些对话空间找到方向。教育技术，即教学法技术设计，将课堂上的实时教育对话或其他学习空间，与更广泛长期的全球文化对话联系起来。在技术实现上，这可能非常简单，类似于数世纪前印度发明数字0的情形，那时教育者教授学生如何将"零"的概念用作数学符号。同时，这也可能相当复杂，比如使用人工智能机器人来生成虚拟现实体验，模拟让人仿佛亲临其境的宇宙"黑洞"场景。

"设计基础"理念

教育技术需要设计，不仅在技术设计方面（如软件和硬件特性），还在教学或指导设计方面(即如何将技术有效整合到教学过程)。然而,所有设计都隐含着某种哲学假定,包括我们是谁、我们如何认知、我们应该做什么等。这些哲学假设确定了教育技术开发及应用的设计方向。某些教育技术可能存在肤浅、自相矛盾、伦理上的可疑假设。本书探讨了教育技术设计所隐含的理论假设,提出了未来教育设计的优化策略。不可避免地,我们可能只取得了部分成功。从局部视角看问题可能会受到限制,换一个视角可能会得出不同的结论。这就是为何我们要以谦卑的学术态度,提出教育技术对话理论,为学术界的持续讨论贡献力量。虽然这一理论可能只是暂时且试探性地提出,但整本书从始至终都基于丰富的理论研究,为理解、开发及优化教育技术提供了坚实的基础。

第十章探讨了基于设计的教育研究(EDBR)方法论,其价值在于迭代地发展并优化教育技术、教学法及教育理论。此方法框架对未来教育具有重要价值,它帮助教育机构探索数字技术的有效使用方式,提高学生的学习能力和参与度,并解决政策、实践与研究之间的潜在冲突(Erstad和Silseth,2022)。基于设计的教育研究以关键问题作为出发点,采用问题驱动的学习策略,激发学生的学习兴趣和探索精神,从而促进深入理解和知识的应用。此外,该框架通过整合教育理论和实践,为教育机构提供了一种结构化的方法来系统地应对教育技术的挑战。例如,海厄姆(Rupert Higham)和布斯(Tony Booth)(2018)与学校负责人合作设计更具有道德情操的学校时,提出"我们该如何共同生活"。在探索阶段后研发出初始设计框架。第一个设计框架是一组设计者(团队)认为可行的临时猜想,然后通过在实践中执行这些猜想并观察发生的情况来检验这些猜想。虽然只是猜想,但初始的设计框架中还是包含了设计者对现实的观察和认知。任何设计框架都包含有隐含的前提假设,如什么是教育、技术在教育中的作用、现实的本质等。我们所说的"设计基础"是一种教育技术理论，它还没有发展完善，因此还不能产生可以直接用实验测试的命题，尽管如此，它可以用来为产生这样一组命题提供初步的设计框架。因此，"设计基础"本质上是一种哲学世界观，在设计的探索阶段中起到引导提出问题的作用，为创建初始设计框架提供信息和方向。虽然这一设计基础的优劣不能直接通过实证方法验证，但其形成并非无迹可寻。它是通过人们的深入反思、激烈辩论以及在挑战成功后不断修正和完善的结果。在第十章中，我们描述了作为更大研究过程的一部分，基础假设如何也可以通过对话发展。我们将这种包含设计基础和对话的教育研究称为"双环式"基于设计的教育研究。最终，形成一个开放的、没有任何固定边界的更大的研究过程。我们提出这种教育技术理论的目的，一方面是对教育理论的集体对话做出贡献，另一方面，把它看作是为人类、技术和世界建立更美好未来的更大教育设计过程的一个组成部分。这意味着，尽管该理论过于宽泛，无法在任何一次迭代中直接测试，但可以通过评估它是否激发了有助于人类繁荣的设计来间接测试和发展。

设计的实用基础

教育技术学理论作为设计的基础，旨在拓展对话式设计。这种理论更多的是设计的基础，而不是设计框架，它是一种思考教育的方式，它指导着在不同情景下不同设计框架的发展方向。

本书的大部分章节都以实用的设计启示结束。我们还提供了许多研究案例，以激发创新的设计思路。在此本书不重复所有的建议，而是总结核心主题。我们建议教育技术的设计应该能够增强学习者参与度，支持同伴间的问答，扩展对话空间，增强对话中的身份感，并通过引导学习者参与长期的文化对话，促进学习者及学习群体之间的高效对话，探索无限的未知领域。

（1）为参与而设计

如果教育是通过数字技术引导学生参与有意义的对话，那么关键的一步是让他们感兴趣并积极参与。对话一旦开始，就会形成自身感染力，激励每位参与者。但是，首次进入对话的时间点却很微妙。在课堂对话，特别是小组对话中，学生受邀分享想法，得到倾听和尊重，营造这种温馨而值得信任的环境非常重要。在线教育则会让这种氛围营造更加困难。人工智能驱动的在线导师迅猛发展，有潜力成为教育过程中极具吸引力的对话伙伴。有报告称，让学生使用社交学习软件"Flipgrid"（或仪表板Padlet、在线白板Miro）等工具，异步制作自己感兴趣的短视频，可以很好地提升其在线课程参与度（Bartlett，2018）。在高等教育环境中，使用教育机器人edubot将新生与兴趣相同的人加以匹配，已被证明能够增加新生的大学归属感（Abbas等，2022）。虽然我们有时可能忽视"促进参与"的重要性，但我们建议将"促进参与"作为新兴设计对话基础的重要环节。

（2）为联结而设计

数字技术让"同伴互助学习"应运而生，这种强大的新型教育形式将学习者联结到在线社区中共同学习。本书用多个例子说明人际交往和社群关系如何激发学习兴趣、维持学习状态，包括移动媒介支持的同伴互助学习（第二章）、MIT Scratch社区（第五章）、探索未来的在线角色扮演游戏等（第九章）。Scratch最初是作为一个可以替代学校的在线社区开发的，但现在广泛用于补充计算机课程中的学校教学。这在许多其他学科领域也可能适用，尤其是在相关学科专家短缺的情况下。我们可以想象，在不久的将来，许多领域的在线探究社区也许由志愿者支持维护。这些社区不会取代学校，而是增强学校教学效果和质量。

（3）为扩展而设计

教育利用技术扩展学习空间和时间，能够将短时、在场的面对面互动，与科学实践社群的各种更大范围、更长期的对话联结在一起。第二章凯文·马丁在肯尼亚的案例研究中，当地农民通过同伴学习和公开的在线资源，获得了最前沿的专业知识。与此类似，第八章史圣朋在中国的案例研究，除了支持同伴对话之外，还关注"迄今为止的对话教学"。虽然"迄今为止的对话教学"的知识传播方法看似传统，但它指出一切知识都可能有差错，对话中的知识只是部分内容。我们期望学生阐明立场，积极参与对话。

（4）设计与未知的将来进行对话

我们用技术教授和传递知识，即使我们以一种鼓励参与的方式进行"迄今为止的对话教学"，仍然存在一个危险，那就是我们假设自己预先知道所有重要的事情。在第六章中，海德格尔强调教育的意义在于将学习者引入与超越我们可以预知的一切的神秘对话中。在第九章中，我们探讨了教育的重要性在于探究未知，探索未来的无限潜能。这表明，我们需要设计教育技术，不仅是为了拓展知识，更是为了提供机会，让学习者领略未知世界的无限惊奇。第六章提供了利用技术支持与不同对象进行对话的例子，其结果是不确定的。第九章提供的案例研究，使用在线角色扮演游戏，将学习者引入到面对未知和不确定的未来挑战中。

将对话伦理融入设计过程

从本书的第一章开始，我们就提出教育至少部分关乎我们如何设计未来。这包含了一个或许会有争议的观点：教育是关于设计未来的人。这引出了一个非常重要且难以回答的问题：谁来决定设计？

新型通信技术能够促进全球对话，仿佛必然将推动人类进步。然而，互联网上的许多交流并无显著的教育价值。即使是长期的全球科学对话很多时候也似乎受到个人利益的驱使，与集体利益并不一致。在持不同观点又要做决定的情况下，如何做出最佳决策？ 我们认为，对话是唯一合乎道德的推进策略，尽管在实践中这项策略也许并不完美。对话伦理不局限于某一种特定的伦理主张，重点在于共同决策的过程。正如在第八章和第十章所论述的，对话不仅仅是清晰明确的口头推理，它还涉及拥有开放的心态，从他者的视角学习，并能够理解和共情不同的观点。对话伦理是一种"元伦理学"，不与其他价值体系在同一水平上竞争。相反，对话伦理是指学会如何克服差异。基于对话做出决策的理想状态是所有参与者都能从决策结果中受益，即使意味着放弃部分个人行为自由。当对话进展顺利时，所有参与者都能得到知识拓展和赋能。用第7章中法国哲学家西蒙东的话说，技术设计的一次成功对话，建构出控制论的"跨个体"新型社群，这不仅仅是一个对外社群，这个社群也增强了每位参与者的内在认知和认同感。

教育研究证明，我们可能实现双向拓展型对话。我们也希望读者们能够多从自身经历认识到对话是做出设计决策的有效方法。尽管如此，我们也知道（就像我们在互联网看到的那样），无效对话在实践中时有发生。有时，这种失败似乎是组织的原因，难以通过个人行动解决（Spohr，2017）。我们认为对话并不那么容易，但我们相信对话是解决问题的一种办法。真实语境下的对话永远不完美。这就是为何本书建议采取第十章中基于设计的研究方法。持续监测和反馈为何对话不能很好地运行，可以为互动空间提供新的互动和新的设计。为了确保教育技术设计尽可能有效、反应迅速和合乎道德，来自多种声音的持续批评是必不可少的。如何决定教育技术和教育学设计的问题，不能简单用对话伦理来回答。相反，它更像是一种承诺，在向对方开放的对话原则和向对方学习的可能性的指导下，继续努力做得更好。关于技术对教育的影响，人们存在很多担忧。我们相信，对话伦理是所有教育设计决策的基础，也是我们期望学生学习的核心内容。

我们面临的挑战

像闪电划破长空，像雪花悄然形成，我们的教育系统和技术也是在回应大环境的张力、驱动力和限制的过程中，慢慢形成了今天的样子。人与自然（如海狸坝或蜘蛛网）二者在技术进化方面的主要区别在于，对话机制能够使人类预测更加理想的未来。因此，人类除了解决即时问题的同时，还可以创造性地设计出未来愿景（Heylighen，2022）。

本书引言中提出，如今，人工智能语言助手使数字时代的挑战升级，加速了互联网传播（Brubaker，2022）。人们早已失去了最初改善民主的愿望，取而代之的是对人工智能生成"虚假新闻"可能带来的影响的担忧，因为这些"极度虚假新闻"可能会扭曲集体决策。与之类似，人们最初希望增加信息透明度，有更多机会参与决策，以增强集体凝聚力，现在也普遍认为这不切实际。互联网作为全球媒介，有潜力缓解不同国家之间的紧张关系。然而，现在冲突似乎比使用互联网出现之前更多。事实上，冲突增加的部分原因与社交媒体网站算法有关，这种算法扩大了网络暴力的影响（Fisher，2022）。

我们将向数字时代过渡的挑战（一个超链接的时代）与文化历史时间尺度上的人类世（一个以人类对地球影响为特征的地质纪元）日益增加的认知联系起来。我们认为人类世对人类的未来提出了诸多挑战。这些挑战需要跨国界和跨文化的合作来理解和解决问题，如全球变暖，这是任何一个国家或文化无法单独解决的。

研究"为何教育需要教育技术"可能忽略了真正的问题，或许是："为什么技术需要教育，技术需要什么样的教育？"技术创新的历史表明，技术有时需要教育的存在来减轻威胁，发挥其潜力。读写识字，包括学数学，就是最明显的例子。这项技术带来大规模的正规义务教育，使得义务教育成为现代生活必不可少的一部分。只有在人们能够阅读的情况下，读写识字才能创造集体文化。要使识字发挥最佳效用，必须进行全民义务教育。也许我们的新数字媒体也是如此。如果没有规范的监管和教育，互联网及其相关的人工智能技术就可能产生破坏性的结果。但是，在结合对话教育，利用这项技术与他人共同学习时，互联网可以提供和平解决问题的有效媒介。我们只有去尝试，才能找到答案。

我们认为在如何设计未来的对话中，应该有新技术的"声音"。事实上，许多媒体报道对教育有着潜在影响。社交媒体如抖音、强大的生成式人工智能，新技术的声音似乎已经强势融入对话之中。本书的许多案例研究表明，用教育来设计下一代教育工具，促进下一代学习者之间的对话，俨然已经成为可能。下一代学习者应掌握必要的知识和技能，为全球智库贡献力量，这不仅是当前社会发展需求，也是人类未来发展的需求。

西蒙东关注人类与机器之间的疏离，这与当今教育所面临的重大挑战有关。在文化历史时间尺度上，数字时代的到来，以及在地质时间尺度上，人类世的到来，都对人类的繁荣构成了严重的威胁。这些威胁都是技术发展带来的副作用，它偏离了人类的集体利益。为了充分应对大规模移民、战争、贫富两极分化等挑战，我们需要凝聚力更强的集体对话，建立自我认同。我们可以利用技术构建共享的对话空间来实现这一目标。为了应对我们这个时代的诸多挑战，我们需要教育技术支持人类与机器之间的有意识对话，最终创造出一种更具全球性的集体智慧。

译后记

2021年，我在英国剑桥大学做访问学者，结识了剑桥大学教育学院的鲁珀特·韦格里夫教授。鲁珀特·韦格里夫教授的研究聚焦于教育数字化转型，尤其注重从对话教学的视角探讨技术在教育中的作用。记得2021年3月，我在剑桥参加由鲁珀特·韦格里夫教授领导的剑桥数字教育未来中心的年度学术研讨会。会上有两点至今令我印象深刻：首先是会议的宏大主题"Education in 100 years"，那时英国正逐渐进入后疫情时代，教育领域呈现出新的发展态势。剑桥大学汇聚了来自学术界和业界的思想领袖，共同展望未来教育宏图，深入探讨了技术进步对教育的革命性影响。这种高瞻远瞩的视野和思想魄力，充分体现了剑桥大学作为世界一流大学的卓越风范。其次，鲁珀特·韦格里夫教授在会上提出了几个重要观点，其中之一是"对话"是学生需要掌握的重要学习素养，并预见人机对话很快就会在教育领域取得突破性进展。这一观点当时让我既感兴趣又有些疑惑，也许更多的想法是拭目以待吧。很快，2022年ChatGPT的出现，给了我答案，也让我对鲁珀特·韦格里夫教授的教育思想有了新的理解。

在剑桥大学期间，每一次思想的碰撞都让我深刻感受到世界一流大学的卓越与魅力。那些前沿的学术思想和无尽的智慧让我感触良多，我深知这些宝贵的资源对北京大学的重要性。我经常自问：我能为北大带回些什么？

2023年3月，我邀请剑桥大学的专家共同举办了"北京大学—剑桥大学"教育数字化研讨会，希望通过这次研讨会，将剑桥的思想精髓和智慧火花引入北大，推动北大的教育数字化发展。2023年11月，北京大学联合全球30所大学共同发起成立数智教育发展国际大学联盟（DI-IDEA），剑桥大学数字教育未来中心（DEFI）也欣然加入，并以此为契机与北大展开了更深入的合作。2024年3月，剑桥大学数字教育未来中心作为联盟成员，在剑桥承办了DI-IDEA首届学术会议"AI-Powered Pedagogy: Designing the Future of Education"。在这次会议上，鲁珀特·韦格里夫教授发布了他与路易·梅杰博士共同撰写的新书 The Theory of Educational Technology: Towards a Dialogic Foundation for Design，书中通过深入剖析人工智能等前沿技术在教育教学中的应用，提出了推动教育变革的全新视角，并在此基础上构建了引领未来教育发展的理论框架。这一理论不仅为未来教育提供了创新的方向，更为全球教育体系的重塑提供了宝贵的学术支持。目前，中国的教育数字化发展正如火如荼，迫切需要这样的先进理论作为坚实的支撑和科学的指导。因此，DI-IDEA秘书长、北京大学孙华教授建议我将此书翻译成中文，以期鲁珀特·韦格里夫教授和路易·梅杰博士的前瞻性理念能为更多中国教育工作者所借鉴，推动中国教育在国际舞台上迈向新的高度。这一想法得到鲁珀特·韦格里夫教授和路易·梅杰博士的支持，在翻译的过程中，两位作者给予我们诸多宝贵意见，在此表示衷心的感谢。

　　翻译这本书的过程既充满挑战也充满乐趣。鲁珀特·韦格里夫教授和路易·梅杰博士的语言极富思辨性和哲学性，表面上看似简单，实际上蕴含了他们对教育的深刻洞察。因此，我们在翻译过程中常常在直译与意译之间犹豫不决，鲁珀特·韦格里夫教授常常提醒我们，翻译是再创作的过程。与此同时，翻译的过程也很有趣，因为每当我们用更生动简洁的语言准确表达作者意图时，总会有一种破解谜底的成就感。例如本书题目的中文翻译，我们几经更改，从《教育技术理论：迈向对话性设计基础》、《教育技术论：构建对话式设计的基石》到《对话与设计：教育技术新论》，最后一致认为《教育技术的对话之道》是最令人满意的翻译，言简意赅、富有韵味。

最后，这本书的翻译出版离不开许多人的支持。首先要感谢北京大学郭文茗教授对全书的审校，感谢华南师范大学焦建利教授对一些专业术语翻译的指导，感谢DI-IDEA秘书处和北京大学教师教学发展中心的同事、北京大学外国语学院英语笔译专业的陆柳伊等同学对文字的校对工作，感谢北京出版社对全文质量的严格要求，使本书的出版成为可能。还要感谢剑桥大学的史圣朋博士与我的再次合作，我们共同撰写的论文《从苏格拉底到ChatGPT：教学对话空间的纵深拓展——访剑桥大学鲁珀特·韦格里夫教授》首次梳理总结了鲁珀特·韦格里夫教授的主要教育理念。此次合作翻译此书，让我们有幸再次深入系统学习鲁珀特·韦格里夫教授的理念和观点。最后再次感谢本书的作者鲁珀特·韦格里夫教授和路易·梅杰博士对我们的信任和对DI-IDEA秘书处给予的无私奉献和支持。

于青青
2024年8月于北京大学